"十三五"国家重点出版物出版规划项目

★ 转型时代的中国财经战略论丛 ◢

土地托管运行机制与发展模式研究

孙小燕 著

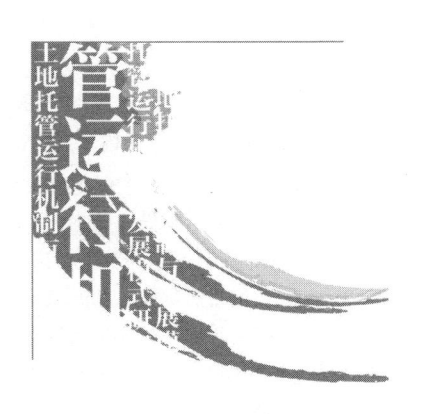

中国财经出版传媒集团
经济科学出版社
Economic Science Press

图书在版编目（CIP）数据

土地托管运行机制与发展模式研究/孙小燕著．
—北京：经济科学出版社，2019.1
（转型时代的中国财经战略论丛）
ISBN 978-7-5218-0146-0

Ⅰ.①土⋯　Ⅱ.①孙⋯　Ⅲ.①土地经营－经济运行机制－研究－中国②土地经营－经济发展模式－研究－中国　Ⅳ.①F321.1

中国版本图书馆 CIP 数据核字（2019）第 011851 号

责任编辑：刘战兵
责任校对：杨　海
责任印制：李　鹏

土地托管运行机制与发展模式研究

孙小燕　著

经济科学出版社出版、发行　新华书店经销
社址：北京市海淀区阜成路甲 28 号　邮编：100142
总编部电话：010-88191217　发行部电话：010-88191522
网址：www.esp.com.cn
电子邮件：esp@esp.com.cn
天猫网店：经济科学出版社旗舰店
网址：http://jjkxcbs.tmall.com
北京季蜂印刷有限公司印装
710×1000　16 开　17 印张　270000 字
2019 年 1 月第 1 版　2019 年 1 月第 1 次印刷
ISBN 978-7-5218-0146-0　定价：60.00 元
（图书出现印装问题，本社负责调换。电话：010-88191510）
（版权所有　侵权必究　打击盗版　举报热线：010-88191661
QQ：2242791300　营销中心电话：010-88191537
电子邮箱：dbts@esp.com.cn）

总　序

转型时代的中国财经战略论丛

山东财经大学《转型时代的中国财经战略论丛》（以下简称《论丛》）系列学术专著是"'十三五'国家重点出版物出版规划项目"，是山东财经大学与经济科学出版社合作推出的系列学术专著。

山东财经大学是一所办学历史悠久、办学规模较大、办学特色鲜明，以经济学科和管理学科为主，兼有文学、法学、理学、工学、教育学、艺术学八大学科门类，在国内外具有较高声誉和知名度的财经类大学。学校于2011年7月4日由原山东经济学院和原山东财政学院合并组建而成，2012年6月9日正式揭牌。2012年8月23日，财政部、教育部、山东省人民政府在济南签署了共同建设山东财经大学的协议。2013年7月，经国务院学位委员会批准，学校获得博士学位授予权。2013年12月，学校入选山东省"省部共建人才培养特色名校立项建设单位"。

党的十九大以来，学校科研整体水平得到较大跃升，教师从事科学研究的能动性显著增强，科研体制机制改革更加深入。近三年来，全校共获批国家级项目103项，教育部及其他省部级课题311项。学校参与了国家级协同创新平台中国财政发展2011协同创新中心、中国会计发展2011协同创新中心，承担建设各类省部级以上平台29个。学校高度重视服务地方经济社会发展，立足山东、面向全国，主动对接"一带一路"、新旧动能转换、乡村振兴等国家及区域重大发展战略，建立和完善科研科技创新体系，通过政产学研用的创新合作，以政府、企业和区域经济发展需求为导向，采取多种形式，充分发挥专业学科和人才优势为政府和地方经济社会建设服务，每年签订横向委托项目100余项。学校的发展为教师从事科学研究提供了广阔的平台，创造了良好的学术生态。

习近平总书记在全国教育大会上的重要讲话，从党和国家事业发展全局的战略高度，对新时代教育工作进行了全面、系统、深入的阐述和部署，为我们的科研工作提供了根本遵循和行动指南。习近平总书记在庆祝改革开放40周年大会上的重要讲话，发出了新时代改革开放再出发的宣言书和动员令，更是对高校的发展提出了新的目标要求。在此背景下，《论丛》集中反映了我校学术前沿水平、体现相关领域高水准的创新成果，《论丛》的出版能够更好地服务我校一流学科建设，展现我校"特色名校工程"建设成效和进展。同时，《论丛》的出版也有助于鼓励我校广大教师潜心治学，扎实研究，充分发挥优秀成果和优秀人才的示范引领作用，推进学科体系、学术观点、科研方法创新，推动我校科学研究事业进一步繁荣发展。

伴随着中国经济改革和发展的进程，我们期待着山东财经大学有更多更好的学术成果问世。

山东财经大学校长

2018年12月28日

目 录

第1章 导言 ………………………………………………………… 1
1.1 研究背景与意义 ……………………………………………… 1
1.2 研究内容与方法 ……………………………………………… 3
1.3 研究创新与需进一步研究的内容 …………………………… 5

第2章 土地托管相关理论研究 …………………………………… 7
2.1 土地托管相关概念界定与辨析 ……………………………… 7
2.2 土地托管服务作物、服务内容、服务主体与服务形式 …………………………………………………… 23
2.3 土地托管运行机制理论研究 ………………………………… 36

第3章 土地托管发展实践 ………………………………………… 52
3.1 主要地区土地托管发展实践 ………………………………… 52
3.2 不同组织形式土地托管发展实践 …………………………… 83

第4章 土地托管需求考察——以种粮农户为例 ……………… 134
4.1 调研的基本情况与样本分布 ………………………………… 134
4.2 不同种粮主体的土地托管需求行为 ………………………… 136
4.3 不同环节的土地托管需求特点 ……………………………… 150
4.4 不同种粮主体土地托管需求行为影响因素的实证研究 …… 184

第5章　土地托管发展模式与推广适用性 ············ 204

5.1　土地托管发展模式 ······························ 204
5.2　土地托管发展模式推广的适用性 ············ 216

第6章　推进土地托管发展的政策建议 ············ 228

6.1　开展土地托管的基本原则 ······················ 228
6.2　明确土地托管的发展重点 ······················ 230
6.3　完善土地托管发展的保障措施 ··············· 233

附录 ··· 236
参考文献 ··· 248

第 1 章 导　　言

1.1 研究背景与意义

1.1.1 研究背景与问题的提出

土地托管是农户等农业经营主体在土地承包权、经营权不变的前提下，将自营耕地产前、产中、产后等环节的部分或全部事务委托给专业合作社、土地托管公司等托管服务组织代为管理的一种农业生产性服务形式。该服务形式于 2008 年前后在山东、河南、黑龙江、河北等地兴起，这一全程性生产性服务可很好地弥补农业社会化服务存在的不足。它通过为普通农户提供生产性服务，提高普通农户种植积极性，使普通农户抛荒不种粮、少种粮、粗放种粮的现象得到一定抑制或好转，也可以较好地解决当前小农户与现代农业衔接的问题；通过向专业大户、家庭农场、农业企业等新型农业经营主体提供服务，切实解决新型经营主体发展过程中出现的自我服务不足的难题，有利于新型经营主体减少资金占用、采用新型农业生产技术。

土地托管服务在不断发展的同时，越来越受到国家相关部门的重视。2014 年中央"一号文件"首次提出"推行合作式、订单式、托管式等服务模式"；2015 年、2016 年"一号文件"又提及土地托管。为落实中央文件精神，2017 年农业部单独或会同其他部委联合下发了多份相关文件。土地托管服务不仅在实践中不断推进，也得到了更多的政策支持。

但目前，关于土地托管的很多问题还不是很清楚，如土地托管服务与农业社会化服务、农业生产性服务、农业生产环节外包、农业生产托管有何联系、有哪些异同；土地托管有哪些服务组织，不同的组织如何提供服务，主要面向哪些经营主体、哪些农作物开展服务，服务的形式有哪些；全国土地托管服务发展的总体情况及各地的具体情况如何；不同类型的农户对土地托管服务的总体需求及不同服务环节的需求是什么；土地托管有哪些发展模式，这些模式是否适合推广以及如何推广。对于这些问题仍缺乏系统深入的研究。

因此，本书首先要对土地托管的概念、服务组织、需求主体、服务内容、服务形式、服务作物、运行机制等问题进行理论研究。然后通过实地调研，探究全国及主要地区土地托管发展情况、不同服务组织提供土地托管服务的情况。同时，以种粮主体为例，实证考察不同类型农业经营主体对土地托管的需求，在摸清发展实践与需求的基础上，总结土地托管发展模式与各模式的适用性。

1.1.2 研究意义

理论意义：第一，基于对土地托管、农业社会化服务、农业生产性服务、农业生产环节外包等相关概念的发展实践与政策梳理，本书重新定义了土地托管，比对了土地托管与其他相关概念的区别与联系，从而有利于消除人们对土地托管的认识误区，加深对土地托管服务的理解。第二，在深入调研和资料查询的基础上，深入研究了土地托管服务主体、服务作物、服务内容、服务形式等理论问题，探讨了土地托管生成机制、维持机制、保障机制、变异机制等运行机制，细化与深化了土地托管相关理论研究。这些概念界定与理论研究可以丰富土地托管的相关理论，拓宽土地托管的研究领域。

实践意义：第一，通过实地调研、资料查询摸清了全国土地托管服务发展的总体情况及主要地区的土地托管发展情况，并系统研究了不同类型的服务组织提供土地托管服务的特点，从而有助于了解土地托管总体发展情况与主要地区或组织发展的经验。第二，在大量问卷调查、集中访谈的基础上，分别实证研究了不同类型种粮主体、不同托管环节的需求特点与影响因素。这有利于摸清普通农户、新型种粮主体各自的土地托管需求特点，有利于明确不同托管环节的需求强度，不仅可以为土地托管组织明确重点服务对象、主要服务内容提供一定的参考，还可为政府部门明确支持重点提供一定的建议。第三，在以上研究基础上总结出不同类别的土地托管发展模式及其适用性，从而有利于更好地推动土地托管发展，为保障粮食安全找到一条新的、有益的补充途径。

1.2 研究内容与方法

1.2.1 研究内容

本书主要包括以下内容：

第2章：土地托管相关理论研究。首先在对土地托管发展实践和概念梳理的基础上界定何为土地托管，进而对土地托管与土地流转、农业社会化服务、农业生产性服务、农业生产环节外包等相关概念进行辨析。在此基础上，进一步研究了土地托管服务作物、服务主体、服务内容、服务形式，并从生成机制、维持机制、保障机制、变异机制四个方面重点研究了土地托管的运行机制。

第3章：土地托管发展实践。首先介绍了全国土地托管发展的总体情况，然后从组织结构、服务规模、服务形式、服务内容、利润来源、利益分配等方面重点研究了山东、河南、黑龙江等主要地区的发展情况与各地区的典型案例。同时，分别研究了供销合作社、农民专业合作社、土地托管企业、家庭农场等不同组织类型土地托管发展情况与典型案例，摸清了土地托管发展实践，以便更好地总结各类土地托管发展模式。

第4章：土地托管需求考察——以种粮农户为例。在描述了不同种粮主体个人、家庭及经营特征的基础上，分别分析了以粮为主普通农户、以粮为辅普通农户和新型种粮主体的土地托管需求行为，从而明确了土地托管组织主要服务对象。然后，本章研究了产前、产中（耕种、田间管理、收割）、产后各环节的土地托管服务需求特点，以明确重点服务的内容。最后，选用计量模型分别研究了普通农户和新型种粮主体土地托管需求行为的影响因素，并对不同主体需求影响因素进行了比对，明确了不同主体的土地托管需求和不同环节的需求强度，以便更好地归纳各类托管模式的适用性。

第 5 章：土地托管发展模式与推广适用性，第 6 章：推进土地托管发展的政策建议。依据服务形式、服务内容总结出了不同的土地托管发展模式，并研究了不同模式的适用性，进而提出适用于不同服务对象的土地托管发展模式和适用于不同地区的土地托管发展模式。为更好地推广土地托管服务，第 6 章提出了相关政策建议，明确了开展土地托管服务的原则、发展重点和保障措施。

1.2.2 研究方法

1. 描述性统计分析方法

依据一手问卷调查和访谈数据，描述分析了主要地区土地托管发展的情况，分析了不同种粮主体（普通农户、新型种粮主体）个人特征、家庭特征、经营特征和土地托管需求行为特征，并描述分析了种粮主体对不同环节服务的需求强度。

2. 计量经济学分析方法

农户对农资代买、耕种收、田间管理、烘干及代售等服务的需要，是一个二元或多元选择问题，因此本书选用 logit 模型研究种粮主体土地托管需求影响因素。首先，本书针对不同的种粮主体分别构建了二元 logit 模型，用以研究种粮主体对上述四类托管服务需求情况及影响因素；其次，本书还构建了多元有序 logit 模型用来研究种粮主体土地托管服务的需求强度及影响因素。

3. 案例分析方法

在对实地访谈获取的资料进行加工、整理的基础上，本书采用案例分析法研究了不同托管组织提供土地托管服务的情况。同时利用该方法，归纳出主要土地托管发展模式的典型案例，深度剖析了不同发展模式的运行特点与适用性。

4. 比较分析方法

首先比较分析了不同类型土地托管组织提供土地托管服务的特点、运行机制与运行效果。其次比较了不同种粮主体的个人、家庭及经营特点，研究了不同主体在土地托管需求方面存在的差异。最后比较研究了农户对农资代购、耕种收、田间管理、烘干代售四个不同托管环节的托管需求差异及影响因素。

1.3 研究创新与需进一步研究的内容

1.3.1 可能的创新点

第一，在以往文献对土地托管概念、服务形式研究的基础上，本书进一步对比分析了土地托管与农业生产性服务等其他相关概念的区别与联系，系统研究了土地托管的服务作物、服务主体、服务内容、服务形式，这些研究不仅丰富了现有研究内容，而且使现有相关研究更为深化、细化、系统化。

第二，在以往文献就供销合作社、专业合作社两类土地托管组织分别进行研究的基础上，本书系统研究了供销社、合作社、托管企业、家庭农场四类组织提供土地托管服务的情况，并就这四类组织的组织架构、服务形式、运行机制、运行效果等进行了比对，明确了各类组织形式的服务特点与优势，该研究内容充实了土地托管组织相关研究并使之系统化。

第三，本书在参考农业生产性服务等相关问题实证研究的基础上，运用大量问卷调查数据，采用二元及多元有序 logit 模型研究了不同类型种粮主体土地托管需求行为与影响因素、不同土地托管环节的农户需求强度及影响因素，这些研究弥补了土地托管需求实证研究的不足。

第四，在现有文献中可以找到一些关于土地托管发展模式的研究，但这些研究或是围绕某一服务组织（如供销社、合作社），或是针对某一服务形式（半托管、全托管）展开。本书从服务组织、服务方式、服务内容等不同的角度分别总结了土地托管发展模式，并就每种模式的适用性进行了研究，以便更好地推广应用。该研究不仅丰富了相关研究内容，也使该领域的研究更为具体化、系统化。

1.3.2 需要进一步研究的内容

关于"土地托管运行机制与发展模式"研究，不论是理论层面还是实践层面都仍处于不断探索之中，本书虽然努力进行了深入、系统的研究，但有些问题还需要进一步研究。

一是新型种粮主体样本量有待进一步扩充。由于新型种粮主体较为分散、走访难度大，仅靠课题组不到 10 位成员和部分研究生的力量难以获取遍布全国的大量样本。虽然国家有关部门就全国家庭农场进行了监测，有部分数据，但针对家庭农场土地托管需求的数据则很少，而且其他新型种粮主体的针对性数据也很难找到。因此，有必要加强关于全国新型种粮主体土地托管需求方面的数据库建设，以克服因样本量过少造成的"现有研究难以体现不同新型种粮主体在土地托管需求方面的细微差别"问题。

二是有待加强普通农户及新型农业经营主体土地托管需求的动态研究。现有文献针对土地托管需求的实证研究不多，本书虽对该问题进行了大量问卷调查和实地访谈，但计量研究中使用的是一次性获取的截面数据，因此难以反映普通农户和新型种粮主体对该服务的动态需求。要研究动态需求，还需要复查现有样本以往需求情况及追踪未来需求行为。

第 2 章 土地托管相关理论研究

何为土地托管？它与土地流转、农业社会化服务、农业生产性服务、农业生产环节外包等概念有何异同？本章将重点研究土地托管的概念，研究土地托管与其他概念的辨析，土地托管主要服务于哪些农作物、服务什么内容、采用何种形式、有哪些服务主体。同时，本章将进一步探讨土地托管的运行机制，包括生成机制、维持机制、保障机制、变异机制等。

2.1 土地托管相关概念界定与辨析

土地托管服务最早以"土地托管"的名字出现在大家的视野中，之后也有"农业生产托管"之称，这主要源于不同领域对同一事物的称呼不同，也在于人们对其理解越来越深入、准确。为了更贴合"土地托管"为一项生产性服务的本质，本课题有时又将其称之为"土地托管服务"。同时为更深入、准确地理解这一概念，特将其与土地流转、农业社会化服务、农业生产性服务、农业生产环节外包等概念进行深入辨析。

2.1.1 土地托管概念界定

土地托管源于实践，各地先有"土地托管"之实，才有了比较统一的名称。因此，本书将先简单地描述一下土地托管服务的发展脉络，然后梳理一下不同领域、不同时期土地托管的概念，进而给出本书对土地托管的定义。

1. 土地托管发展实践与概念梳理

（1）土地托管发展实践简述。土地托管来源于实践，2008年初黑龙江省拜泉县巨龙农业生产专业合作社成立，并开展土地托管服务，当年入托耕地1709亩。[①] 2008年4月，河北省"鹿泉市联民土地托管专业合作社"成立，当年秋季已托管8个乡镇37个村13200户农户的43000多亩耕地。[②] 2008年9月，陕西长丰现代农业托管有限公司成立，当年秋播，该公司土地托管面积达1.61万亩，2009年秋播发展到2.39万亩。[③] 2009年3月成立的吉林省田丰机械种植专业合作社从2008年开始也积极探索土地托管经营模式，到2011年托管耕地7500余亩。[④] 河南省宝丰县金牛种植专业合作社（成立于2009年9月）从2009年小麦秋播开始，采用"土地托管"耕作模式，替农户耕作承包田。[⑤] 2009年12月，山东省嘉祥县鸿运富民土地托管专业合作社成立，这是山东第一家通过工商部门注册的土地托管合作社。最初其业务主要覆盖义和村1400余亩耕地，[⑥] 截止到2016年秋播，托管规模达到万亩。2010年，安徽省淮南市凤台县杨村乡依托沿淝糯米专业合作社成立了土地托管服务中心，按照"十统一"的方式为农户提供托管服务。[⑦]

以上为土地托管服务开展较早的地区，2011年以后各地纷纷开展

[①] 王克俭：《拜泉土地托管实现"双赢"》，载于《黑龙江经济报》2010年12月28日。

[②] 安琪、李天浩、李梦：《河北省鹿泉市土地托管现状调查与分析》，载于《中共石家庄市委党校学报》2009年第12期，第41~44页。赵真、詹长根、周玮：《河北省鹿泉市土地托管模式的探讨》，载于《国土资源科技管理》2010年第5期，第44~49页。刘伟建、李杰：《4万亩耕地"联起来"——河北鹿泉市联民土地托管专业合作社见闻》，载于《农民日报》2008年12月9日。

[③] 耿翔：《土地托管：长安的二次试验——西安市长安区探索解决"三农"问题调查》，载于《陕西日报》2009年7月17日。晁阳、张宝贵：《农业部调研组高度评价长安土地托管》，载于《陕西日报》2009年12月6日。

[④] 张雯丽：《土地托管模式是规模化经营的新途径》，载于《农民日报》2012年6月9日。

[⑤] 张霄鹏、闫顺安、张丹：《宝丰县金牛种植专业合作社实施"土地托管"成效及前景综述》，载于《安徽农学通报》2011年第24期，第21~22页。

[⑥] 吕兵兵、陈常领：《嘉祥县成立山东首家土地托管合作社》，载于《农民日报》2010年2月20日。

[⑦] 国研中心课题组：《创新农业经营方式的有益探索——安徽省凤台县农村土地托管调查》，2013年4月14日。刘银昌、高梅：《从"要我订单"到"我要订单"的嬗变——凤台县杨村乡实行土地托管纪实》，载于《淮南日报》2012年6月11日。

土地托管服务。截止到 2016 年底，全国已有 28 个省、自治区、直辖市的供销合作社系统开展了托管服务。① 全国开展土地托管的服务组织达到 15.3 万家，托管服务总面积达到 1.76 亿亩，② 托管规模逐渐扩大。以山东省为例，山东省是土地托管服务发展较早，也是发展规模较大的省份，尤其是近年来山东供销社系统领办的为农服务中心，构建起"三公里土地托管服务圈"。截止到 2016 年 9 月底，全省已建成为农服务中心 855 处，③ 仅供销系统托管面积就达 2056 万亩，其中小麦（玉米）1392 万亩、水稻 40 万亩、棉花 53 万亩、花生 114 万亩、瓜菜 124 万亩、果品 254 万亩，其他类型作物 79 万亩。④ 由于各地土地托管服务发展的实践将在第四章中详细阐述，在此不再细述。

（2）土地托管概念梳理。随着土地托管实践的不断推进，不同领域也开始对这一新生事物进行定义。对土地托管的定义基本经历了两个阶段。

①对"土地托管"的模糊认识阶段。土地托管服务开展之初，很多文献对土地托管概念的表述不够准确。

一是部分学者认为土地托管是土地流转的一种形式。将土地托管定义为部分不愿耕种或无能力耕种者把土地托给种植大户或合作组织，并由其代为耕种管理的做法（王竞佼、隋文香，2010；张姣，2011；王兰华、张艳霞，2012；崔奇峰、周宁、原登荣、张宝勤、彭超、颜茜钰、洪略，2013；何欢、陈凤、张坤、衡霞、程世云，2014）。

二是承认土地托管是一项生产性服务，但误认为土地托管服务过程中，土地经营权进行了流转。后期部分学界或业界人士的认识逐渐清晰，认为土地托管是农户承包地的托管，是在依法、自愿、有偿的前提下，农户把自己的土地承包经营权有偿委托给有较强经营能力的合作社、企业或种植大户代为耕种管理的做法（胡公理，2014）；或认为土

---

① 高敬：《全国供销系统土地托管服务面积达 1 亿亩》，2017 年 01 月 09 日。http://news.xinhuanet.com/fortune/2017-01/19/c_1120346796.htm。

② 农业部农村经济体制与经营管理司：《对十二届全国人大五次会议第 6312 号建议的答复》，2017 年 07 月 17 日。http://www.xjnw.gov.cn/c/2017-07-17/1264378.shtml。

③ 唐园结、于洪光、吕兵兵：《打造一支为农服务"国家队"》，2016 年 11 月 19 日。http://www.yc222.com/news-id-4093.html。

④《山东省供销合作社综合改革试点工作资料汇编：经验篇》，山东省供销合作社联合社 2016 年版，第 68~69 页。

地托管是指农户承包地的托管，在依法、自愿、有偿的前提下，农户把自己的土地承包经营权流转给有较强统一经营能力的合作社，或者以市场方式向合作社购买所需服务（荀峰、杨建，2014）。上述概念虽然表达出土地托管是不愿耕种者或无力耕种者向受托方购买的一种服务，但一个关键的问题是仍认为这个过程伴随着土地经营权的转移。

②对"土地托管"认识逐渐清晰阶段。一是界定土地托管是一种生产性服务。部分学者对该概念进行了修订，进一步明确了土地托管是一种农业社会化服务形式或经营方式，认为土地托管即委托他人代为管理或经营耕地，是不愿耕种或无能力耕种者将自营地产前、产中、产后等环节中的部分或全部事务委托给他人代为管理的一种经营托管形式。部分学者在定义的同时，进一步指出土地托管不同于土地流转（孙小燕、苏昕 2012；李登旺、王颖，2013；赵然芬，2014；孙凤莲，2014；张新喜、湾晓霞，2015）。

二是明确提供土地托管服务时土地经营权没变。一部分人在概念中进一步强调了该服务形式的前提——土地经营使用权不变（徐峰、王毛毛、宋修伟、魏艳秋，2013；丁咏静，2014）。徐峰（2013）认为，土地托管是以家庭联产承包责任制为基础，不改变土地的受益权、使用权，充分发挥村"两委"组织农民的作用，连片进行统一耕种、统一管理、统一收获、统一分配的农业生产经营模式。丁咏静（2014）指出，土地托管是在依法、自愿、有偿，不改变农民土地收益权、经营权的前提下，托管方以合同方式为托管农田提供耕地、播种、管护、收割、销售等一系列服务。

三是土地托管服务的内涵不断丰富。在承认"土地托管是在土地经营权不变的前提下开展的一项农业生产性服务"的基础上，不断丰富土地托管的内涵。如余爱民、李光河、何红卫（2015）认为，土地托管是在坚持农民土地使用权不变、农民经营主体不变、农民受益主体不变的情况下，农民合作社、种粮大户等新型种粮主体，按照农民的要求，对其承包地实行统一管理、统一服务，是有效解决"谁来种田"和"怎样种田"问题的好办法。还有学者认为，土地托管是指在不改变农民的土地承包权、收益权以及国家补贴政策享有权的前提下，农户将其不愿耕种或无力耕种的土地委托给合作社或者经营组织代为耕种管理，促进农业生产规模化、集约化、机械化发展的模式（余霞、胡祖文，

2016；卫荣，2016）。

2017 年 9 月，农业部办公厅发布了《关于大力推进农业生产托管的指导意见》，明确给出了农业生产托管的定义，指出农业生产托管是农户等经营主体在不流转土地经营权的条件下，将农业生产中的耕、种、防、收等全部或部分作业环节委托给农业生产性服务组织完成的农业经营方式。该定义明确指出农业生产托管是土地经营权不变前提下的一种农业生产性服务形式，但服务的内容仅限于农业产中环节的作业服务。

通过对土地托管概念的梳理，可以发现业界或学界对土地托管问题的认识不断加深、对其定义不断清晰。但纵观上述定义，可以清晰地界定出土地托管的属性、开展的前提、服务双方类型、服务内容、服务方式等的较少。因此，本书首先要对土地托管进行清晰、全面的定义。

2. 本书对土地托管概念的界定

目前对土地托管的称谓有两种：土地托管、农业生产托管。由以上的实践简述和概念梳理可以发现，土地托管的本质是一项"服务"。要对土地托管进行清晰、全面的定义，首先必须明确以下几点：

（1）土地托管服务开展的前提。一是要坚持农村土地集体所有权、农户土地承包权不变；二是土地的经营权不变，但土地经营权可能为原承包农户所有，也可能为流转土地的流入方，如其他农户、种植大户、家庭农场、农业企业、专业合作社等经济主体；三是拥有经营权的主体依然拥有土地的收益权。

（2）土地托管的本质是一项"服务"。土地托管是供给者向需求者提供的一种生产性服务。其中选择土地托管的一方主要是那些不愿耕种或无力耕种者，包括仅耕种自家承包地的农户和流转了他人土地的种植大户、家庭农场、农业企业等新型农业经营主体。服务的供给者有供销社下设的为农服务中心、专业合作社、农业企业、家庭农场、农机手（或种植能手）等。其服务内容涉及从农资供应、种植到产品销售的所有环节的机械类作业、劳务类作业和其他服务内容，服务形式多采用"全托管"和"半托管"两种。

因此，本研究认为，"土地托管"是指农户等农业经营主体在土地承包权、经营权不变的前提下，将自营耕地产前、产中、产后等环节中的部分或全部事务委托给专业合作社、土地托管公司等托管服务组织代为管理的一种农业生产性服务形式。土地托管是不愿耕种或无力耕种的农户或其他农业经营组织向农业生产性服务组织有偿购买的"服务",土地的收益仍由拥有土地经营权的农户、种植大户、家庭农场、农业企业等经营组织所有,提供土地托管服务的专业合作社、供销社、托管公司、家庭农场、农机户(或种植能手)仅获取服务费和其他购销差价等收益。

由于"土地托管"是一项"农业生产性服务",为突出其本质属性,有时也称之为"土地托管服务"。这样不单体现了该事物的本质,还可以避免与土地流转概念的混淆,并可以很好地贴合农业社会化服务、农业生产性服务等相关概念。

2.1.2 土地托管相关概念辨析

与土地托管相似或相关的概念有土地流转、农业社会化服务、农业生产性服务、农业生产环节外包。本小节将重点研究土地托管与这些概念的关系,分析其异同点。

1. 土地流转与土地托管

从对土地托管概念的梳理中,我们可以发现不论是业界还是学界,都有部分人士认为土地托管就是土地流转。土地流转是指拥有土地承包经营权的农户通过出租、入股、转包、互换等方式将土地经营权(使用权)流转给其他农户或经济组织。

二者既有相同点,更有不同之处。其相同点主要为:二者都可以实现农业的规模化经营。但实现规模化经营的途径不同:土地托管服务是通过一个服务主体同时向多个农户提供服务,达到服务的规模化,从而实现农业经营的规模化,此为服务带动型规模经营;土地流转是通过流转后土地的规模化,实现农业经营的规模化,此为土地流转型规模经营。因此,二者有着本质的区别,具体区别表现以下几个方面:

(1) 土地经营权归属不同。土地托管后,土地经营权仍归购买服务的农户、种植大户、家庭农场、农业企业等经营主体所有;土地流转后,经营权归流转方所有。

(2) 土地收益权归属不同。土地托管中，购买托管服务的农户或其他经营主体获得来自土地的全部收益，托管组织获得作业服务费、农资购销差、农产品销售增值收益等；而流转土地的农户仅能从原土地中获得租金收益（多是一次性租金收益，也可能有股金、分红等形式），流转方获得了土地生产的全部收益。

(3) 实现农业规模化经营的路径不同。如上所述，土地托管服务是通过对土地连片规模化服务（即服务的规模化）实现农业规模化经营；土地流转通过规模化流转土地，实现单个经营主体的规模化经营。

(4) 农户的收入构成不同。土地托管以后，农户既有来自土地的全部经营性收入，又可以务工或经商；土地流转以后，农户的收入有来自土地的租金收入（少部分可能还有股金分红）及务工或经商收入。

(5) 土地托管组织与土地流入方的资金压力不同。提供土地托管服务的组织的资金需求主要来自机械投入、农资代购、人员雇佣；土地流转后经营者的资金需求则来自土地租金、机械投入、农资购买、人员雇佣。其中，土地租金是流转土地的经营者必须支付的一项数额较大的成本，一般亩均1000元左右，几乎占到粮食种植中全部成本的50%，而这项费用土地托管组织则不需要支付。同时，土地托管组织还可以提前收取一定比例的土地托管服务费作为预付款。相比之下，土地托管服务组织的资金压力要小很多。

(6) 土地托管组织与土地流入方的经营风险不同。托管组织主要承担合同约定的因管理不当产生的产量低于保底产量的风险，其他不可抗力导致的自然风险及市场经营风险均不承担。土地流入方要承担土地经营可能面对的所有自然风险及市场风险。

土地流转和土地托管的区别总结在表2-1中。

表2-1　　　　　　　　土地流转与土地托管辨析

	土地托管	土地流转
土地经营权归属	农户及其他服务需求者	土地流入方
土地收益权归属	农户及其他服务需求者	土地流入方
实现规模经营路径	服务带动型规模经营	土地流转型规模经营
农户收入构成	土地经营性收入+工资性收入	土地租金+工资性收入

续表

	土地托管	土地流转
服务组织或流入方经营风险	部分自然风险	全部自然风险＋市场风险
服务组织或流入方资金需求	机械投入、农资代购、人员雇佣等服务性投入	土地租金、机械投入、农资代购、人员雇佣等生产性投入

注：此处"工资性收入"代指除了土地经营性收入、租金以外的务工收入及经商等非土地来源的收入。

2. 农业社会化服务与土地托管

（1）农业社会化服务概念梳理与评价。1991年，国务院《关于加强农业社会化服务体系建设的通知》中提出了农业社会化服务的概念。农业社会化服务是包括专业经济技术部门、乡村合作经济组织和社会其他方面为农、林、牧、副、渔各业发展所提供的服务，具体包括物资供应、生产服务、技术服务、信息服务、金融服务、保险服务，以及农产品的运输、加工、贮藏、销售等各个方面。[①] 之后学者们在此基础上进一步发展了农业社会化服务的概念，如陈和午（2004）指出，农业社会化服务是指为农业的产前、产中、产后环节提供优质、高效、全面、配套的公益性服务及经营性服务。还有学者指出，农业社会化服务是指由社会上各类服务机构为农业生产提供的产前、产中和产后全过程综合配套服务（黄守宏，2008）。

由此可见，农业社会化服务本质是"服务"，概念也围绕着"服务"阐述，服务范围包括农、林、牧、副、渔各个产业，涉及每个产业的产前、产中、产后各环节；服务内容包括物资供应、生产服务、技术服务、信息服务、金融服务、保险服务，以及农产品的运输、加工、贮藏、销售等各个方面；服务主体包括专业经济技术部门、乡村合作经济组织和社会其他方面；服务性质既有公益性服务又有经营性服务。

（2）本书对农业社会化服务的理解。通过对农业社会化服务概念的梳理和中央政策的回顾，不难发现我国农业社会化服务存在以下特点：

---

① 孔祥智、徐珍源、史冰清：《当前我国农业社会化服务体系的现状、问题和对策研究》，载于《汉江论坛》2009年第5期，第13～18页。

①强调体系的构建。为提供农业社会化服务，政府特别指出要构建农业社会化服务体系，而且强调这一体系的完备性与服务组织的系统化。如2008年十七届三中全会提出的"新型农业社会化服务体系"，指出要"加快构建以公共服务机构为依托、合作经济组织为基础、龙头企业为骨干、其他社会力量为补充，促进公益性服务和经营性服务相结合、专项服务和综合服务协调发展的新型农业社会化服务体系"。这既体现了各类服务组织的系统性，又体现了其完备性与协调性。

②侧重公益服务。虽然我国要发展公益性服务与经营性服务相结合的农业社会化服务体系，但从中央的各项政策梳理中可以发现，政府更强调公益性服务的发展与基础性，如农业科技推广、农业气象、农产品质量监管、市场体系建设等，尤其是农业科技推广体系建设。1990~2007年，几乎每一年的文件中都提及农业科技推广体系的建设，2008年以后的文件也表达了要加强该体系建设的意见。2012年、2013年中央一号文件均提到这一问题，2013年的一号文件提出要"构建农业社会化服务新机制，大力培育发展多元服务主体"，但在谈到如何培育发展多元化服务主体时指出，首先要强化农业公益性服务体系，其次才是培育农业经营性服务组织、创新服务方式和手段。2016年、2017年的中央部委文件均提到要通过政府向经营性服务主体购买服务的方式，推进公益性服务的发展。

③突出"社会化"特点。纵观学者及政策文件对农业社会化服务的定义与研究，社会化服务体系是外在于农户和生产过程的。"社会化"一词反映了该服务是由农业生产者以外的主体提供的。然而我们发现，目前很多的生产主体同样也是提供服务的主体，尤其是一些规模化经营主体，既是新型种粮主体，也是新型服务主体。如一些农机配置较好的家庭农场既是生产主体，也是农业生产服务的提供者。

④开始鼓励与支持新的服务形式、服务主体。从2014年开始，国家提出要扩大农业生产全程社会化服务试点范围，支持合作式、订单式、托管式等服务模式；2015年，提出要抓好农业生产全程社会化服务机制创新试点；2016年、2017年，提出要培育新型服务主体发展，并要总结推广农业生产全程社会化服务试点经验。

（3）农业社会化服务与土地托管的辨析。农业社会化服务是指在家庭承包经营的基础上，为农业产前、产中、产后各个环节提供的服务。土地托管是指农户等农业经营主体在土地承包权、经营权不变的前提下，将自营耕地产前、产中、产后等环节中的部分或全部事务委托给专业合作社、土地托管公司等托管组织代为管理的一种农业生产性服务形式。二者之间有强烈的关联，但也存在一定的差异。

①就服务内容、服务环节来看。土地托管提供的服务内容均包含在农业社会化服务中，因此从这个角度来看土地托管服务就是一种农业社会化服务。但农业社会化服务的内容要多于土地托管提供的服务内容。比如，农业社会化服务既包含公益性服务，又包括经营性服务；而土地托管则仅是一种经营性服务。从服务环节来看，土地托管的产业链条没有农业社会化服务的链条长，土地托管服务的重点在产中环节，产前一般仅为农资供应，产后一般为农产品的烘干、储藏、销售，加工的环节较少；而农业社会化服务的链条则更长，对产前和产后的服务比土地托管的服务内容要多。

②就服务主体来看。土地托管的服务组织主要有供销系统（及其建立的为农服务中心、领办的专业合作社）、专业合作社（包括土地托管合作社、农机合作社、植保合作社等）、专业服务公司、家庭农场等组织类型。这些服务主体大部分包含在农业社会化服务的组织中，但家庭农场等生产性与服务性一体的组织在农业社会化服务组织中基本没有涉及，因为农业社会化服务的"社会化"界定把生产部门以内的服务组织外化了。另外，从服务组织的公益性与经营性来看，土地托管组织均是经营性组织，农业社会化组织则既有公益性组织又有经营性组织。

③就服务方式来看。土地托管的服务组织，既可能是仅提供单个环节专项服务的组织，也可能是提供多个环节综合性服务的组织，还可能是提供所有生产环节全程型服务的组织。农业社会化服务则更多强调的是总体，是整个服务体系中专项服务与综合性服务的结合，仅最近两年才提及全程型服务。

农业社会化服务与土地托管的区别总结在表2-2中。

表2-2　　　　农业社会化服务与土地托管辨析

	土地托管	农业社会化服务	二者辨析
服务内容	农资供应＋各项作业服务＋烘干、储藏、销售	与农业生产相关的所有服务	农业社会化服务内容涵盖土地托管服务内容

续表

	土地托管	农业社会化服务	二者辨析
服务性质	经营性服务	强调公益性服务、鼓励经营性服务	土地托管仅经营性服务；农业社会化服务二者兼顾，但有侧重
服务主体	经营性服务主体	公益性服务主体为主，鼓励经营性服务主体	农业社会化服务主体包括土地托管服务主体
服务环节	侧重产中作业服务，兼顾产前农资供应，产后烘干、储藏、销售	侧重产前、产后环节，鼓励发展产中环节	后者包括前者，但二者侧重点不同
服务方式	按环节划分服务方式：单个环节专项服务、多个环节综合性服务、全程性服务	按内容划分服务方式：专项服务+综合性服务、传统服务+新型服务	服务方式侧重点不同

3. 农业生产性服务与土地托管

（1）农业生产性服务概念梳理与评价。纵观学界、政府文件还有业界，"农业生产性服务"这一概念的提出较晚。农业生产性服务是指为农业生产各环节提供的中间投入性服务，主要包含农资配送服务、农业信息服务、农产品营销服务、农技推广服务、农村金融及农业保险服务等（张晓敏、姜长云，2015；兰晓红，2015）。也有学者按照列举服务内容的方式进行定义，认为农业生产性服务贯穿于农业生产的产前、产中、产后整个链条：产前涉及农业机械、农资供应等服务；产中包括植保与防疫、技术推广与应用、信息咨询等；产后包括农产品供求信息、收购运输和销售等服务（韩坚、尹国俊，2006；关凤利、裴瑱，2010）。姜长云（2016）则进一步研究认为，农业生产性服务不仅有外部化、市场化的服务（如农机服务公司向农户或家庭农场提供市场化农机服务），也包含内部化、非市场化的服务（如农户或家庭农场自身提供农机服务，或合作社向社员提供服务）。

综上所述，农业生产性服务的概念提出较晚，其本质是面向农业生产提供的一种"服务"。由于农业生产涉及产前、产中、产后三个环节，因此为农业生产提供的服务便也覆盖这三个环节所需要的所有服务。从提供者的角度来看，农业生产所需要的服务，既有生产者自己提供的内部化、非市场化的生产服务，又有除生产者自己以外的其他主体有偿提供的外部化、市场化的生产服务。

（2）本书对农业生产性服务的理解。

①服务内容强调全链条服务。农业生产性服务是面向整个农业产业链提供的服务，涉及产前、产中、产后各个环节。但从其发展过程来看，农业生产性服务业发展之初更侧重产前尤其是产中环节的服务（如农机类服务、绿色生产技术服务），后逐渐在产中环节的基础上强调向两端尤其是向产后环节延伸。

②服务主体侧重市场化服务主体，服务性质更侧重农业经营性服务。《关于加快发展农业生产性服务业的指导意见》提出要"充分发挥公益性服务机构的引领带动作用，重点发展农业经营性服务"。公益性服务机构仅起到引领带动作用，其提供的公益性服务自然不会成为服务的主要内容，因此农业生产性服务更侧重于市场主体提供的农业经营性服务。在培育多元化服务主体时提到农村集体经济组织、农民合作社、龙头企业、各类专业服务公司等，由此可以看出，服务主体也更侧重市场化服务主体。

③针对不同服务对象提供服务。农业生产性服务业将目前的服务对象区分为普通农户和新型种粮主体，针对不同对象提供符合其需求的服务内容，如要着力解决普通农户依靠自己的力量办不了、办不好的事，要解决新型种粮主体办不了、办了不划算的事，满足其多样化、综合性需求。

④其他认识。本书认为，农业生产性服务业应有广义与狭义之分，广义的农业生产性服务是针对农业产前、产中、产后整个产业链提供的服务，狭义的农业生产性服务是仅针对农业产中环节提供的服务。以上研究多是强调广义的农业生产性服务业。但现在有必要继续加强产中环节的服务及综合性服务，其原因主要为：

农业经营主体的分化导致对农业生产性服务的需求也在变化。之前由于经营规模较小，且劳动力比较充足，农业生产的产中环节很多作业由农户或经营主体自己完成，农业生产性服务业更多强调的是产前的农资供应及产后的农产品采购处理、保鲜储运、加工包装、营销等服务，农业生产中间环节更多地表现为对耕种、收割等环节的农机需求。

而现在，农业经营主体演变为传统的普通农户和新型种粮主体（规模化经营）。前者的生产规模依然较小，但劳动力从事农业生产的机会成本较高，从事农业生产的劳动力出现季节性短缺，通常以农为辅；后者经营规模较大，家庭投入的劳动力往往不足，需要雇佣一定数量的劳动力，且通常以农为主。以粮食种植为例，对于传统普通的兼业农户，由于粮食生产的比较效益较低、劳动投入的机会成本过高，农户愿意投入到粮食生产中的劳动越来越少，完全靠自家劳动力投入粮食生产的农户减少，农业生产中兼业农户对劳动、机械等方面的需求不断增加。对于新型种粮主体，规模的扩大导致劳动、资金需求的增加，种植粮食是为了更多地追求经济效益，因此粮食生产中对农资代购（团购）服务、农业技术、资金、信息、保险需求增多。

因此，不论是普通种粮农户还是新型种粮主体，对产中环节的服务需求都不断增加，包括传统的农机需求和逐渐演变出的劳务需求。新型种粮主体还需要一些综合性服务，如资金需求、技术需求、保险需求、信息需求等。

（3）农业生产性服务与土地托管辨析。农业生产性服务和土地托管服务在服务环节、服务内容、服务性质、服务方式上存在很多的一致性（如服务环节、服务内容基本一致，都关注全产业链的服务，都提供经营性服务），但二者的侧重点又有所不同。

①服务内容。二者服务内容有重合。农业生产性服务的内容除了土地托管服务提供的产前农资的供应，产中农机服务、植保防疫等各项作业服务，产后烘干、储藏、销售等服务以外，还包括资金服务、保险服务、信息服务等综合性服务。因此，从这个角度来看，土地托管服务属于农业生产性服务的范畴。不同的是，土地托管服务一般不提供综合性的资金、信息等服务。

②服务环节。农业生产性服务业关注全产业链的服务，土地托管服务也涉及全产业链（包括高质量农资的供应，产中环节的作业服务，产后烘干、储藏和销售服务）。但相对农业生产性服务，土地托管服务更侧重产中环节的各项作业服务。

③服务性质。二者都提供经营性服务，不同的是农业生产性服务在侧重经营性服务的同时，也提供部分公益性服务，而土地托管服务则基本不提供公益性服务。

④服务方式。二者都强调专项服务与综合性服务的结合，但土地托管服务除单个环节的专项服务、多个环节的综合性服务外，还包括所有生产环节的全程型服务，农业生产性服务则较少提及全程型服务。

综上所述，从服务内容、服务性质来看，土地托管服务基本属于农业生产性服务的范畴；从服务环节上看，二者存在一致性，但土地托管相对更关注产中环节；从服务方式上看，土地托管服务方式更丰富（见表2-3）。

表2-3　　　　农业生产性服务与土地托管辨析

	土地托管	农业生产性服务	二者辨析
服务内容	农资供应+各项作业服务+烘干、储藏、销售	与农业生产相关的多项服务	农业生产性服务内容涵盖土地托管服务内容
服务性质	经营性服务	以经营性服务为主，兼顾公益性服务	土地托管仅提供经营性服务，农业生产性服务除经营性服务外还兼顾公益性服务
服务环节	侧重产中作业服务，兼顾产前农资供应，产后烘干、储藏、销售	侧重产前、产中环节，积极推进产后环节	农业生产性服务环节涵盖土地托管服务，但侧重点不同
服务主体	经营性服务主体	经营性服务主体为主，公益性服务主体为辅	土地托管服务仅有经营性服务主体，农业生产性服务还有部分公益性服务主体
服务方式	按环节划分服务方式：单个环节专项服务、多个环节综合性服务、全程型服务	按内容划分服务方式：专项服务+综合性服务、传统服务+新型服务	—

4. 农业生产环节外包与土地托管

（1）农业生产环节外包概念梳理与评价。生产环节外包是指将生产的部分环节或者全部环节外包给他人作业的一种行为（王志刚、申红芳、廖西元，2011）。农业生产环节外包是将农业生产的部分环节或全部环节外包给生产大户、专业化服务队或农业合作社（统称为接包方）

作业的一种行为（蔡荣、蔡书凯，2014）。王志刚给出的概念更为细化，农业生产环节外包是指具有土地经营权的农户或经营组织选择雇佣或市场购买生产效率更高（或机会成本更低）的家庭外劳动力（包括个人、农业社会化服务组织等）或生产性服务来满足某个或某些生产环节作业需求的一种生产经营行为（王志刚等，2011；陈超等，2012）。

（2）本书对农业生产环节外包的理解。根据现有文献对农业生产环节外包的定义及其他研究内容，农业生产环节外包实际上是针对农业产中环节的外包。如水稻，现有研究多是针对水稻整地、育秧、插秧、灌溉、施肥、病虫害防治、收割各环节；小麦生产环节外包也主要集中在耕地、播种、灌溉、施肥、病虫草害防治、收割等环节。因此，农业生产环节外包本质上就是针对农业产中环节的生产作业提供的外包服务。服务的需求者可以选择其中一项服务，也可以选择多项服务，但多项服务的供给者并不要求为同一个服务者。

（3）农业生产环节外包与土地托管辨析。

①从服务环节和服务内容来看。农业生产环节外包主要服务产中作业环节，土地托管涉及产前、产中、产后各环节，但更侧重于产前农资供应、产中作业环节和产后烘干、收储。因此，从这一角度来看，农业生产环节外包服务的内容属于土地托管服务的范畴（但少于土地托管服务），二者的共同点是都侧重产中作业环节的服务。

②从服务主体来看。农业生产环节外包服务的供给主体可能为专业合作社、家庭农场（及种植大户）、专业农业服务公司，还可能为个人；服务的需求者为普通农户和新型种粮主体。土地托管服务的供给者为供销社、专业合作社、家庭农场、土地托管公司等服务组织（基本没有个人）；服务的需求者也是普通农户和新型种粮主体。二者的需求者一样，但供给者有差异。因为，土地托管服务的供给者除了提供单项服务，还要提供多个项目的综合服务，甚至要提供全程服务，这就要求其服务能力较强（如机械拥有种类较多、拥有数量较大），个人往往很难完成。

③从服务性质来看。二者均是由经营性服务组织提供的经营性服务，这也是二者有别于农业生产性服务和农业社会化服务的又一不同之处。

农业生产环节外包与土地托管的区别总结在表2-4中。

表2-4　　　　　农业生产环节外包与土地托管辨析

	土地托管	农业生产环节外包	二者辨析
服务内容	农资供应+各项作业服务+烘干、储藏、销售	各项作业服务（耕、育秧、种、灌溉、打药、收割）	土地托管服务内容涵盖农业生产环节外包
服务性质	经营性服务	经营性服务	相同
服务主体	经营性服务主体：供销社、专业合作社、家庭农场、土地托管公司	经营性服务主体：专业合作社、家庭农场（及种植大户）、专业农业服务公司、个人	土地托管服务一般没有个人提供
服务环节	侧重产中环节，兼顾产前农资供应，产后烘干、储藏、销售	产中环节	产中环节的服务相同，土地托管还兼顾产前、产后环节部分服务
服务方式	单个环节专项服务、多个环节综合性服务、全程型服务	单项服务、多项综合服务	农业生产环节外包一般不提供全程型服务

小结：土地托管、农业社会化服务、农业生产性服务、农业生产环节外包这四个概念相互关联，但又各有侧重（见表2-5）。

第一，服务内容上，农业社会化服务包括和农业生产相关的各项服务内容，涵盖其他服务类型所提供的所有服务。比较来看，农业社会化服务内容依次多于农业生产性服务、土地托管服务、农业生产环节外包。因此，从这个层次上看，三者都属于农业社会化服务，但服务内容的侧重点不同。这也是为什么在这项"大"服务的基础上，又演变出很多其他服务的原因。

第二，服务性质上，土地托管服务和农业生产环节外包都是经营性服务，农业社会化服务、农业生产性服务涵盖经营性服务和公益性服务，但前者侧重公益性服务，后者侧重经营性服务。

第三，服务主体方面，土地托管服务和农业生产环节外包都是由经营性主体提供服务，农业社会化服务和农业生产性服务则既有经营性服务主体又有公益性服务主体，但前者以公益性主体为主，后者以经营性主体为主。

第四，服务环节上，土地托管服务、农业社会化服务、农业生产性服务都覆盖了产前、产中、产后三个环节，但侧重点不同：土地托管服务侧重产中环节的各项作业服务；农业社会化服务侧重产前和产后；农业生产性服务侧重产前和产中；农业生产环节外包仅覆盖产中环节。

第五，服务方式上，各种服务的服务方式都呈现多样化特点，但又有一定的差异。

表 2-5　　　　　　　　土地托管与相关概念辨析

	土地托管（1）	农业社会化服务（2）	农业生产性服务（3）	农业生产环节外包（4）	四者辨析
服务内容	农资供应+各项作业服务+烘干、储藏、销售	与农业生产相关的各项服务	与农业生产相关的多项服务	各项作业服务	(2)>(3)>(1)>(4)
服务性质	经营性服务	以公益性服务为主，鼓励发展经营性服务	以经营性服务为主，兼顾公益性服务	经营性服务	(2)侧重公益性服务，(3)侧重经营性服务
服务主体	经营性服务主体为主	公益性服务主体为主，鼓励经营性服务主体发展	经营性服务主体为主，公益性服务主体为辅	经营性服务主体	(1)、(4)仅经营性服务主体，(2)、(3)侧重不同
服务环节	侧重产中作业服务，兼顾产前、产后部分服务内容	侧重产前、产后，鼓励发展产中环节服务	侧重产前、产中环节，积极推进产后环节	仅产中环节	侧重点不同
服务方式	单个环节专项服务、多个环节综合性服务、全程型服务	专项服务+综合性服务、传统服务+新型服务（侧重传统服务）	专项服务+综合性服务、传统服务+新型服务（侧重新型服务）	单项服务、多项综合服务	侧重点不同

2.2　土地托管服务作物、服务内容、服务主体与服务形式

上文主要阐述了什么是土地托管，以及它与土地流转、农业社会化服务、农业生产性服务、农业生产环节外包的异同。在此基础上，本书

还要进一步明确土地托管的服务主体、服务内容、服务作物，服务形式等。

2.2.1 土地托管服务作物

土地托管服务最初是面向大田作物，尤其是粮食作物开展的，近年来托管业务也开始向其他作物开展。以山东省供销系统为例，截止到2016年9月底，其托管面积已达到2056万亩，其中小麦（玉米）1392万亩、水稻40万亩、棉花53万亩、花生114万亩、瓜菜124万亩、果品254万亩。

1. 粮食作物依然是土地托管服务的重点

土地托管服务是从便于机械操作的大田作物托管开始的，其中主要是粮食作物。粮食作物是土地托管服务的重中之重（一开始土地托管服务主要是针对玉米和小麦开展，现在多地开始针对水稻开展服务）。以山东省为例，仅供销系统托管的面积中，小麦、玉米和水稻的托管面积就占到其托管总面积的70%。山东省土地托管服务缘起汶上县，随后一年内在梁山县、嘉祥县、曲阜市等县市开展业务。截止到2015年秋季，汶上县仅供销系统就托管服务了全县30%以上的耕地，而这些耕地的种植结构基本都是小麦、玉米轮作。这些县典型的特点就是农作物种类主要是小麦和玉米两大粮食作物。

之所以是在这两大类粮食作物上先开展土地托管服务，其主要原因有以下几个：一是客观上针对小麦和玉米的农业机械比较齐全，也比较成熟，可以通过机械化操作来提供这种服务；二是小麦和玉米都是大田作物，比较容易实现规模经济，即可以通过扩大服务规模降低平均成本，存在获利空间；三是小麦和玉米的经济收益相对较低，因此农户种植这两类粮食作物的机会成本相对较高，农户不愿意过多投入自己的劳动和资金，存在对土地托管服务较高的需求。

随后，全国各地纷纷到这些较早开展托管服务的县市取经。临沂和济宁等地则根据当地的特点，除托管冬小麦外，重点开展水稻的托管服务，着力在工厂化育苗、机械化插秧、统防统治、机械化收割四个环节上下功夫。

2. 非粮食类大田作物托管面积逐渐增加

在以粮食为主要托管对象的基础上，土地托管服务又逐渐向棉花、花生、马铃薯等非粮类大田作物开展。其主要原因是：大田作物更适宜机械化操作，土地托管服务组织可更好地通过扩大服务规模，降低平均成本，提升利润空间；同时面对劳动力成本的不断上升，棉花、花生、马铃薯等农作物在种、收环节的用工量非常大，用工成本较高，种植者用机械替代劳动，既可降低劳动强度，又可降低生产成本。

各地根据自己的种植结构，开展不同的土地托管服务。以山东省为例，滨州、潍坊、东营等棉花种植区，以实施机采棉为切入点，加快棉花生产全程机械化进程。2013 年，三市棉花全程机械化试验成功，2014 年，三市建成 20 万亩全托管生产基地，配套建设加工企业。此后，全托管生产基地建设在全省 8 个市的 23 个县全面展开，每个县均建成不低于 5000 亩的全托管试验田。预计到 2018 年底山东全省棉花托管面积将达到 500 万亩，占全省棉花总面积的 50%，其中全托管 150 万亩。

关于花生等油料作物的土地托管服务。我国的油料作物主要是花生、油菜，花生主要以北方种植为主，油菜以南方省市种植为主。以山东为例，其油料作物主要是花生，土地托管服务组织围绕鲁东传统出口型、鲁中南食用加工型和鲁西南高油型 3 个花生主产区，为全省 135 个、500 万亩标准化示范基地搞好配套服务。现已通过加快良种推广、实施新型肥料、改革灌溉模式、实施机械采收等措施，使产量效益提高了 30% 以上。预计到 2018 年底，花生托管面积达到 150 万亩，其中全托管 25 万亩。

关于马铃薯的土地托管服务。马铃薯也适合大范围种植，目前马铃薯的机械化耕作水平也在不断提高。以山东省为例，该省枣庄、潍坊、泰安等市是马铃薯的主产区，也是马铃薯土地托管重点服务区域，服务内容包括推广良种，机械化耕作、采收、贮存以及销售等服务。

3. 经济作物土地托管服务也已开展

目前，土地托管服务开始从粮、棉、油等大田作物向大蒜、果品等经济作物延伸。以山东省为例，截止到 2016 年 9 月，山东供销系统托管的瓜菜、果品的面积分别为124万亩、254万亩，占该系统托管面积的13.5%。服务内容主要是机械类或技术类服务，比如大蒜的统一机收、贮存、销售等服务，果品统一植保防疫、贮存、销售等服务。就全国整体情况来看，由于各地经济作物的种植种类差异很大，各地一般根据当地种植特色展开土地托管服务。如山东一般针对苹果、广西针对甘蔗、海南针对香蕉等特色果品展开托管服务。

但经济作物开展土地托管服务需要一定的条件：一是该类作物在当地种植要达到一定的规模，专业化、规模化程度较高，具备实现规模经济的前提；二是这类作物在某些种植环节适合机械类操作，如耕、种、收、植保或病虫害防治等，具备通过机械化操作提高劳动效率的特点。

小结：本书主要是研究土地托管服务如何保障粮食安全，因此研究的土地托管服务是针对粮食作物开展的，尤其是针对小麦、水稻、玉米等谷物。同时，不同粮食作物托管的内容、需要的机械和技术均不同，受调研人员和经费所限，本书主要是针对全国小麦和玉米的土地托管服务展开研究，水稻涉及得相对较少。下文所研究的土地托管服务均是粮食型土地托管服务。

2.2.2　土地托管服务内容

土地托管是面向农业生产产前、产中、产后整个产业链提供服务。因此，服务的内容便涵盖各个环节，尤其是产中环节。

1. 土地托管服务的具体内容

（1）产前环节的服务内容。产前环节的服务主要是农资供应，包括良种、化肥、农药、农膜等农业生产资料的供应。①良种。有些是适应当地生产，由当地农业部门、科研院所等政府或事业单位推介的良种；有些是适应当地生产、由与土地托管组织签订协议的农业龙头企业提供的良种，收获后一般也由该企业统一收购。②化肥、农药等农资。一般是土地托管组织直接与厂家或当地最大的经营商联系，直接大量进货。这样既保障了化肥、农药的质量，又尽可能地降低了价格（低于当地农资经销商的价格）。土地托管组织一般仅是在该价格基础上适当加价，但仍低于同类农资的市场价格（由一般农资经销商供给的价格）。

（2）产中环节的服务内容。根据粮食种植不同环节所需要投入劳动强度的不同，可将粮食生产分为耕、种、收等劳动投入强度较大的环节，以及浇水、施肥、除草、打药等劳动投入较小的田间管理环节。目前，我国小麦和玉米的生产在耕、种、收等劳动投入强度较大的环节基本都实现了机械化操作，完成了资本对劳动的替代。劳动投入强度相对较小的田间管理环节，人工完成的现象还较普遍。但随着粮食种植老龄化、兼业化现象逐渐严重，以及新型种粮主体面临的人工成本不断上升、人工作业监管难等问题不断出现，种粮主体对日常田间管理的需求也不断增加。

目前，土地托管组织提供的产中环节服务包括上述两大类服务：耕、种、收等环节的农机类服务；浇水、施肥、除草、病虫害防治等田间作业服务。具体包括：一是耕、种环节提供的代耕代种服务，包括整地、施肥、播种、覆膜等农机类服务。一般包括深耕深松、测土配方、智能配肥、种肥同播、宽幅精播等服务内容。二是统一收获服务，包括联合收割、秸秆还田或回收、运输、玉米脱粒等农机类服务。三是除草及病虫害防治服务，主要是利用无人飞机等先进设备进行喷药服务。四是统一浇水服务，主要是利用节水灌溉设施提供灌溉服务。五是施肥服务，该项服务主要根据各地的情况。有些土地托管组织在播种环节施用缓释肥，所以一般不再提供后期追肥服务，这样既保障了粮食的肥料需要，又降低了作业及农资投入成本。但也有些土地托管组织提供单独的追肥服务。不同种粮主体将根据自己的需要选择不同的土地托管服务内容。

（3）产后环节的服务内容。产后环节的服务主要包括烘干、储存、销售、加工等服务。为解决新型种粮主体的晾晒尤其是特殊天气的晾晒问题，多数地区的土地托管服务组织，尤其是大型土地托管组织，如山东供销系统建设的为农服务中心，均配有烘干塔设备提供烘干服务。同时，土地托管组织也为新型种粮主体提供粮食寄存服务。还有很多土地托管组织与农业龙头企业签订订单，解决普通种粮农户、新型种粮主体的粮食销售问题，尤其是优质粮销售和加工问题。

综上所述，按照服务大致顺序，土地托管服务的具体服务内容包括：整合土地→良种推广→测土配肥→深耕深松→宽幅精播→统防统治→节水灌溉→联合收割→烘干贮藏→产品加工→品牌销售→利益分配。

2. 土地托管服务内容的侧重点不同

上文阐述了土地托管服务的具体服务内容，但不同土地托管组织提供的服务内容存在差异、不同服务内容在不同阶段也呈现出不同的发展趋势。

（1）不同土地托管组织提供的服务内容存在差异。目前，一般大型的、比较完善的土地托管组织，如供销系统领办的为农服务中心、土地托管专业合作社、土地托管专业服务公司，会提供包含上述所有内容、覆盖全产业链的土地托管全程型服务。大部分土地托管组织，如农机合作社、邮政系统的"三农服务中心"等，往往仅提供上述内容的一部分。如农机合作社，一般根据社有农机的种类开展服务，目前主要集中在耕、种、收等服务，当然也有部分农机配置较全、较先进的农机合作社，提供统一植保、节水灌溉等服务。

（2）不同的服务内容发展有先后、有侧重。土地托管服务开展之初，多数土地托管服务组织最先开展的是产前农资供应，产中耕、种、收环节的机械类服务，然后逐渐扩展到田间作业服务、产后环节的服务。当然，由于种粮主体所需要的服务不仅为耕种收服务，还有田间作业、烘干、销售服务等，所以一些新成立的土地托管组织在成立之初便是高起点建设，服务范围覆盖各项服务内容（如山东供销系统领办的为农服务中心）。当然还有很多新成立的土地托管组织目前也仅仅提供某些服务内容（如农机合作社仅提供机械类服务）。

总体来看，具体到产前、产中、产后三个环节，土地托管服务更侧重产前和产中服务，尤其是产中服务。就产中服务来看，虽然田间作业服务内容在快速增加，尤其是病虫草害防治作业增长速度更快，但从总量上来看，服务的重点仍侧重耕种收等机械类服务。

2.2.3 土地托管服务主体

土地托管服务主体既包括土地托管服务供给主体，又包括土地托管需求主体。下文将分别阐述这两类主体各自包括哪些个人或组织，以及各自特征如何。

1. 土地托管服务需求主体

如前文所述，根据种植规模大小，我国种粮主体可以划分为两大类型：普通种粮农户（50亩或100亩及以下种植规模）和新型种粮主体（50亩或100亩以上种植规模）。前者还可以进一步细分为以粮为主的普通农户和以粮为辅的普通农户，后者可细分为种粮大户、家庭农场、专业合作社和农业企业。其中，农民专业种植合作社主要是为社员提供生产性服务，具体的生产行为仍由社员完成。因此，新型种粮主体主要考察种粮大户、家庭农场、农业企业，这些种粮主体都可能需要土地托管服务。

（1）普通种粮农户土地托管服务需求。以粮为主的普通农户，通常是那些因年龄偏大、技能不足、身体状况不好或因照顾家庭不愿（或不能）外出等原因造成非粮就业机会较少的农户，这些农户中大部分在粮食种植的耕、种、收等重体力劳动环节需要农机服务，这些服务可以由土地托管组织提供。以粮为辅的普通农户非农或非粮就业机会通常较多，种粮的机会成本较高，这类农户中粮食种植者多为老人或妇女，所以在一些重体力的可以用机械替代劳动的耕、种、收环节一般需要服务；在浇水、施肥、病虫草害防治等体力投入较小的田间管理作业方面，有些农户需要，也有部分农户选择自己从事田间作业。同时，由于土地托管服务组织提供的农资价格一般低于市场价格，普通种粮农户通常都需要该项服务。

综上所述，以粮为主的普通农户一般需要农资供应、代耕代种及收割服务；以粮为辅的普通农户一般需要农资供应、代耕代种、收割及部分田间作业服务。课题组调研结果表明，普通农户对土地托管服务需求的强烈程度通常与该村劳动力转移的强度相关，劳动力转移程度越高，土地托管服务需求就越强烈。因此，山东供销系统的土地托管服务重点面向劳动力转移70%以上的村，全托管服务面向劳动力转移80%以上的村。

（2）新型种粮主体土地托管服务需求。以种粮大户、家庭农场、农业企业为主的新型种粮主体，种植规模较大。2014年农业部对全国31个省（自治区、直辖市）家庭农场的监测数据显示，粮食型家庭农场平均种植规模在400亩以上。课题组对山东省新型种粮主体的调研也印证了这一结论，山东省新型种粮主体粮食种植平均规模在350亩以上。较大的生产规模虽然可以带来较大的总收益，但也要求较多的投入并面临较大的经营风险。目前，新型种粮主体普遍存在农业机械投入大、连片流转耕地难、季节性用工难、融资难等问题。因此，新型种粮主体一般也有强烈的土地托管服务需求。

①农资代买需求。由于新型种粮主体种植规模较大，对农资的需求量也比较大，故部分种粮主体需要一定的农资代买服务。其中最主要的原因是对农资质量的要求高。因为一旦农资质量出现问题，往往会导致较大的粮食损失，而且粮食生长的特点决定了这种损失一旦发生，往往是不可逆、难挽回的。另外一个原因就是成本问题。农资使用量大，即使单价优惠几个点，其优惠总额也不少。因此，新型种粮主体一般需要由土地托管服务组织统一到厂家订购优质、低价的农资。

②耕、种、收环节土地托管服务需求。在耕、种、收等机械化程度较高的环节，所有新型种粮主体均需要机械化作业。但由于不同新型种粮主体拥有农机量不同，土地托管需求可能有所不同。对于配置比较全的种粮主体，其种植规模一般也较大，除了使用自有农机，在抢种、抢收等农忙时节也需要部分农机服务，即在代耕代种和收割环节需要一定的土地托管服务。对于农机配置不全的种粮主体，在其没有配置农机的环节，一般都需要服务，如深耕深松机械、精播机、大型收割机等。在其配有农机的环节，或因农机效率低，或抢种、抢收时也可能需要土地托管服务。对于没有配置农机的种粮主体，耕、种、收等环节一定需要土地托管提供的农机服务。

③田间管理环节的土地托管服务需求。田间管理一般包括浇水、施肥、除草、病虫害防治等，以往这些田间管理多由人工作业。目前，节水灌溉、测土配方、智能配肥、统防统治等绿色生产技术以新型机械（如节水灌溉设施、智能配肥机、飞机等机械）为载体运用到粮食的田间管理中。这些新机械的使用不仅可以提高作业效果，还可以降低作业成本和农资投入成本。虽然多数新型种粮主体配有耕、种环节的农机，但较少配有大型节水灌溉设施、智能配肥机、飞机等农业机械。调研中发现，由于有些地区没有提供此类服务的组织机构，导致这些田间作业仍以雇用人工为主。但多数新型种粮主体均反映，如果有此种机械类服务，他们将大量使用机械类服务替代人工，从而提高作业效率，降低作业成本。

④烘干、储运、销售等需求。与普通种粮者的另一个很大的不同是：由于种植规模大、农业设施用地审批难、建设投入大，新型种粮主体普遍存在晾晒场地不充足、仓储条件差等问题。因此，大部分新型种粮主体需要粮食烘干服务（尤其是在特殊天气）、寄存服务。由于价格较高，新型种粮主体往往愿意种植优质粮（大规模经营也适合种植），但销售难问题有时也制约了新型种粮主体的选择。因此，在销售方面新型种粮主体也需要一定的服务，如订单服务等。

综上所述，大部分新型种粮主体一般都需要农资供应、深耕深松、联合收割、日常田间作业、烘干及代存、销售等服务。部分农机配置较少的新型种粮主体还需要代耕、代种等服务。调研中发现，一些种植时间较短的种粮大户和家庭农场，因为没有配置农机，甚至整个产中环节都需要服务，同时还可能需要产前和产后的部分服务。

2. 土地托管服务供给主体

从土地托管服务的实践来看，2008年初，黑龙江省拜泉县巨龙农业生产专业合作社成立，并开展土地托管服务；2008年4月，河北省鹿泉市联民土地托管专业合作社成立并开展土地托管服务；2008年9月，陕西长丰现代农业托管有限公司开展土地托管服务；吉林省田丰机械种植专业合作社从2008年开始也积极探索土地托管经营模式；河南省宝丰县金牛种植专业合作社（成立于2009年9月）从2009年小麦秋播开始采用"土地托管"耕作模式；2009年12月，山东省嘉祥县鸿运富民土地托管专业合作社作为山东第一家通过工商部门注册的土地托管合作社开始开展业务；2010年，安徽省淮南市凤台县杨村乡店集村依托沿淝糯米专业合作社成立了土地托管中心，并开展业务。综上所述，土地托管服务开展之初，主要是由专业合作社和土地托管公司提供，其中专业合作社主要包括农机类专业合作社、土地托管专业合作社、种植类专业合作社、植保类合作社或庄稼医院等。

2011年以后，各地纷纷开展土地托管服务，提供土地托管服务的组织也越来越多元化，除了合作社和土地托管公司外，全国供销社系统、邮政系统以及部分家庭农场纷纷提供土地托管服务。以山东省为例，山东省供销社系统为全省土地托管服务的领头羊，截止到2016年9月底，该系统托管耕地面积达2056万亩，占山东耕地面积的18%，占山东基本农田面积的20.6%。此外，部分农机配备比较全、农业机械作业效率较高的家庭农场也会在耕、种、收、防等环节提供机械类托管服务。全省邮政系统以邮政鸿雁粮食种植专业合作社的形式开展土地托管服务，服务面积达1000多万亩。另外，全省农机类合作社开展土地托管服务的面积达600多万亩。

综上所述，目前提供土地托管的组织主要有供销社系统领办的为农服务中心，[①] 以土地托管专业合作社、农机专业合作社、植保专业合作社、粮食种植专业合作社为主体的各类合作社，以及土地托管服务公司、家庭农场（部分农机配备比较全、农业机械作业效率较高的家庭农场）。本书也主要研究上述四大类土地托管服务的供给组织。由于本书第4章将重点介绍各类服务组织提供土地托管服务的具体情况与特点，故此处不进行详细阐述。

2.2.4 土地托管服务形式

土地托管服务分为全程土地托管服务和非全程土地托管服务，分别简称为"全托管服务"和"半托管服务"。

1. 全托管服务

（1）全托管服务的内涵。全托管是对农资供应、耕地、播种（含施肥）、田间管理（含浇水、施肥、病虫草害防治等内容）、收获（含收割、运输、玉米脱粒）、烘干、储存、销售、加工等生产环节提供全程服务。服务价格通常比市场价格、半托管价格优惠一定比例，在此基础上对所有生产环节"打包"收取托管费用。产量方面，正常年份确保一定的产量（保底产量），土地产出全部归农户等经营主体所有。山东多地又将这种托管方式称为"订单式托管"。全托管服务形式下，农户和新型种粮主体仍拥有耕地的经营权，土地托管组织仅提供托管服务，收取托管费用，耕地收益仍由耕地的经营者所有。

---

① 为农服务中心是以市、县（区）供销社为投资运营主体，以供销社有控制力的农资公司、农业服务公司、基层社等为依托，联合乡镇农民合作社联合社，引导农民自愿出资入股参与建设运营，并完成相关注册登记的公司制经济组织（独立法人）。供销社为投资运营主体，是指供销社投入资金占工商注册登记资本金的34%及以上。

（2）全托管服务的需求者、供给者及服务开展情况。既然全托管是所有的生产事务全程都托管给服务组织，该服务的需求者就不需要进行任何农业操作。这就要求这类服务的需求者一般满足以下某种或某几种特点：一是有非粮就业机会和满足家庭开支的非粮收入，种植粮食的机会成本很高，没时间从事粮食种植或者不愿意种植，并愿支付托管费用；二是没有劳动力和机械，不得已支付相关费用选择服务；三是没有任何农机配置或者因配置不合算而选择全托管服务。目前符合上述特点的需求者通常是以粮为辅的兼业农户、没有劳动能力的老年农户或低保农户（且多是以粮为主的农户）、流转土地创办自有生产基地的农业企业。

全托管服务要求提供服务的种类非常全，这就要求该类服务的供给者各项农机和人员配置齐全，投入较大。因此，这类服务一般为专门的土地托管专业合作社、土地托管服务公司，还有一个比较重要的是全国供销社系统领办的土地托管组织，以山东为例，全省建立的服务半径三公里的为农服务中心是山东省提供全托管服务的主要组织。

目前，全托管业务不足土地托管服务的20%。2014~2015年，土地托管服务开展较好的山东省供销社系统全托管面积占托管总面积的比重也仅在12.5%~20%。从山东全省来看，全托管服务模式也仅占10%以上，不足20%。[①]

2. 半托管服务

（1）半托管服务的内涵。半托管即非全程性的土地托管服务，是指普通种粮农户或新型种粮主体针对粮食生产的农资供应、耕地、播种（含施肥）、灌溉、病虫草害防治、收割（可含运输）、玉米脱粒、烘干、储存、销售、加工等生产内容，根据自己的需要，照单选择服务内容，并支付相应费用的土地托管服务形式。因此，半托管又被称为"菜单式托管"。

半托管服务相对更灵活、多样。享受服务的需求者可根据自己的需要选择不同的服务，依据选择服务内容的多少或选择方式的不同，半托管又分为单环节托管、多环节托管、关键环节综合托管，分别为仅选择一种服务、多次选择多种服务或一次团购几个关键环节服务。根据选择的服

---

① 山东省供销合作社联合社：《山东省供销合作社联合社综合改革试点工作资料汇编：经验篇》，2016年。

务，农户或新型种粮主体照单支付费用（购入农资的费用或作业服务费），耕地收益仍归其所有，土地托管组织仅收取服务费用或农资销售收入。

（2）半托管服务的需求者、供给者及发展情况。目前，半托管服务是土地托管服务的主体。就山东省的情况来看，全省半托管服务占据近90%，经济作物半托管比例更高。由于半托管服务灵活、多样，其需求主体也呈现多元化特点，包括以粮为主普通农户、以粮为辅普通农户、种粮大户、家庭农场等新型种粮主体。以粮为主的普通农户或因缺少农机，或因劳动能力较差，一般选择代耕、代种、收割、农资直供、销售等半托管服务内容，较少选择田间作业服务，基本不会选择烘干和储存服务。以粮为辅普通农户或因缺少时间，或因缺少农机，或因劳动能力较差（留守在家的老人或妇女），通常会选择代耕、代种、收割、农资直供、销售等服务，也会有部分农户选择田间管理服务，如浇水、病虫草害防治等，基本不会选择烘干和储存服务。以种粮大户和家庭农场为主的新型种粮主体通常以粮为主，其中较大一部分主体自己配有一定数量的农机，因此他们一般会选择半托管服务，选择服务的内容主要集中在自有农机配置不全的农机服务内容，尤其是收割和玉米脱粒服务，或在抢种、抢收的季节也选择部分代耕代种和收割服务。同时，田间作业服务也是新型种粮主体经常选择的服务，尤其是病虫草害防治，另外还有一部分会选择浇水、施肥服务。产前的农资直供和产后的烘干、储存、销售也是新型种粮主体主选的业务。

综上所述，半托管服务的需求者呈现多元化特点，不同需求者根据自己的需要选择的服务内容也有差别：以粮为主普通农户主要选择代耕、代种、收割、农资直供、销售等半托管服务的内容；以粮为辅普通农户也主要选择代耕、代种、收割、农资直供、销售等服务，同时也有部分农户还会选择浇水、病虫草害防治等田间作业服务；新型种粮主体的选择以收割、田间作业、农资直供、烘干、储存、销售服务内容为主，另外抢种、抢收情况下也需要代耕代种服务。

由于土地托管组织不用提供全程服务，因此提供半托管服务的组织可以仅针对几个环节来提供服务，如农机合作社提供耕、种、收、浇水、病虫草害防治等可用机械替代劳动的托管服务；植保合作社或庄稼医院等组织可以提供农资供应、病虫草害防治等托管服务。当然，除提供部分服务内容的土地托管组织外，大部分提供半托管服务的托管组织可以提供所有服务内容（只是具体需要什么服务，由需求者自己选购），如粮食种植合作社或土地托管专业合作社、土地托管服务公司、供销社系统领办的各类合作社和为农服务中心。

小结：不同的需求主体需要的服务内容和服务形式可能不同。此处仅为理论分析，具体的需求行为与特点将于第六章利用问卷调查获取的数据进行实证分析。总体来看，大部分普通种粮主体都需要农资供应、耕种收等农机类服务，其中小部分以粮为辅的普通农户还需要灌溉、打药（除草及病虫害防治）、脱粒、销售等服务。他们选择的多是半托管服务，选择全托管服务的农户很少。大部分种粮大户、家庭农场需要深松深耕、大型收割、脱粒、仓储等服务，少部分需要农资供应、播种、灌溉、打药、烘干、销售等服务。绝大多数的种粮大户和家庭农场都选择半托管服务，只有极少数选择全托管服务。农业企业自建种粮基地，大部分都选择覆盖全程的全托管服务，但烘干、仓储、销售等服务内容一般不需要，详见表2-6。

表2-6　　　不同种粮主体土地托管需要内容与服务形式

需求主体		以粮为主农户	以粮为辅农户	种粮大户、家庭农场	农业企业
服务内容	农资供应	需要	需要	部分需要	需要
	深耕深松	需要	需要	需要	需要
	代种（含施肥）	需要	需要	部分需要	需要
	灌溉	基本不需要	部分需要	部分需要	需要
	病虫草害防治	基本不需要	部分需要	部分需要	需要
	收割（可含运输）	需要	需要	需要	需要
	玉米脱粒	基本不需要	部分需要	需要	需要
	烘干	基本不需要	基本不需要	部分需要	基本不需要
	仓储	基本不需要	基本不需要	需要	基本不需要
	销售	部分需要	部分需要	部分需要	基本不需要
服务形式	半托管	绝大部分半托管	大部分半托管	绝大部分半托管	
	全托管	极少全托管	很少全托管	极少全托管	需要

注：表中"需要"表示50%以上的需求者需要该服务；"部分需要"表示10%~50%的需求者需要该服务；"基本不需要"表示小于10%的需求者需要该服务。

2.3 土地托管运行机制理论研究

除解释什么是土地托管、土地托管服务作物、服务内容、服务主体、服务形式外,还要进一步明确土地托管得以产生与发展的内在机理及其运行机制。本节将进一步阐述土地托管的运行机制,主要包括土地托管生成机制、维持机制、保障机制与变异机制(见图 2-1)。其中,前三个机制均是正向保障土地托管服务的机制,变异机制则属于负向机制,会带来机制的改进或终结。

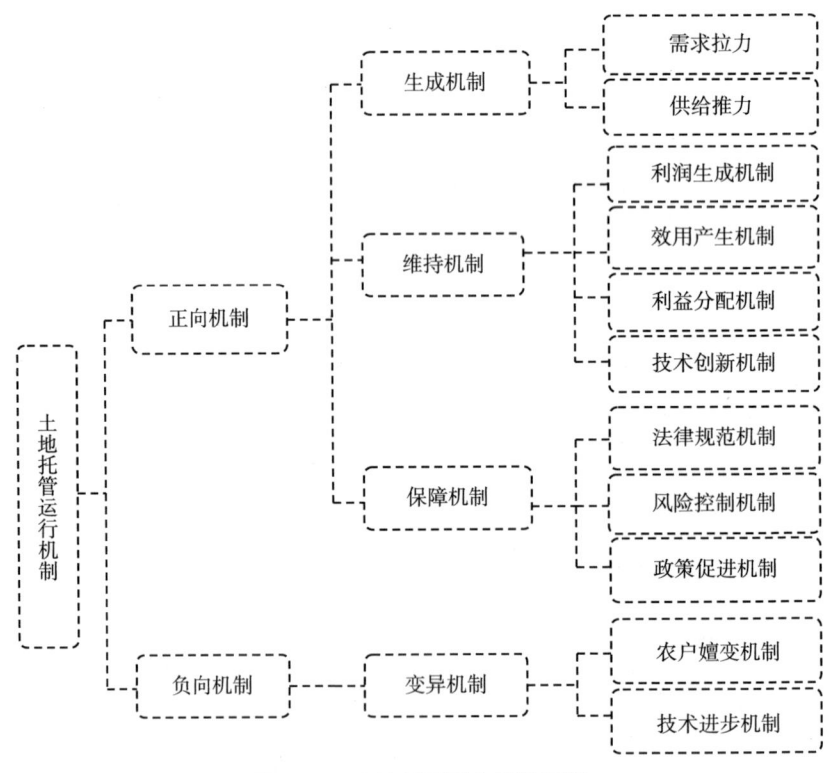

图 2-1 土地托管服务运行机制

2.3.1 土地托管生成机制

土地托管服务的产生，既有需求方的拉力，又有供给方提供服务的推力。

1. 需求的拉力

一项服务要有市场，必然要有需求的拉动。我国正处于快速城镇化、工业化的进程中，由此造成农村青壮年劳动力大量转移到非农产业，农业的兼业化、老龄化现象日益严重，这就导致大量的耕地或被无奈种植或粗放种植或直接撂荒。要解决这种"种不好地""种不了地"的问题，一方面可以通过土地流转，由新型农业经营主体来大规模经营，另一方面则还是由大量普通农户来耕种。目前我国土地流转速度非常快，全国 1/3 左右的土地被流转，实现了规模化种植。如前文所述，这些规模化种植的新型种粮主体需要相应的土地托管服务。若仍由普通农户来种，则更需要他人或组织为其提供相应的服务。新型种粮主体和普通种粮农户对农业生产性服务的需求，诱使土地托管服务的产生。①

2. 供给的推动

土地托管服务产生的前提之一是必须有相应的组织能够并且愿意提供该项服务。首先，我国有大量的农业生产性服务组织，可以提供土地托管服务。截至 2016 年 10 月底，全国依法登记的农民合作社174.9 万家，产业分布广泛，其中种植业约占 53%，服务业占 8%，这些合作社都可以提供粮食生产的某一项、多项甚至全程的服务。如农机合作社可以提供耕种收等机械类服务；植保合作社可以提供病虫草害防治服务；种植类合作社可以提供农资供应（尤其是良种）、销售、产中技术性的服务等；专业托管合作社可以提供全程的服务等。再如，我国有体系完整的供销社系统，该系统一直秉承为农服务的宗旨，其中土地托管服务便是其为农服务的一个切入点。其次，这些服务类组

---

① 土地托管服务需求在前文中多次阐述，在此不再赘述。

织也愿意提供土地托管服务。从成本和风险的角度来讲，土地托管服务比土地流转具有较大的优势：一方面不需要支付大量的土地流转费用（还可以预收部分服务定金），另一方面不需要独立承担可能产生的经营风险，仅收取托管费用，收益相对稳定。因此，很多组织能够也愿意提供该项服务。①

2.3.2　土地托管维持机制

一项服务得以出现，既要有需求的催生，又要有供给者对产品的提供。但该服务要得以长期维持，则必须能够让消费者得到满足、能够让生产者获得利润，并要有良好的利润分配机制与技术创新机制。维持机制便是土地托管组织运行机制的核心，包括利润生成机制、效用产生机制、利益分配机制与技术创新机制。其中，利润生成机制主要保证土地托管组织利润生成及资金循环；效用生成机制主要满足土地托管需求组织或个人需要，为土地托管服务持续供给提供原动力；利益分配机制主要功能为利润分配、组织的再发展和再扩大；技术创新机制又称动力机制，这一机制的主要功能是为土地托管组织创造价值提供持续动力，维持价值的同时使组织长期稳定发展。

1. 利润生成机制

利润生成机制是土地托管组织提供托管服务的动力机制。土地托管服务可以产生利润，其根本原因在于通过大规模服务，降低平均成本，从而可以吸纳更多的农户购买服务，其利润来源既有农资购销差价，又有作业服务费、产品销售差价等。

（1）规模化服务带来平均成本的降低。土地托管服务得以产生的根本就是规模化，通过大规模服务，更好地推动粮食产业的机械化、标准化、科学化、优质化、产业化发展，通过服务规模的扩大提高生产效率、降低单位产品成本。以山东省供销社系统领办的为农服务中心为例，该服务中心构建了"3公里"为半径的土地托管服务圈，截止到2016年9月，全省已建成为农服务中心855处，仅供销系统托管面积就达2056万

---

① 土地托管服务供给在前文中多次阐述，在此不再赘述。

亩（占山东耕地面积的18%，占基本农田的20.6%），① 平均每个为农服务中心大概托管耕地1万~2万亩（辐射面积3万~5万亩）。②

土地托管组织是如何实现连片规模化服务的？土地托管服务对象一是普通种粮农户，二是新型种粮主体。后者种植规模一般较大，每块耕地的面积一般在几十亩以上，可以实现一定的连片规模经营。普通种粮农户本身种植规模较小（低于50亩），又由于承包耕地地块较多，单个分散地块的面积就更小，为这些农户提供土地托管服务如何实现连片规模化经营？实践中，土地托管组织一般针对非农务工60%以上的村庄开展服务，由村两委（或核心村民）组织相邻地块的农户统一时间进行耕、种、收、田间管理等田间作业服务；对于一些长期需要土地托管服务或者需要全托管服务的农户，一般由个人或村两委负责地块互换，从而达到至少几十亩以上的连片规模化服务。

服务规模化是除土地规模化之外实现规模化经营的又一途径。服务规模化是如何带来平均服务成本降低、实现规模经济的？平均成本的降低又如何为土地托管服务组织带来更大的利润？

①规模化经营降低了机械平均使用成本

一是规模化服务带来机械使用效率的提高。土地连片进行耕、种、收、管等土地托管服务，可减少机械在路上、田间的时间损耗，增加农机有效工作时间，机械使用效率明显提高。以汶上县义桥为农服务中心为例，土地托管后旋地机、收割机等大型农业机械使用效率比非连片耕作的机械提高了40%~50%，合作社整合的农机户经济效益也比非连片经营前提高了30%以上。同时，土地托管服务也提高了水电设施的使用效率。如鱼台县某村，托管前农户分散进行灌溉，全村1000多亩耕地，农户需要自购150多台水泵，3万余米龙带。托管后，由于统一灌溉仅需要20多台水泵，2000~3000米龙带，水电设施的利用率大幅提高。

二是规模化服务带来机械使用成本的降低。土地托管后，连片进行耕、种、管、收不单增加了机械有效工作时间，也降低了机械单位油

---

① 唐园结、于洪光、吕兵兵：《打造一支为农服务"国家队"》，2017年7月20日。http://www.yc222.com/news-id-4093.html。
② 山东省供销合作社联合社：《山东省供销合作社综合改革试点资料汇编：农业服务规模化创新工程篇》，2015年。

耗，大幅降低了农业机械平均使用成本。首先是农机在路上、地头的损耗降低，仅油料成本就降低约30%。同时，规模化服务也改变了农户分散使用如机井、水泵等小型水电设施的局面。如曲阜市某村共有机井80眼，农户自购水泵450多台。每年灌溉的高峰期，多台水泵齐上阵，平均每眼机井下2台水泵，机井超负荷运转，加速了机井老化。土地托管后，该村耕地由托管员统一安排灌溉，仅动用100余台水泵，水电设施使用成本大幅降低。

三是规模化服务有利于新型、大型农业机械的使用。一些新型、大型农业机械通常作业效率更高、作业效果更好，但必须在连片大面积的农田上使用。规模化服务便有利于这些机械设备的购置与使用。虽然这类机械购置成本较高，但因其工作效率非常高，其单位面积使用成本反而有可能降低。

②规模化经营降低了人工投入成本。服务规模化使劳动效率提高，劳动平均成本降低。土地托管以后，由专业人员操作农机，1人一般管理300~500亩，最高1人可管理800亩。以浇水为例，2人负责两台浇水机械（一台浇水机械需要配置2人，但两台机械可同时运行，即2人负责两台设备），一天大概可以灌溉300亩。而人工+机井+龙带漫灌，2人一天平均灌溉8~10亩。土地托管后劳动效率明显提高，由此使平均劳动成本大幅度降低。

③规模化经营减少了农资投入成本。首先，规模化服务以后，可以使用先进的农业机械、农业生产技术，农资使用量减少。如玉米采用宽幅精播以后，每亩种子使用量可减少3公斤以上；采用测土配方、智能配肥可减少化肥用量5公斤以上；病虫草害统防统治，可减少农药用量30%。其次，规模化经营以后，统一采购农资，农资价格可降低10%~20%。如汶上县供销社和烟台市农业生产资料总公司合资成立济宁市烟农农业服务有限公司，统一采购农资，成本降低了20%。[①]农资使用量的减少和农资价格的降低共同助推单位面积农资投入成本下降（见图2-2）。

---

① 山东省供销合作社联合社：《山东省供销合作社综合改革试点工作资料汇编：经验篇》，2016年。

第2章 土地托管相关理论研究

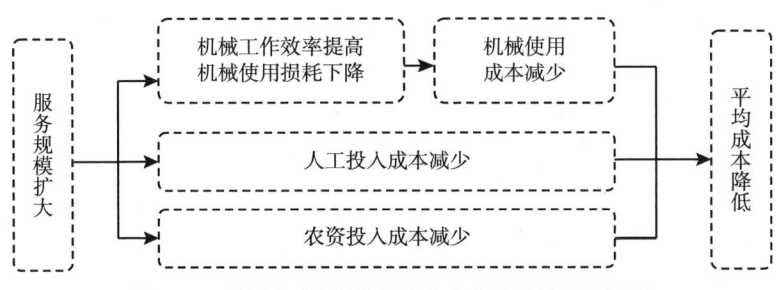

图2-2 服务规模化带来平均成本降低的理论框架

④平均成本的降低，为土地托管组织降低服务价格、扩展更大市场腾出空间。服务规模化带来机械使用成本、人工投入成本、农资投入成本的降低，从而有利于土地托管组织降低作业服务价格、农资价格，较低的价格可为土地托管组织扩展更大的市场，带来更大的利润。

（2）土地托管组织利润来源。土地托管组织的利润来源于以下几个方面：农资购销差价收入、作业服务费、粮食烘干储存费、粮食购销差价收入等（见图2-3）。

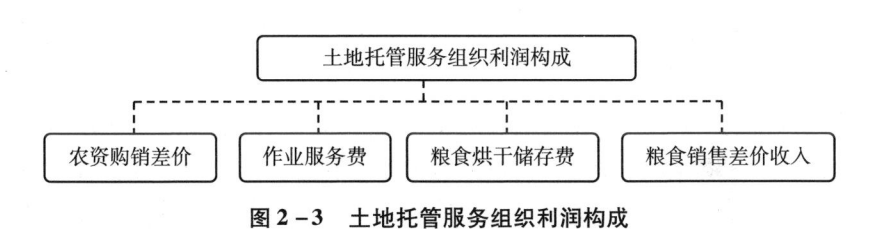

图2-3 土地托管服务组织利润构成

①农资购销差价收入。农资供应是土地托管组织的服务内容之一，农资购销差价便是其主要收入来源。尤其相对于规模较小的农资经销商，服务规模化以后，农资需求量很大，托管组织通常与农资厂家直接联系，按出厂价大量购入农资，该价格通常低于一般经销商的进货价格。因此土地托管组织即便加上和一般经销商同样的差价后仍具有价格优势，更有利于扩大销售市场，农资的购销差价收入是土地托管组织主要收入来源之一。

②作业服务费。提供粮食生产耕种收及田间管理等各环节的作业服务是土地托管组织的核心业务，也是土地托管组织最主要的收入来源。如上文所述，由于规模化服务使土地托管组织在农业机械平均使用成

本、人力投入成本上都相对较低,因此土地托管组织作业服务价格比小规模服务组织低,土地托管组织提供的作业服务具有天然的价格优势,市场空间较大,作业服务费成为土地托管组织的主要收入来源。

③粮食烘干储存费。土地托管组织的另一项业务是主要为规模化种植的新型种粮主体提供粮食烘干储存服务。由于烘干设备投资较大(至少在50万元以上),通常只有规模较大的托管组织才配有烘干塔,如为农服务中心和一些大型的土地托管合作社。目前烘干业务主要针对玉米、小麦开展,服务的对象主要是存在晾晒困难的新型种粮主体,烘干费用一般为每斤0.01~0.02元。通常烘干以后,这些托管组织提供储存服务(另行收费),或者直接购入烘干后的玉米。烘干储存费也是提供该项服务的土地托管组织的收入来源之一。

④粮食销售差价收入。大部分土地托管组织与用粮企业或种子公司签立订单,帮助这些企业培育、种植种子或优质商品粮。土地托管组织通常以高于市场同类普通粮食0.15元/斤的价格收购粮种或优质商品粮,然后再卖给种子公司或用粮企业,这期间的购销差价便构成了土地托管组织的又一利润来源。

2. 效用产生机制

一项服务只有让消费者获得效用(或满足),才具有持续存在的原动力。土地托管服务市场之所以不断扩大,其主要原因是土地托管服务能够让普通种粮农户和新型种粮主体获得满足。其获取的效用主要包括以下方面:

(1)较低的作业服务价格与农资投入成本。吸引普通种粮农户和新型种粮主体选择土地托管服务的主要原因便是相对其他组织提供的同类服务,土地托管服务具有明显的价格优势。其优势表现为较低的作业服务价格和较低的农资投入成本。

①较低的作业服务价格。土地托管组织由于大规模地进行服务(比如耕种收、田间管理),其机械使用成本和人工投入成本相对于小规模的服务组织都较低,因此土地托管组织可以以相对较低的价格向普通农户和新型种粮主体提供同类服务。而且土地托管组织由于服务规模较大,可以购置一些大型的机械,其作业效果也更好。以小麦为例,耕地服务土地托管组织一般收费55元/亩,市场普通价格为70元/亩;种肥

同播，土地托管组织收费 65 元/亩，市场价格为 75 元/亩；收割服务，土地托管组织一般收费 55 元/亩，市场普通价格为 65 元/亩。[①] 且大型、新型设备的作业效果通常较好。因此，在价格低和服务质量好双重优势下，普通种粮农户和新型种粮主体一般愿意选择土地托管服务。

②较低的农资投入成本。一方面，农资价格相对较低。如前文所述，由于服务规模较大，土地托管组织可以以较低的出厂价格购入农资，然后再加一定的金额销售给普通农户或新型种粮主体。由于进货成本较低，该销售价格通常比一般的经销商低很多。以曲阜市为例，曲阜市供销社与双联农资公司合作，全面实施化肥直供，供销社每袋化肥以低于市场价 10 元的价格提供给托管农户。另一方面，土地托管以后，由于科学化种植，农资使用量也大幅减少。如宽幅精播技术可减少种子使用量、测土配方技术可以减少化肥投入量、统防统治作业可以减少农药使用量等。托管以后，普通农户和新型种粮主体因农资单价的降低和使用量的减少，农资投入成本较托管前减少。

（2）粮食增产、提质与增效、增收。

①粮食产量增加。土地托管以后，由于粮食生产规模化、标准化、科学化种植水平不断提高，粮食单产会大幅提高。以汶上县为例，2017 年供销社托管的小麦平均亩产 620 公斤，比该县平均亩产 518 公斤增产 102 公斤，增产率 19.7%。再如，鱼台县同乐谷物种植合作社，托管耕地水稻产量达 658 公斤/亩，高于该县平均亩产（562 公斤）17.1%。尤其是对于原来粗放种粮的普通农户，土地托管后，其粮食产量更是大幅增长。参加土地托管的很多普通农户，多数原来可能因为没有时间、没有充足的体力或不愿意从事农业生产，导致自己的农田粗放经营，粮食产量通常低于当地平均产量。这些农户参加土地托管后，粮食产量相对之前自己种植会有大幅增加，这也是粗放种粮农户参加土地托管最主要的原因之一。

②粮食质量、品质提升。一是粮食质量得到改善。土地托管以后，由于统一测土配方、统一喷施农药，化肥、农药使用效率明显提高，使用量也大幅减少，粮食因滥用农业投入品而产生的质量下降现象有较大改善，粮食质量得到提升。二是粮食品质得到提升。普通农户一般由于

[①] 山东省供销合作社联合社：《山东省供销合作社综合改革试点工作资料汇编：经验篇》，2016 年。

对优质粮的品种不了解、优质粮田间管理要求高、小面积种植难以销售等问题而拒绝种植优质粮。但土地托管以后,大部分托管粮田统一选种良种。以汶上县为例,大部分选择耕种服务的农户,使用的粮种多是由土地托管组织推荐或供应的优质品种。在土地托管组织统一指导或管理下,优质商品粮土、肥、水等田间管理难的问题也能得到较好解决,普通农户优质商品粮的种植面积也不断增加。新型种粮主体一般会主动选择种优质品种,但土地托管服务也可以帮助其解决田间管理问题和销售问题。

③粮食售价提高。一方面,统一品种粮食售价较高。土地托管组织在农资供应环节提供服务,能够统一粮种。另外,土地托管组织一般与用粮企业建立联系,收购统一品种的粮食直接卖给种粮企业,既省去很多中间环节,又由于品种统一,粮食售价会比农户直接将粮食卖给粮食经销商高 0.02~0.03 元/斤。如曲阜市,乡镇基层供销社与康利源面粉有限公司合作,基层供销社在自己托管的耕地上种植企业需要的小麦品种,种子由企业统一供应,专业合作社收割后,由企业统一收购,收购的小麦价格比市场价格高 0.05 元/斤,去掉基层社提取的 0.02 元/斤的综合服务费,农户每斤小麦还可以获得 0.03 元的价差。另一方面,粮食品质提升使粮食价格更高。土地托管服务不仅解决了优质粮种植中品种选择、田间管理等问题,更解决了小面积种植农户优质粮难销售的问题。很多普通农户或规模相对较小的新型种粮主体除了品种选择难、田间管理难等原因拒绝种植优质粮外,最主要的原因是种植面小、总产量少,难以将优质粮直接卖给用粮企业(交易成本太高),最终不得已按普通品质的粮食价格将优质粮销售给一般粮食经销商,优质难以实现优价。土地托管解决了优质粮的销售问题,实现了优质粮的优质优价(优质粮食一般比同类普通粮食价格高 0.15~0.20 元/斤),从而也吸引了更多的农户选择种植优质粮以获取更多的粮食收益。

(3) 可腾出更多时间或节省更多的资金从事其他事务。土地托管服务不仅可以通过较低的投入、较高的产量和售价为普通种粮农户和新型种粮主体带来更高的粮食收益,还可以为兼业种粮农户腾出较多的时间从事其他事务、为新型种粮主体节省固定资产投入费用,并可以助推农业企业建设自己的生产基地。土地托管服务给服务需求主体带来的效用如图 2-4 所示。

第 2 章　土地托管相关理论研究

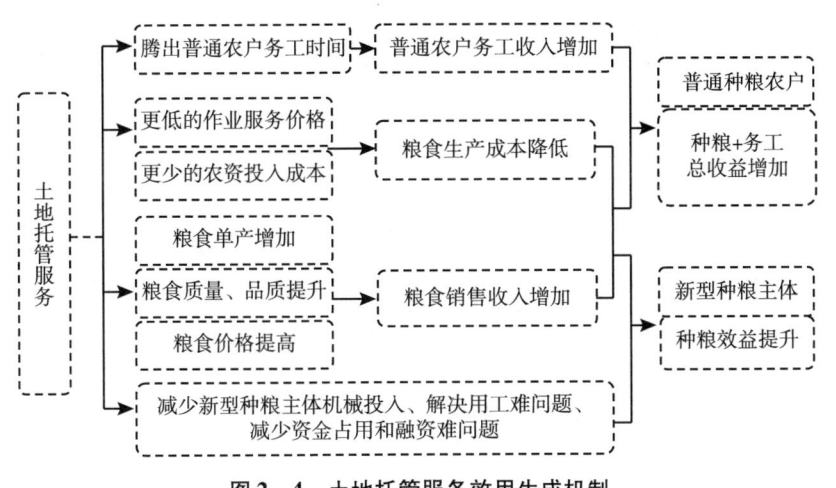

图 2-4　土地托管服务效用生成机制

3. 利益分配机制

土地托管服务不单要有良好的利润生成机制，更要有合理的利益分配机制，"不患寡，而患不均"充分体现了利益分配机制的重要性。土地托管服务的利益分配机制主要涉及两个方面：一是农户（普通种粮农户+新型种粮主体）与托管供给主体之间的利益分配；二是组织内部的利益分配。

（1）农户与托管供给主体之间的利益分配。土地托管供给主体与农户之间的利益分配方式充分体现了"让利于民"这一原则。土地托管组织只收取农户托管服务费，且服务费一般也低于市场价格。此外，土地托管组织以低于市场的价格为农户提供种子、化肥、农药等农资服务，以高于市场的价格代收代售粮食，进一步"让利于民"。在粮食收益方面，土地托管供需两方通过签订托管合同，根据往年同期收入确定保底粮食产量，保障农户等托管服务需求者的最低收益。同时，国家发放的粮食补贴也归农户所有。在农户与土地托管组织之间，这种"让利于民"的利益分配机制可以使土地托管服务得到更多农户的青睐，并使土地托管组织得到长期稳定健康的发展。

（2）组织内部的利益分配。土地托管组织内部的利益分配与现今大多数企业相仿，即在组织初创期及扩张期，组织所得利益在支付其他费用后，剩余部分一部分用于组织扩张或更新设备等，另一部分用于进行股东分红；组织进入成熟期后，组织内部便制定出明确的规章制度，这些规章一般规定组织利益在缴存公积金及缴纳相关税费后，按照固定比例进行分配，使股东享受到资本增值的好处。以供销系统领办创办的为农服务中心的利益分配为例，为农服务中心成立之初，供销社出资额占注册资本总额的34%及以上，但在利益分配时，供销社本着让利于合作社、让利于民的原则，通常仅享受增值收益的30%，另外60%分给农民专业合作社（通常提供农机作业服务），10%分给村"两委"（负责组织和发动村民参与土地托管、组建粮食种植专业合作社）。①

4. 技术创新机制

土地托管组织的利润生成机制、效用生成机制、利益分配机制可以使托管组织创造并分配价值，并在托管组织内部找到一个内部均衡点，从而使其稳定运行。而技术创新机制则能使托管组织创造出更大的价值，如提供更优的服务或提高运作效率等，从而使组织与外部环境相适应，并给予土地托管组织动力。具体来说，土地托管组织的技术创新机制一般分为三个方面：内部创新、外部创新及政府引导。

内部创新是指土地托管组织内部拥有的农业技术专家队自身的创新，专家队除了指导农业生产外，还要研究学习最新的农业技术技能、引进高效的农业机械。土地托管组织在每年的预算中，总要划拨一定比例的经费用以支持组织的技术创新工作，以保持组织内部技术更新的活力。

外部创新是指土地托管组织定期聘请全国知名的农业专家为员工及农户提供培训服务，并向这些专家咨询最新的农业动态方向及农业技术水平。土地托管组织经常以此为契机，引进先进设备、先进管理方法或吸取专家建议改进组织架构。与此同时，托管组织积极参加本地有关农业的讲座、论坛及报告会，从而对组织进行创新。

我国是农业大国，农业问题一直是我国的突出问题。党中央始终高度重视"三农"问题，并不断出台相关文件引导我国的农业发展。每当国家推广新兴农业技术或农业机械时，土地托管组织往往可以最先受到政府支持，从而实现组织的技术创新。

---

① 山东省供销合作社联合社：《山东省供销合作社综合改革试点工作资料汇编：农业服务规模化创新工程篇》，2015年。

2.3.3　土地托管保障机制

保障机制是指为了保障组织工作顺利进行而引入第三方的机制，根据托管组织工作情况，主要分为法律规范机制、风险控制机制和政策促进机制。

1. 法律规范机制

土地托管服务的法律规范机制是保障机制的重要组成部分，具体来讲，主要涉及三个方面：法律保障、契约保障及章程保障。法律保障可保障土地托管服务的开展受法律保护，可以依靠法律途径维护托管组织的正当权益；契约保障可以保障土地托管供需主体双方平等、自愿、互利地进行交易，双方权益不受侵害；章程保障是组织内部各项工作的原则及规范，可以保障组织正常运营。这三方面保障构成了土地托管服务的法律规范机制。

（1）法律保障。土地托管组织的法律保障以《中华人民共和国宪法》为根本，以《中华人民共和国农业法》为准绳，以《中华人民共和国农民专业合作社法》为依据，对土地托管组织提供全面的保护。一般意义上，法律保障是土地托管组织最根本的保障机制，是其他保障的基础。然而，在我国现有的法律法规中，还没有专门针对"土地托管服务"的法律规范。"土地托管"最早出现在2014年中央一号文件中，文件中提到"大力发展主体多元、形式多样、竞争充分的社会化服务，推行合作式、订单式、托管式等服务模式，扩大农业生产全程社会化服务试点范围"。2016年中央一号文件提到要"支持多种类型的新型农业服务主体开展代耕代种、联耕联种、土地托管等专业化规模化服务"。2017年中央一号文件提到要"大力培育新型农业经营主体和服务主体，通过经营权流转、股份合作、代耕代种、土地托管等多种方式，加快发展土地流转型、服务带动型等多种形式规模经营"。与此同时，2017年6月，农业部、财政部联合下发《农业部办公厅财政部办公厅关于支持农业生产社会化服务工作的通知》，提到要"以支持农业生产托管为重点，推进服务带动型规模经营"。同年8月，农业部、国家发改委、财政部联合下发《关于加快发展农业生产性服务业的指导意见》，特别指出要"大力推广农业生产托管"。9月,农业部下发《农业部办公厅关于大力推进农业生产托管的指导意见》,用以指导并规范土地托管服务的发展。由此,政府指导土地托管服务发展的文件越来越多、越来越有针对性。

(2) 契约保障。土地托管服务供需主体达成合作意向后,双方会签订正式的托管服务合同,合同的签订对土地托管服务供需双方都是保障权益的需要。土地托管组织会详细地将各自的权益保障条款写入契约合同,这一措施可以减少双方不必要的纠纷并有效降低服务风险。如部分地区的土地托管组织在合约中明确指出,当粮食在农忙时节因天气恶劣等原因无法种植或收割时,托管需求方有义务帮助土地托管组织种植或收割。这一条款既可以有效保护双方利益不受侵害,又避免了纠纷,有效降低了风险。总体上,契约保障程度与契约详尽程度呈正比。如山东供销系统提供土地托管服务,针对不同托管服务形式制定了不同的合同示范文本。合同示范文本中就托管目标达成情况、服务内容情况、服务方式情况、供需双方权利义务情况、服务费用支付情况、违约责任情况以及协议变更和解除情况及其他事宜均做出了详细规定。各地可根据自身情况参照该示范文本,订立符合本地的托管服务合同,保障服务双方的利益不受侵害。

(3) 章程保障。规范的章程是员工行为的根本准则。一般而言,组织的章程内容比较详细,大到组织的目标、架构,小到组织的出勤、绩效等,均制定了详细规范。一份科学、明确、规范的章程,可使托管组织的运行效率得到极大提升,从而使托管组织获得更为可观的收益。章程保障是土地托管组织正常运行不可或缺的一部分。目前,大部分的土地托管组织,如供销系统领办的为农服务中心、专业合作社、土地托管公司等,均制定了自己的章程规范。

2. 风险控制机制

创造社会财富的同时,往往会伴随着风险。土地托管服务也不例外,在创造价值的同时,也面临着诸多风险,所以风险控制机制必不可少。具体来说,土地托管组织主要面临两方面的风险,即资金风险和经营风险。

(1) 资金风险。资金流动贯穿组织服务的全过程,一旦资金链断裂，将对组织造成极大风险，这对土地托管组织也不例外。土地托管组织为了方便机械化作业，往往需要进行大规模的田间整理。为了更好地输出自身服务，土地托管组织往往需要购买更多先进农业机械化设备。这些都对托管组织的资金提出了较高的要求，若资金需求难以满足，土地托管组织将面临难以持续经营的风险。

土地托管组织为了应对资金风险，可以采取以下两个方式：一是通过稳定现金流来满足资金需求，继而运用流动资金进行设备更新和田间整理等工作，在完成这些工作后，土地托管组织的服务能力将得到大幅提升，从而可以获得更加稳定的现金流，形成良性循环。土地托管组织的稳定现金流主要来源有代收代售粮食收益、土地托管作业服务收益、购买农资差价收益、粮食烘干储存收益等，这些稳定的资金来源可以极大地缓解托管组织的资金风险。二是通过政策支持来应对资金风险。由于土地托管组织在田间整理作业方面对农户具有较大的正向外部性，所以当地政府必然会对组织服务提供支持，同时也会为土地托管组织提供诸如融资贷款之类的资金扶持。通过稳定现金流和政策支持，土地托管组织可以分散部分资金风险。

（2）经营风险。经营风险是指土地托管组织提供托管服务，由于遭受不可抗力等因素使组织遭受损失的风险。如在农忙时节，土地托管组织因天气恶劣等原因而不能进行机械化种植，从而造成粮食减产。土地托管组织分散经营风险的方式主要有两种：一是统分结合；二是契约保障。统分结合是一种托管组织负责"统"、农户负责"分"的双层经营体制，该经营体制最大的优势在于具有分工及专业化的同时，还能分散经营风险。如上文所述，在农忙时节由于天气原因无法进行机械作业时，土地托管组织便可发挥"分"的优势，让农户义务作业，这一体制为托管双方化解了部分经营风险。契约保障在前文"法律规范机制"中进行过阐述，在此不予赘述。在规范双方行为的同时，契约也对土地托管组织所面临的经营风险起到了很好的保障作用。

3. 政策促进机制

政策对我国农业影响深远，农业政策的任何调整都会对农户及服务组织产生显著影响。目前，在我国鼓励农业制度创新、鼓励农业适度规模化经营、鼓励发展现代农业的政策背景下，土地托管组织的政策促进机制主要表现在两个方面：一是资金支持；二是税收优惠。这两方面共同发挥政策促进作用，鼓励土地托管组织稳步发展。

资金支持方面，主要表现为当地政府为鼓励发展现代农业，对土地托管组织给予资金贷款及财政补贴，从而有效解决土地托管组织广泛存在的资金问题。对于土地托管组织来说，政府的支持是促进其发展的重要保障。税收优惠方面，政府为鼓励土地托管组织发展，在部分地区对土地托管组织给予税收优惠。同时，中央在2007年颁布的《中华人民共和国农民专业合作社法》中，明确提出对土地托管专业合作社给予税收优惠，以促进其发展。2017年以来针对土地托管服务发展出台的专项文件也对土地托管服务发展起到了很好的支持与保障作用。

2.3.4　土地托管变异机制

变异机制是土地托管服务运行机制的改变或终结。变异机制与生成机制、维持机制、保障机制不同，是土地托管服务运行机制的负向机制。根据土地托管服务推进情况，变异机制可分为两个部分，即农户嬗变机制和技术进步机制。

1. 农户嬗变机制

农户嬗变机制是由于农户的需求改变使土地托管服务失去市场，导致终结。农户对土地托管服务的需求是土地托管组织存在的前提，同时也是生成机制的核心。农户需求一旦改变，土地托管服务便会走向终结。如前文所述，影响农户需求的因素很多。如果土地流转逐步提高土地租金，导致租金高于土地托管所带来的收益，那么基于"理性人"假设，土地流转就会成为农户的选择，这便会使土地托管逐渐失去普通种粮农户这一市场；再如，农户的恋土情结或土地的社会保障功能减弱后，土地托管服务相对土地流转所具有的优势便不复存在，土地流转也有可能成为普通种粮农户的首选。主客观因素的改变，使农户产生对土地托管服务的需求发生改变，从而导致土地托管服务的改变，此为农户嬗变机制的作用原理。

2. 技术进步机制

技术进步机制与土地托管服务维持机制中的技术创新机制互为对

冲。技术创新机制是土地托管服务组织自身寻求技术创新及进步，而技术进步机制则不受土地托管服务组织主观影响，由社会发展所决定，代表了社会的技术进步。技术进步机制的作用原理为：当组织内部技术创新机制成果领先于社会先进农业技术时，土地托管组织将得到极大发展，并获得高于市场平均利润水平的回报；当组织内部技术创新机制成果与社会先进技术水平持平时，土地托管组织可以稳步持续发展，利润水平与社会平均利润水平相近；当组织内部技术创新机制成果落后于社会先进技术水平时，土地托管组织便会逐步遭到终结并被社会所淘汰，二者差距与淘汰速度成正比。

未来关于农业领域的技术将朝着作物产量更高、更多样化、更便捷、质量更优及农业机械更高效、更智能的方向发展，这对土地托管服务组织来说是机遇也是挑战。机遇在于，如果土地托管组织能够紧跟步伐，及时应用领先的技术成果，那么必然可以获得更高的利润空间并输出更好的服务；挑战在于，土地托管服务可能会被其他效率更高的组织所淘汰。当然，未来技术的进步若朝着我们期许的方向发展，且土地托管的内部技术创新机制可以及时跟进，那么土地托管服务组织便会拥有更高的效率及服务能力，其在保障粮食安全方面可扮演更为重要的角色。

第3章 土地托管发展实践

土地托管服务作为一种新兴农业社会化服务形式，发展潜力巨大。截至2016年底，全国有28个省、自治区、直辖市开展了土地托管服务，[①] 土地托管服务的供给组织达到15.3万家，服务总面积达到1.76亿亩。[②]

由于各地经济发展水平、农业发展情况、社会环境等各有特色，土地托管服务在不同地区的发展水平、组织类型也存在着一定的差异。比如山东省土地托管服务发展较好，且托管组织以供销系统领办的为农服务中心为主，而甘肃省土地托管服务起步较晚，发展相对落后，且托管组织以农民专业合作社为主。鉴于各地土地托管服务发展水平的差异以及托管组织类型的不同，本书将分别对土地托管服务的区域发展水平与不同服务组织类型的发展情况进行详细介绍。

3.1 主要地区土地托管发展实践

本书所研究的土地托管服务主要针对粮食作物，研究该服务如何保障粮食安全，但各粮食产区的人均耕地面积、粮食产量以及种植结构等农业生产情况有所不同，社会经济发展情况也有一定的差异，不便一一介绍，故此处主要考察粮食主产区土地托管服务的发展情况。

如何选择粮食主产区？如表3-1所示，2008~2015年的8年中，

---

① 高敬：《全国供销系统土地托管服务面积达1亿亩》，2017年7月17日，http：//news.xinhuanet.com/fortune/2017-01/19/c_1120346796.htm。

② 农业部农村经济体制与经营管理司：《对十二届全国人大五次会议第6312号建议的答复》，2017年7月17日，http：//www.xjxnw.gov.cn/c/2017-07-17/1264378.shtml。

黑龙江、河南、山东三省至少有4年粮食总产量位居全国前三位，且这三个省农业发展情况各有特色并具有一定的代表性。如黑龙江人均耕地面积较大，且粮食多为单季种植；河南省人均耕地较少，低于全国平均水平，且豫北与华北地区粮食种植情况相似，豫南与南方粮食种植情况相似；山东省人均耕地面积与全国平均水平差别不大，但省内区域之间差异较大，各县市之间经济发展水平差异明显，种粮机会成本也不同。鉴于黑龙江、河南、山东为我国三大产粮大省，且各地发展情况各异又分别具有一定的代表性，因此，本书重点考察这三个省的土地托管服务发展情况。

表3-1　　　　　　　2008~2015年全国粮食产量　　　　　单位：万吨

省份	2008年	名次	2010年	名次	2013年	名次	2015年	名次
黑龙江	4225	3	5570.6	1	6004.1	1	6324	1
河南	5365.5	1	5542.5	2	5713.7	2	6067.1	2
山东	4260.5	2	4426.3	3	4528.2	3	4712.7	3

资料来源：2008~2016年各年度《中国统计年鉴》。

3.1.1　山东土地托管发展情况

山东省土地托管服务在全国范围内处于领先水平，尤其是近年来，山东积极探索以"土地托管服务"为切入点推进农业服务规模化。截止到2016年10月，全省广泛推广土地托管服务，已建成为农服务中心（省供销社领办，提供土地托管服务的大头儿）855处。[①]

1. 山东土地托管发展的特征

（1）服务规模迅速扩大。山东省作为全国最早提供土地托管服务的省份之一，土地托管服务发展良好，尤其是近几年托管规模迅速扩大。托管规模的扩大主要表现在以下两个方面。

---

① 唐园结、于洪光、吕兵兵：《打造一支为农服务"国家队"》，2017年7月20日，http://www.yc222.com/news-id-4093.html。

一是土地托管面积迅速扩大。2015年上半年,全省土地托管面积仅为2000万亩左右,① 至2015年底就增加到2454万亩,② 半年时间增长率达23%,增长迅速。其中,供销社系统在托管服务中贡献较大。截止到2015年底,山东供销系统托管的面积就达到1360万亩,占全省托管面积的55%,③ 是全省提供土地托管服务最主要的组织形式。

山东供销系统托管面积较大,得益于其发展速度较快。如表3－2所示,2014年底,供销社托管面积仅为826万亩,但每一统计周期土地托管面积均大幅增加,2015年上半年比2014年增长26%,随后每半年均以20%～30%的速度增长,截止到2016年底,托管面积已增至2107万亩。

表3－2　　　　　　　　山东供销系统土地托管面积变化

时间	托管面积（万亩）	增长速度（%）
2014年底	826	—
2015年上半年	1037	26
2015年底	1360	31
2016年上半年	1720	26
2016年底	2107	23

资料来源：山东省供销合作社调研数据；关于供销合作社推进农村一二三产业融合发展报告。

二是服务农户数量迅速增加。以山东省供销系统领办的为农服务中心为例,如表3－3所示,2015年第三季度,山东省为农服务中心服务新型市场经营主体3.78万个、服务普通农户380万户,分别比2015年初增加1.1万个和180万户,增长率分别达到41%和90%,增长迅速。

---

① 毛晓雅：《山东：土地托管农民叫好》,载于《农民日报》2015年5月9日。
② 山东省供销合作社联合社：《山东省供销合作社综合改革试点工作资料汇编：综合篇》,2015年,第129页。
③ 山东省供销合作社联合社：《山东省供销合作社综合改革试点工作资料汇编：经验篇》,2016年,第218页。

表 3-3　　　　　　　　为农服务中心服务农户数量情况

时间	服务新型市场经营主体数（万个）	服务农户数量（万户）
2015 年初	2.68	200
2015 年第三季度	3.78	380

资料来源：山东省供销合作社调研数据。

（2）服务组织多元化，但以供销社系统为主。

①服务组织多元化。目前，山东省提供托管服务的组织类型呈多元化特征。除供销社系统外，提供服务的组织主要有专业合作社、土地托管企业以及家庭农场等。此外，邮政系统、水利系统以及物流系统也为农户提供部分土地托管服务。因山东省供销社及其领办的为农服务中心的情况在上文已做过介绍，故不予赘述，本书将就山东省专业合作社、土地托管企业及家庭农场的情况进行介绍。

专业合作社是山东省提供土地托管服务的第二大组织形式，仅次于供销社系统。专业合作社在山东各地均有分布，其类型包括土地托管专业合作社、粮食种植专业合作社、农机合作社及植保合作社等不同形式。如成立于 2009 年 12 月的嘉祥县鸿运富民土地托管专业合作社，经过 4 年发展，截止到 2013 年底，共为本地农户托管了 4 万亩左右的耕地，入社农户数量达 3000 多户；[①] 乐陵市瑞泽粮食种植专业合作社在 2017 年第一季度托管农户耕地达 4 万亩以上；[②] 成立于 2011 年的诸城市永盛农机合作社于 2016 年为周边 28 个村庄的农户托管耕地 5000 亩以上；[③] 青岛蒲家植保合作社于 2013 年托管周边 1600 亩耕地中的 1200 亩土地，占周边耕地面积的 75%。[④]

土地托管企业是以独立法人形式注册成立的专门提供土地托管服务的企业。在山东，有些企业由供销社领办，有些企业是与专业合作社联合提供土地托管服务。如汶上县供销社所属某企业于 2012 年为村民托

[①] 罗青：《"国家农民合作社示范社"系列报道二十七　土地托管背后的期待》，载于《中国农民合作社》2014 年第 12 期，第 55 页。

[②] 周嵘：《"田保姆"奏响春耕主旋律》，载于《农村经营管理》2017 年第 4 期，第 7 页。

[③] 徐春光：《"土地托管"拓宽农民增收路》，载于《山东农机化》2017 年第 1 期，第 14 页。

[④] 朱瑞华、范翠兰、曲常迅：《创新服务模式　做托管"田保姆"——青岛蒲家植保专业合作社积极探讨专业化社会服务》，载于《中国农技推广》2014 年第 12 期，第 11 页。

管200亩耕地,至2013年,托管面积达1102亩[①];山东五征集团有限公司联合齐河县农机专业合作社,共同为周边几个村提供托管服务,2017年初,托管近2万亩耕地。[②] 这类专业服务企业一般农业机械配置较齐全、服务较专业、服务规模较大,可以提供全托管服务。

对于家庭农场,本书主要研究粮食型家庭农场。所谓粮食型家庭农场,即"种粮大户的升级版"。家庭农场是一种比较特殊的托管组织,因为农场的人员主要由家庭成员以及雇工组成,所以经营规模一般不大。全国粮食型家庭农场平均规模在400亩左右,山东平均为300亩。有些家庭农场因农业机械配置不全或人工投入不足可能会需要别的托管组织为其提供服务。但也有一些家庭农场的农业机械配置较齐全,在自家不需要农机时,为提高农机的使用效率,也为其他新型种粮主体或普通农户提供农机服务,但这种家庭农场的数量不多。这类土地托管组织不会像供销系统、专业合作社以及托管企业一样可以提供"全托管"服务,它们一般提供农机类的"半托管"服务。以汶上县为例,课题组调研的该县多个家庭农场中,提供托管服务的家庭农场基本只提供耕种收等农机类托管服务。然而,课题组走访调研的数据显示,目前可以提供农机类托管服务的家庭农场占家庭农场的比例大概为20%~30%,比例不高。

②服务供给主体仍以供销社系统为主。虽然山东省提供土地托管服务的组织呈现多元化特征,但就目前来说,供销系统仍然在土地托管服务中占据绝对优势,2015年,山东共托管耕地2454万亩,[③] 其中供销系统就托管耕地1360万亩,占全部托管面积的55%。[④]

(3)组织方式由分散逐渐走向联合。组织方式的联合主要表现在两个方面。

一是托管组织之间的联合。土地托管服务开展之初,不论是供销系

---

① 佚名:《〈大众日报〉调查:山东省土地托管释放红利》,载于《领导决策信息》2013年第42期,第13页。

② 王涛:《五征企社共建趟出土地托管新模式》,载于《当代农机》2017年第6期,第27页。

③ 山东省供销合作社联合社:《山东省供销合作社综合改革试点工作资料汇编:综合篇》,2015年,第129页。

④ 山东省供销合作社联合社:《山东省供销合作社综合改革试点工作资料汇编:经验篇》,2016年,第218页。

统还是农机合作社、土地托管专业合作社、土地托管企业等其他服务组织，基本都是自己单独运作，独自提供托管服务。但近年来，山东有些地方形成了供销社与专业合作社、服务企业等组织联合服务的形式。通常以市级供销社下属农业服务企业为主，各乡镇农民专业合作社联合社为支撑，双方按一定的股权比例进行联合共建，形成了一套集投资、建设、运营为一体的成熟模式，共同为农户提供托管服务。

二是托管组织与其他组织部门的联合。目前，山东全省都在积极推进土地托管服务。以供销社为例，供销社系统逐步构建起社农结合、社村共建的多层次全方位为农服务协同机制，形成了以供销社领办的农民专业合作社及其联合社为载体、农口等行政部门支持、各类市场经营主体自愿参与的新型农业土地托管服务体系。在社农结合方面，构建了供销社与农口行政部门协同服务机制，与农业、水利等部门联合出台文件，形成了推进托管服务规模化的整体合力，不断加大托管力度。在社村共建方面，着力构筑基层供销社、村"两委"、专业合作社以及信用互助组织"四位一体"共同运营的新机制，为农户提供更多更好的托管服务。

（4）服务作物日趋多样化，服务内容日渐全面化。

①服务作物日趋多样化。土地托管服务是从便于提供服务的大田作物开始的，其中主要是大田粮食作物，大田粮食作物是托管服务的重中之重（开始主要是针对小麦和玉米提供服务，因为这两种作物种植相对简单，随着托管服务的发展，现在也渐渐为水稻提供托管服务），仅山东供销系统托管的面积中，小麦、玉米和水稻的托管面积就占到其托管总面积的70%。汶上县、嘉祥县、梁山县、鱼台县等地均广泛开展大田粮食作物的托管服务，这些县托管的耕地种植结构大部分以小麦和玉米为主。随着托管服务的发展，临沂、日照等市根据当地特色，除托管大面积小麦和玉米外，重点开展对水稻的托管服务，着力在育苗、插秧、统防统治、收割四个环节下功夫，大力推进水稻规模化种植。

在逐渐增加大田粮食作物服务品种的同时，土地托管服务又逐渐向棉花、马铃薯等非粮食类大田作物开展。山东各地根据自身特色，广泛开展非粮食类大田作物的托管，滨州、东营、潍坊三市在2014年建成全托管20万亩棉花生产基地，预计到2018年底，全省将托管棉花500

万亩；2017年，枣庄、潍坊、泰安等市大力开展马铃薯托管服务，包括良种推广、机械耕收等，预计至2018年底，全省服务面积将达50万亩。

除逐渐增加上述两类托管作物品种外，山东省也已开展对经济作物的托管服务。省社对超过18种经济作物进行了案例比较分析，① 托管经济作物已达20多种，截止到2016年底，仅供销社系统经济作物托管面积就达666万亩，占全省供销系统托管面积的32%。② 各地根据自身特色，推广特色经济作物托管服务，如枣庄市枣店香大红枣种植专业合作社在2013年为当地村民托管枣园6万亩。③

②服务内容日趋全面化。土地托管主要面向产前、产中、产后整个产业链提供全方位服务，但在土地托管服务开展之初，大多数托管组织只能提供产前农资供应环节的服务，然后开始提供产中耕、种、收环节的机械类服务，之后才逐步扩展到田间地头作业服务以及产后环节的烘干、储存等服务。就山东省来说，最先开展土地托管服务的组织中，只有供销系统领办的为农服务中心能在一开始就为农户提供全套的产前、产中、产后一体化服务。目前，仍有很多组织只能提供部分环节服务，如农机合作社基本只提供农业机械服务。

总体来说，山东省土地托管服务组织提供的服务内容日趋全面，产前、产中、产后的服务均有所涉及。但就目前来说，大多数的托管供给主体更侧重产前和产中的服务，尤其是产中的服务。而就产中环节提供的服务来看，虽然针对病虫草害防治等田间作业的服务内容正在快速增加，但从总体看，托管服务的重点仍在于耕种收等机械化服务。

(5) 服务形式多样化，但以半托管为主。

①服务形式多样化。山东省提供的土地托管服务形式多样，主要分为"全托管服务"和"半托管服务"。

"全托管服务"又称"保姆式托管"，是对农资供应、耕地、播种（含施肥）、田间管理（含浇水、施肥、病虫草害防治等内容）、收获

---

① 侯成君：《以服务规模化推进农业现代化的实践探索》，2017年7月21日，http://finance.eastmoney.com/news/1371，20150914547574047.html?_t_t_t=0.21861093444749713。
② 花宇：《农村土地托管全解读——基于王蔚教授的调研》，载于《农村大众》2016年12月13日。
③ 李伟：《枣庄一家合作社托管起6万多亩枣园》，2017年7月21日，http://www.sdny.gov.cn/snzx/snxw/snxw/201709/t20170929_699736.html。

(含收割、运输、玉米脱粒)、烘干、储存、销售、加工等生产环节提供全程服务。在山东，全托管的主要形式为"订单式托管"，托管组织通过对市场价格优惠一定比例，对所有生产环节"打包"收取费用，主要通过供销社领办的专业合作社（主要是农机专业合作社）提供全程托管服务，正常年份需要确保达到标准产量，农户得到土地产出产量。如广饶县托管组织于 2015 年为农户"订单式托管"大田糯玉米 1.5 万亩，为农户带来了实惠。[①]

"半托管服务"也称"菜单式托管"，是围绕良种培育、耕种灌溉、测土配肥、脱粒收割、加工销售等关键生产经营环节所提供的服务。托管组织根据不同环节的服务收取相应费用，主要是为了解决劳动力外出务工以及有地没人种的现代农村问题。这种方式针对农户需要进行托管，有效提高了粮食产量。"半托管"又分化出两种形式：一是"劳务托管"，农户将生产过程的所有劳务项目委托给托管方，农户负责全部农资投入；二是"菜单托管"，农户将某个时段的劳务项目委托给托管组织，托管组织按照具体的劳务项目情况获得相应报酬。目前，"半托管服务"在山东有效开展。济宁某些种粮大户及散户将水稻托管给当地土地托管企业，企业为其提供育秧、机械化耕整、插秧、统防统治等"劳务托管"服务；广饶县依托专业合作社通过"菜单托管"对本地大田糯玉米提供托管服务。

②服务形式仍以半托管为主。虽然"全托管"服务与"半托管"服务在山东均有发展，但目前"半托管"服务占据绝对优势，供销系统的表现尤为明显。

如表 3-4 所示，2014 年底，供销系统全托管面积仅为 132 万亩，占全供销系统托管面积的比例仅为 16%，半托管服务面积则达到 694 万亩，占全供销系统托管面积的比例达到 84%。以后每个统计周期基本都呈现相同的情况，全托管的服务面积仅占供销社系统托管面积的 10%~20%，与此相比，半托管服务面积则占全供销系统托管面积的 80%~90%。供销系统作为山东省规模最大的托管主体，其服务形式情况基本反映了山东省的整体情况。

---

① 王超：《广饶县"订单式"土地托管消除农户后顾之忧》，2017 年 7 月 22 日，http: //dongying. dzwww. com/dyxw/201501/t20150109_11700316. htm。

表 3-4　　　　　　山东供销系统土地托管服务形式

时间	全托管（万亩）	占比（%）	半托管（万亩）	占比（%）
2014 年底	132	16	694	84
2015 年上半年	102	10	935	90
2015 年底	151	11	1209	89
2016 年上半年	230	13	1490	87
2016 年底	256	12	1851	88

资料来源：山东省供销合作社调研数据；关于供销合作社推进农村一二三产业融合发展报告。

（6）服务技术水平不断提高，交易方式逐渐现代灵活。

①土地托管服务的技术水平不断提高。目前，土地托管的供给主体可以提供全面且高端的技术服务，但是在土地托管服务开展之初，托管组织提供的服务技术水平一般比较低，且技术覆盖的耕地面积也不大，基本都是简单的农资服务，也有一部分可提供农机服务（如农机合作社）。随着土地托管服务的发展，越来越多的组织开始提供高端的技术服务，如测土配方、智能配肥、粮食烘干等以前很难提供的技术服务。此外，技术服务的耕地规模也在不断扩大，且增长速度较快。供销社系统作为山东提供土地托管服务的领头羊，其表现更加突出。

如表 3-5 所示，2016 年上半年全供销社系统为农户提供测土配方面积 1750 万亩，至 2016 年底，测土面积达到 1950 万亩，增长率达 11%；智能配肥面积在半年时间增长了 150 万亩，增长率近 10%；供销系统提供的土壤检测设备、智能配肥设备及植保飞机的数量均有较快增长，半年时间增长率均达 20% 以上，土壤检测设备的数量更是在半年内增长了 40% 以上。

表 3-5　　　　　山东省供销社土地托管技术水平情况

时间	测土配方面积（万亩）	智能配肥面积（万亩）	土壤检测设备（台）	智能配肥设备（台）	植保飞机（架）
2016 年上半年	1750	1660	670	460	450
2016 年底	1950	1810	960	569	562

资料来源：山东省供销合作社调研数据。

②交易方式逐渐现代灵活。土地托管服务开展之初，因托管组织对托管服务没有经验以及当时科技水平不高，所以交易一般采用现场确认或电话订单等比较烦琐的方式，交易成本、机会成本较高。随着托管服务的发展以及社会整体科技水平的提高，逐渐出现了提前预订、微信订单、先服务后付款等现代灵活的交易方式。提前预订是指农户可以通过电脑或手机，提前与托管组织取得联系，事先预订托管服务，等农户有时间再去托管组织具体考察组织提供的服务情况，这节约了农户每次亲自去托管组织现场确认的时间成本。微信订单是目前非常流行的托管服务交易方式，微信订单支付服务流程简单，为广大托管农户带来了便利。服务后付款是针对农户现金流不足而做出的创新，有很多农户在需要托管服务时并没有足够的现金，某些农村地区融资贷款服务方式又比较滞后，导致农户没有太多流动资金用以支付托管服务费，托管组织通过提供"服务后付款"这一方式，为广大农户带来了实惠，减少了交易成本。

目前，山东各市县立足实际，结合当地特色，深层次探索利用"互联网+"提升并改造自我，从当地优势产业出发，逐渐走出了一条从线下到线上虚实结合的营销路子，不断提升交易水平。截至2016年底，省供销社已在超过60个县（市）创新了电商发展形式，建起包括"菜润家""米客商城"等90多个电子商务平台。①

（7）服务效益显著，利益分配比较合理。

①土地托管服务效益显著。土地托管服务的效益具体表现在以下方面。

一是降低了农户的农资投入成本。山东省通过开展土地托管规模化经营，降低了农户自己种地所需的服务价格及农资投入成本。通过宽幅精播每亩可减少种子用量3公斤左右，通过智能配肥每亩化肥使用量可减少5公斤左右。此外，山东省通过统一除草、统一防虫等措施大大节约了农药的使用。以曲阜市为例，当地基层社通过与双联农资企业开展合作，采取"双联农资企业+基层社农资连锁直供服务站+土地托管专业合作社+农户"的服务模式，通过全面实施化肥连锁直供，使每袋卖给农户的化肥比市场价平均低10元；再以汶上县为例，当地的土地托

---

① 新华山东：《山东：借助县域电商实现"地产地销"》，2017年7月24日，http://www.sohu.com/a/72965993_381574。

管专业合作社通过为农户统一提供化肥、农药等农资产品，向农户收取的价格比市场价平均低7%~8%，环节托管服务费普遍比市场价低40%左右。

二是提高了粮食产量与质量。供销社、合作社、土地托管企业以及家庭农场提供的托管服务，通过规模化农机作业大大提高了效率，节约了机械、人力等投入，粮食作物每亩可增产10%~20%，年亩产量可增加150~200公斤。目前，大量土地托管组织为托管农户粮食提供二次包衣服务，显著提高了粮食质量。

三是提高了粮食售价。托管作物交给农户，农户能卖出比自己种植更高的价格。曲阜市的乡镇基层社与当地康利源面粉有限公司达成协议，公司根据自身需求，统一供应良种，并为农户统一收购农资，托管种植的小麦比没有托管地块的小麦价格售价提高了0.05元/斤；汶上县当地的供销系统与利生面业集团达成合作，为集团统一收购小麦及玉米等大田作物，为托管的数万亩土地找到了销售渠道，通过规模化种植的小麦品种优良且品质较高，再加上交易成本较低，所以小麦统一收购价格比市场价格要高0.06元/公斤。[①]

四是给农户带来了额外收益。土地托管服务为外出务工农户带来了便利。在提供托管服务之前，外出务工的农民多数要在农忙季节回家种地，按夏秋两季计算，农户平均减少收入近4600元，再加上往来费用，每户收入减少近5000元。土地托管后，所有服务都由托管服务队完成，年轻的外出务工农民不需要在农忙时节回来种地，可以继续留在城市打工挣钱，年老的农户可以加入当地合作社为合作社打工，赚取额外收益，每亩土地每年减少支出约172元。[②]

②利益分配比较合理。土地托管服务不单要有良好的利润生成渠道，更要有合理的利益分配方式，"不患寡，而患不均"充分说明了分配机制的重要性。下文主要对山东省供销系统统一的利益分配方式以及郓城县与汶上县的供销社利益分配情况进行具体介绍。

[①] 以上数据来自：(1) 王蔚、徐勤航、周雪：《土地托管与农业服务规模化经营研究——以山东省供销社实践为例》，载于《山东财经大学学报》2017年第5期，第90页；(2) 赵洪杰：《党报与农业改革如何良性互动——以山东土地托管报道为例》，载于《青年记者》2016年第13期，第56页。

[②] 潘俊强：《山东汶上县：农民土地托管供销社种地打工两不误》，载于《决策探索（上半月）》2013年第9期，第73页。

首先介绍山东供销系统统一的利益分配方式。土地托管业务开展之初，托管组织就本着"让利于民"的原则展开经营。但当时仅体现在作业服务价格、农资供应价格低于市场价，粮食售价略高于市场价格上，对合作社社员的利益、组织之间的利益分配考虑不周。随着托管服务的发展，土地托管组织的利益分配方式变得更加合理。以供销系统领办的为农服务中心为例，供销系统本着让利于合作社、让利于民的原则，通常仅享受增值收益的30%（为农服务中心成立之初，供销社出资额一般占注册资本总额的34%及以上），另外60%分给农民专业合作社（通常提供农机作业服务），10%分给村"两委"（负责组织和发动村民参与土地托管、组建粮食种植专业合作社）。

再看看郓城县供销社的情况。郓城县张营供销社积极探索收益分配方式。对于农户，供销社积极探索农民社员土地入股，实行保底收益、收入分红和保险补贴等多种机制，形成了多样化的利益分配机制，切实调动了农民社员参与托管服务的积极性。对于村集体，供销社通过合同协议约定其在土地托管服务收益中的分成比例。同时，供销社坚持不对外吸储，只吸收本社内部社员存款和股东股金；不对外放贷，只对本社社员和股东调剂资金；不对股东支付固定回报，只视盈利状况进行分红，严格实施按股分红和按交易量分红的二次分配制度，切实做到服务于农、使农受惠。

最后看看汶上县供销社的情况。汶上县供销社是山东供销系统土地托管服务的发源地，近年来也在逐渐探索合理的利益分配方式。如县供销社在与房柳村的合作中，就明确规定土地托管的利润按照6:3:1的比例由县供销社、村集体和乡镇基层供销社分别获取。[①] 该方式对提高农户的积极性以及县供销社的积极性均起到了显著作用。目前，房柳村的收益分配方式正不断推广到其他村，收益分配方式变得越来越合理有效。

2. 山东土地托管发展仍有不足

（1）托管供给主体相对单一，以供销社系统为主。目前，山东省提供土地托管服务的组织仍然以供销社系统为主，仅供销社系统就服务

---

① 杨洁、王兆亮、尹骞等：《基于SWOT分析的土地托管服务研究》，载于《山东农业科学》2014年第10期，第140~141页。

了全省一半以上的托管耕地，超过其他组织托管的总规模，且供销社的组织规模、技术水平等情况要优于其他托管组织，在山东土地托管服务中处于支配地位。这说明山东提供土地托管服务的主体相对单一，其他类型的托管组织需要进一步发展。

这主要是因为山东省供销社作为全国供销试点的四个省份之一，其推出的名片便是"土地托管服务"，山东省供销社系统开展土地托管服务的时间比较早且政府扶持相对较多。这需要当地政府以及其他托管组织加强对自身土地托管服务的宣传，并大力推广自身的农机农技，为农户提供更多、更好的服务。

（2）全托管服务形式推广困难。如前文所述，2014～2016年这三年中，山东省供销系统从事"全托管"服务的面积平均只占托管总面积的10%左右，最高时也只有16%，而从事"半托管"服务的面积平均占托管总面积的近90%，二者之间差距十分明显。供销社系统的情况基本反映了山东省托管服务的整体情况。可见"全托管"这一服务形式推广仍面临着困难。

这一方面是因为本来"半托管"服务的需求主体数量就比较多，包括普通农户、种粮大户及家庭农场等新型市场主体，而"全托管"服务的需求主体一般为种粮机会成本高的主体，在数量上倾向于"半托管"的就比倾向于"全托管"的需求主体数量多。另一方面是因为两种服务本身的差别。因为农户本身有着"恋地"情结，所以将土地托管给其他组织代为管理本身就有诸多顾虑，与"全托管"相比，"半托管"只需要农户托管全部生产过程的一个或几个环节，所以农户对"半托管"比"全托管"更加放心。这需要托管组织进一步宣传"全托管"服务的优势，提高"全托管"服务的能力，让农户更加放心地将土地"全托"给托管组织。

（3）水稻作物托管面积依然较少。虽然山东省积极开展各种粮食作物以及经济作物的托管种植服务，但目前大田粮食作物中小麦、玉米等的托管比率（托管面积占种植面积的比率）高于水稻。以玉米为例，2016年，山东省供销系统玉米的托管面积为1392万亩，占当年玉米种植面积的近30%，考虑到这仅是供销社系统托管服务的面积，全省全系统对玉米的托管比率应至少达到40%以上；而2016年全省供销系统托管水稻面积为40万亩，仅占当年全省水稻种植面积的23%，全省全系统对水稻的托管比率约为30%。[①] 这说明山东省水稻作物托管面积仍然较少,托管比率仍不如玉米。这主要是因为水稻的培育及服务要求远高于玉米,所以托管组织需要进一步提高对水稻的托管服务水平,争取为农户提供更大规模的水稻种植服务。

(4) 为分散农户提供托管服务仍存在困难。目前,山东省土地托管服务组织主要服务对象为普通种粮农户和新型种粮主体,但为分散农户提供托管服务仍面临一些困难。这主要是因为:一方面,分散农户自身信息不畅通,对"土地托管"不了解,不放心将土地托管给托管组织,这需要托管服务的供给主体加强宣传,普及"土地托管"的相关信息;另一方面,分散农户一般土地较少且地块分散,托管组织对这些地块不便进行规模化管理,这需要托管组织和村"两委"等组织加强合作,尽量将参加土地托管服务的农户耕地集中连片,提高对分散土地以及不连片土地的管理服务水平,让分散农户也能体验到托管服务带来的便利。

3.1.2 河南土地托管发展情况

河南省是我国的产粮大省,2015年国家统计局公布的数据显示,河南省粮食产量为6067.1万吨,仅比第一大省黑龙江少256.9万吨,高于第三名山东省1354.4万吨。河南是产粮大省,也是土地托管服务开展较好的省份。截止到2016年底,全省136个县(市)、1571个乡镇建立了土地托管服务组织,[②] 初步建立了村有信息员、乡镇有中心、县市有网络的土地托管服务体系。专业合作社是河南省提供托管服务的主要力量,至2012年合作社总共托管耕地832万亩,占全省托管总面积的83.2%。[③]

---

① 《山东统计年鉴》(2016)的统计数据显示,2016年山东玉米种植面积为4760.7万亩,水稻种植面积为174.4万亩。

② 张培奇、范亚旭:《河南省农业供给侧结构性改革由追求高产向优质高效迈进》,2017年10月10日,http://www.moa.gov.cn/fwllm/qgxxlb/qg/201708/t20170817_5786961.htm。

③ 中共河南省委农村工作办公室:《河南省农村土地托管情况调查报告——应高度重视我省出现的土地托管经营形式》,2017年7月28日,http://www.chinareform.org.cn/Economy/Agriculture/Report/201405/t20140514_197237.htm。

1. 河南土地托管发展的特征

(1) 服务规模稳步扩大、服务作物和服务内容逐渐多样。

①服务规模稳步扩大。土地托管服务兴起于大田粮食作物,河南省作为全国第二产粮大省,土地托管服务开展良好,服务规模不断扩大,主要表现为托管面积的扩大和服务农户数量的增加。

一是托管面积的扩大。如表3－6所示,2012年全省土地托管服务面积1000万亩,2016年达到1496万亩,服务面积增加了49.6%;再以洛阳市为例,2014年底,洛阳全市共托管耕地30万亩,至2017年上半年,洛阳全市托管耕地95万亩,比2014年底增加了2倍多。①

表3－6　　　　　　　　河南省土地托管服务规模

年份	土地托管服务面积（万亩）
2012	1000
2016	1496

资料来源:《我省土地托管的现状、存在问题与建议》,载于《河南日报》2013年11月18日。《河南省"十三五"农业和农村经济发展规划》（全文）。

二是服务农户数量稳步增加。以洛阳市为例,2014年全市有4万农户与托管组织达成托管服务协议,至2017年上半年,服务农户数量达到6万余户,增长率达50%以上;商水县天华种植专业合作社成立于2009年,当年服务农户26户,至2016年,服务农户数量达336户,增长了近12倍;沈丘县三五农民专业合作社于2014年成立,当年底为120户农民提供托管服务,至2015年底,服务农户数量达600多户,增长4倍多。②

②服务作物逐渐多样。河南省土地托管服务开展之初与山东省一

---

① (1)河南省供销合作社:《主动作为　大胆实践　不断提升农业社会化服务水平》,载于《中华合作时报》2016年1月5日;(2)李梦龙、张怀良:《土地托管激发"钱"力》,载于《洛阳日报》2017年8月17日。

② (1)刘天华:《土地托管促规模稳粮增产出效益》,载于《中国农民合作社》2017年第1期,第32页;(2)佚名:《创新服务方式延伸为农服务新链条》,载于《中国合作经济》2016年第2期,第42页。

样，也是针对便于操作的大田粮食作物——小麦、玉米。为更好地推广土地托管服务，政府对提供服务的组织给予支持与补贴。经过几年的发展，除对小麦、玉米作物开展的服务稳步扩展外，豫南地区土地托管服务逐渐向水稻推广。与此同时，对于非粮食类大田作物的服务也逐渐增多，如部分地区开展了对花生、马铃薯等作物的服务。除此之外，河南部分地区逐渐开始提供对经济作物的托管服务，如大蒜、西瓜等。托管组织对这些作物提供病虫草害防治等服务，托管服务的作物种类越来越丰富。

③服务内容逐渐多样。与山东省相似，河南省土地托管服务开展之初主要集中在耕、种、收等环节的机械类服务和农资供应服务上，因为这些服务相对来说比较容易提供。虽然种粮主体所需要的服务不仅为耕种收等服务，还有田间作业、烘干、销售服务等，但一开始只有少数托管组织提供这类服务。随着土地托管服务的发展，托管组织的服务内容逐渐扩展到田间作业服务、产后环节服务。具体来说，服务内容逐渐增加至灌溉、统防统治、烘干、储存、销售等服务，且基本都能大规模提供，不再只是少数个别组织的专利，逐渐形成了"产前""产中""产后"一条龙服务。如清丰县部分农业专业合作社为农户提供耕种、统防统治、收割、烘干、贮藏、加工以及销售等全程的土地托管服务，为农户带来了巨大的便利与实惠。

（2）服务组织多元化，但仍以专业合作社为主。

①服务组织多元化。河南省从事托管服务的组织类型日益呈现出多元化特征，以下分别对河南省供销社系统、专业合作社、土地托管企业及家庭农场的情况进行介绍。

首先是供销社系统。河南省供销社系统在提供土地托管服务方面发展良好，截止到2016年底，全省供销社系统托管土地面积为363万亩，①占全省耕地面积的3%左右。②供销系统在2017年底完成全部土地托管560万亩，与2016年相比增长率达54%。河南各地供销社也有一定的发展，2015年，洛阳市供销社大力开展托管服务，全市50%的基层社加入到托管服务工作中，全市供销系统托管面积达到30万亩，

---

① 张培奇、范亚旭：《聚焦为农服务优化供给能力》，载于《农民日报》2017年4月1日。
② 因缺少2016年底河南省耕地面积的数据，所以用能查到的最新年份（2013年）的数据计算得出。

服务农户达12.9万户。①

其次是专业合作社。专业合作社是河南省提供土地托管服务最主要的力量。如前所述，截止到2012年底，全省专业合作社共托管土地832万亩，占全省托管总面积的83.2%，在全省托管服务中占据绝对优势。专业合作社主要包括农业种植专业合作社、植保专业合作社以及农机专业合作社等。如项城市红旗农业种植专业合作社目前托管耕地16万亩，占全市耕地面积的5%；② 截止到2016年，温县永生农业植保专业合作社为农户托管耕地3.6万亩，业务覆盖温县及周边县市，部分业务还拓展到外省；③ 博爱县喜耕田农机专业合作社是河南省最先开展土地托管服务的合作社之一，在2009年就托管土地1600亩。④

再次是土地托管企业。托管企业日益成为土地托管服务的重要力量，而企业主要是靠龙头企业带动发展，龙头企业为托管服务提供物资、技术、贮藏、加工、运输、销售等方面的支持。目前，有很多龙头企业与联合社合作共同为农户提供托管服务。河南省豫丰农产品有限公司按照"龙头企业＋联合社＋农户"的模式提供土地托管服务，截止到2016年底，公司已拥有小麦、玉米收割机80多台（套），共托管土地20万亩。⑤

最后是家庭农场。家庭农场作为目前增长很快的新型种粮主体，越来越得到农口等部门重视。河南省提供托管服务的家庭农场越来越多，其经营种类包括种植业、农业服务业、畜牧业等，而从农场提供的经营内容看，以种植业经营为主的数量最多，这些不同类型的家庭农场正提供大量的土地托管服务。如社旗县盛康粮食家庭农场成立于2013年5月，截止到2015年，共托管农户土地5000余亩。⑥

---

① 河南省洛阳市供销合作社：《大力开展土地托管服务 打造农业全程服务体系》，2017年7月29日，http：//www.sohu.com/a/37958356_117792。

② 余正言、何报文：《调优结构：聚焦提质增效的现代农业》，载于《河南日报》2017年8月21日。

③ 范亚旭、张培奇：《"双创"助推焦作现代农业提质增效》，载于《农民日报》2016年8月9日。

④ 杨仕智、杨琴冬子：《喜耕田创出土地流转新模式》，载于《焦作日报》2009年6月10日。

⑤ 中原合作网：《省供销社土地托管工作取得新进展》，2017年7月29日，http：//www.hncoop.com/swdt/2016-12-16/14818723937571.html。

⑥ 徐浩、张林、张萌：《社旗：土地托管实现农业合作社和家庭农场多元化发展》，2017年7月30日，http：//henan.china.com.cn/latest/2015/1230/1269503.shtml。

②托管组织仍以专业合作社为主。由上述论述可以看出,截止到2016年底,河南省供销系统托管面积仅占全省托管总面积的3%,而专业合作社在2012年底的托管总面积就占全省托管总面积的83.2%,占2012年全省耕地面积的7%左右,而2012年全省托管组织托管的面积占全省耕地面积的比例仅为8%,可以看出专业合作社在托管组织当中占据了绝对优势,托管面积领先供销社等其他托管组织,供销系统等市场主体仍需继续发展托管服务。

(3)服务形式多样化,但以半托管服务为主。

①服务形式多样化。目前,河南省托管服务组织的服务形式呈现多样化特征,主要有以下几种服务形式。

一是全托管。"全托管"是指托管组织向农户收取一定托管费用,并为农户提供耕、种、管、收、售等一系列"产前""产中""产后"服务。如截止到2014年,博爱县喜耕田农机专业合作社为农户"全托管"土地1647亩,为农户提供了覆盖粮食生产、加工以及销售的"一条龙"式服务。

二是半托管。"半托管"是指农户将农业生产过程中某时段的个别劳务项目委托给托管组织,托管组织按时段收取相应报酬的托管服务形式。如濮阳县俊杰农资专业合作社将每项服务价格公开,且每项服务价格均低于市场价,每年都能为农户提供"半托管"服务1.2万亩。

劳务托管是从半托管服务中分化出来的一种新型托管方式。所谓"劳务托管",即农户将农业生产过程中的全部劳务项目委托给托管方,由托管方代农户对这些项目进行管理,农户则需要自己负责对种子、化肥等全部农资的花费。如截止到2014年,沁阳市康辉农机专业合作社在当地采用劳务托管服务模式,为当地农户托管土地1.2万亩。[①]

三是入股托管模式。所谓"入股托管",即农户以自身拥有的土地作为股份加入托管组织,由托管组织为其提供服务,农资、水电等费用由农户自身承担的一种托管服务形式。如商水县天华种植专业合作社于2016年底为周边农户提供"入股托管"3000亩,占全部托管组织形式的18.8%。[②]

[①] 以上三段的数据均来自:耿红山:《基于农民增收视角的河南土地托管经营模式探索》,载于《产业与科技论坛》2015年第4期,第66页。

[②] 刘天华:《土地托管促规模 稳粮增产出效益》,载于《中国农民合作社》2017年第1期,第32页。

②仍以半托管服务为主。目前，虽然河南省"全托管""半托管""入股托管"均有发展，但总体来看，"半托管"服务在所有托管服务形式中仍占据主要地位。以沈丘县为例，该县成立的三五农民专业合作社在2015年底为农户托管土地5200亩，其中全托管1270亩，半托管3440亩，入股式托管490亩，分别占托管总面积的24.4%、66.2%以及9.4%，半托管服务的面积占全部土地托管面积的近70%；再以遂平县为例，该县在2016年底为农户提供"全托管"服务3197公顷，"半托管"服务面积6500公顷，分别占托管总面积的32.8%和67.2%。河南其他地区的服务形式情况也大体类似，可见目前河南省的服务形式仍然是以"半托管"服务为主。

（4）技术水平不断提高，交易方式越来越现代灵活。

①技术水平不断提高。目前，河南省提供土地托管服务的组织可以提供全面且高端的技术服务。但在托管服务开展之初，组织的技术水平一般比较低，提供的基本都是简单的农资服务，也有一部分农机服务（如农机合作社提供的农机服务）。但随着托管服务的发展，越来越多的组织开始提供高端的技术服务，除了测土配方、智能配肥、粮食烘干、冷藏贮藏等服务外，还结合自身的区位优势，开展了建设水稻科技示范园、农用航空器植保以及建设实验室、配肥站等服务，服务的技术水平不断提高。以下为三个技术服务案例。

一是水稻科技示范园建设。范县农民专业合作社在成立之初，并没有广泛开展对水稻的托管服务，即便是对水稻提供托管服务的组织，其提供的服务也仅限于农资的买卖和农机的使用上，但随着土地托管服务的发展，范县农民专业合作社逐渐建设了水稻科技示范园，引进优良水稻品种，从育秧、插秧、追肥、灌溉、病虫草害防治到收割、加工，全部实现了机械化、标准化生产，大大提高了水稻品质。

二是农用航空器植保服务。南乐县鑫农种植专业合作社在成立之初，只能用较为简单的技术为农户提供比较低效的植保服务。随着土地托管服务的发展，鑫农种植专业合作社的技术水平不断提高，目前已投入农用航空器开展植保服务，农用航空器是鑫农种植专业合作社的新型服务技术，极大地提高了当地农业生产水平。

三是建设实验室、配肥站。邓州市众哈哈专业合作社在成立之初，只能提供简单的农资供应服务，种子等农资的供应还主要依靠从别处采购。随着土地托管服务的发展，合作社托管服务的技术水平不断提高。目前，合作社建有自己的实验室、配肥站，可以直接通过实验室培育优质种子，通过配肥站配置优质化肥。此外，合作社还长期聘请邓州市的农业专家做技术顾问，种子也可由邓州市种子企业提供。这就大大提高了托管服务的技术水平，提高了当地农业生产技术水平。

②交易方式越来越现代、灵活。河南省在开始提供土地托管服务的时候，和山东等全国大部分省份一样，都是采用传统的现金支付或口头协商等方式，而随着托管服务的发展以及"技术革命"在全世界的兴起，托管服务的交易方式越来越现代、灵活，现在已经有了网络借贷支付等先进交易方式。河南各市县立足实际，深层次探索如何利用"大数据"提升、改造自我，从各自优势产业出发，积极尝试网络配送、网络支付等形式，灵活运用微电商、自媒体等手段，走出了现代电商营销交易的路子。目前，河南有很多地区开展了"互联网+农业"服务交易方式，充分利用互联网，使交易方式越来越现代化。以洛阳市为例，当地的供销社以及专业合作社充分利用移动互联网大数据平台，为农户提供先进的托管交易服务，在为自身带来便利的同时，也为农户带来了方便。

例如，支付宝订单是目前比较流行的托管服务交易方式，支付宝订单简化的服务流程为托管农户带来了便利。服务后付款为农户节约了交易成本，缓解了农户的资金压力。以扶沟县为例，当地的合作社采用"京东白条"先消费、后付款的形式，为农户带来了巨大的便利；再以沁阳市为例，对于1000亩耕地的托管经营，如果按照以前的交易方式，需要农户一次性支付80万元（每亩800元），而现在农户只需预交10%托管费给合作社，即合作社只需预收8万元的服务费，就可为农户提供土地托管服务，① 在农村地区金融借贷服务尚不完善的背景下，这种付费方式在很大程度上缓解了农户的资金压力。

(5) 服务效益比较明显，利润来源多样化。

①服务效益比较明显。河南省提供土地托管服务取得了比较明显的成效，具体表现在以下几个方面。

一是增加了有效种植面积，有利于农业生产。河南省提供土地托管

---

① 杨涛、李小云、何振江：《我省土地托管的现状、存在问题与建议》，载于《河南日报》2013年11月18日。

服务，采用先进的管理模式和管理办法，极大地增加了土地托管服务的有效种植面积，节约了土地资源。南阳市通过大力开展土地托管服务，增加有效种植面积13%~15%；[1] 濮阳市供销合作社通过提供土地托管服务，增加当地有效种植面积10%。[2] 与此同时，托管农户通过组织提供的规模化连片种植、采用新品种等方式，农业生产条件得到了极大改善。

二是提高了作物产量。河南省提供土地托管服务，采用先进的规模化管理模式，集中连片对托管土地提供规模化服务，显著提高了托管作物的产量，使托管作物产量比不托管作物的产量至少提高了10%~15%。邓州市提供土地托管服务，每亩平均增产50公斤，最高能达62公斤；[3] 南阳市提供托管服务，增产粮食750~900公斤/公顷。[4]

三是降低了农资价格，降低了市场风险。河南省提供土地托管服务，显著降低了农资价格，为农户带来了实惠。2015年6月，濮阳市供销社系统大力开展土地托管服务，为农户亩均减少农资投入150元；[5] 南阳市通过开展土地托管服务，减少了大约12%的农资等生产成本投入。与此同时，托管农户通过托管组织提供的农资集中采购、产品统一销售等手段，增强了抵御市场风险的能力。

四是增加了农户收入，解决了农户"卖难"问题。河南省提供土地托管服务，每年可为农户带来巨大的粮食增收效益。濮阳市供销合作社通过提供托管服务，每年可使农户增收1100万元；周口市托管组织使农户粮食收益亩增加了220元；南阳市为农户提供土地托管服务，亩均增收可达300元。[6] 与此同时，通过规模化、品牌化运作，农产品市

---

[1] 许保疆、程红建、王强等：《农村土地托管模式的探索与研究》，载于《农学学报》2017年第3期，第93页。

[2][5] 李金超：《创新为农服务方式 开展土地托管服务 河南濮阳市供销合作社探索破解"谁来种地、地怎么种"难题》，载于《中国合作经济》2015年第7期，第44页。

[3] 党涤寰：《河南邓州探路"土地托管"经营》，载于《乡村科技》2013年第21期，第14页。

[4] 许保疆、程红建、王强等：《农村土地托管模式的探索与研究》，载于《农学学报》2017年第3期，第93页。

[6] 以上数据来自：(1) 李金超：《创新为农服务方式 开展土地托管服务 河南濮阳市供销合作社探索破解"谁来种地、地怎么种难题"》，载于《中国合作经济》2015年第7期，第44页；(2) 李贵银：《借鉴农村经验推进农垦土地规模化经营》，载于《中国农垦》2016年第4期，第16页；(3) 孙亚兵：《发展土地托管 保障粮食生产——河南南阳土地托管的调查与思考》，载于《决策探索（下半月）》2016年第12期，第23页。

场认可度得到快速提升，农户进一步借助"互联网+"等先进技术，拓展了销售渠道，实现了农产品"卖全球"，解决了农户"卖难"问题。

②利润来源多样化。托管组织的利润来源虽然在各个地区均有所不同，但总体来说可以概括为以下四种。

一是获取规模化生产效益。托管组织通过土地集中连片托管，重新平整了土地，通过废除原先小块耕地的田垄沟渠和小型老旧农业生产附属设施，极大地方便了大型农业机械作业，由于采用集约化经营模式和现代农业生产管理技术，农业生产效率大大提高，并极大地降低了农业生产成本。

二是收取服务费用。托管组织通过提供大量的农业机械化服务，拓宽了在植保、统防统治等领域的服务，并通过这些服务收取农户费用。如沁阳市康辉农机专业合作社土地托管面积1.2万亩，每亩托管费达400元，每亩纯利润达40元，每年纯利润近50万元。

三是获取超额产量。托管组织通过与农户达成协议，规定托管要求达到的最低产量，最低产量归农户所有，如果托管耕地亩产不足，不足部分由托管方负责补齐（按市场价折合），超产部分归托管方所有或双方按事先达成的协议进行分成。如唐河县地保姆农机专业合作社与农户达成托管协议，保证农户小麦亩产达到450公斤，超过500公斤的部分农户与合作社按照1∶1的比例进行分成。

四是赚取购销差价。一方面，托管组织与当地农资企业合作，通过统购统销等方式，以出厂价大规模购买农资，然后以低于市场价但高于出厂价的价格销售给农户，从而赚取农资差价。如沁阳市惠民农机专业合作社通过农资集中采购每亩可赚取利润35元。另一方面，托管组织以高于最低收购价的价格从农户手中收购粮食后，依靠其粮食储量大、议价能力强的优势再适当加价出售给粮食加工企业，进一步赚取粮食差价。[①]

(6) 组织方式由单一走向联合。河南省最早开始提供土地托管服务的时候，各托管组织基本都是独自运营，但是近几年托管组织已经逐步由分散走向联合。

一是托管组织之间的联合。土地托管服务开展之初，不论是供销系

---

① 上述三段数据均来自：杨涛、李小云、何振江：《我省土地托管的现状、存在问题与建议》，载于《河南日报》2013年11月18日。

统还是专业合作社系统,基本都是自己单独运作,独自提供托管服务。但近年来,河南有些地方形成了专业合作社与供销社、服务企业等组织联合服务的形式。以方城县为例,该县赵河镇土地托管服务中心将本地种植专业合作社、农机专业合作社、龙头企业以及家庭农场联合起来,共建成种植与农机两大专业合作社联合社。凡入社土地一律可以享受"全托管服务",联合社为农户提供统一耕种、统一管理以及统一收割等服务。通过托管组织之间的联合,农资成本可降低10%以上。

二是托管组织与其他组织部门的联合。目前,河南全省都在积极推进土地托管服务,托管组织与农口行政部门、村委会、科技服务站以及种粮大户等进行合作,依托自身优势,共同为托管服务提供支持。封丘县亲耕田种植合作社通过与当地28个科技服务站、村委会、种粮大户以及专业合作社开展合作,2013年底共为农户托管2万亩耕地,并提高农机耕种效率55%,使农户亩均增收300~400元。[①]

2. 河南土地托管发展需要解决的难题

(1) 服务规模虽有扩大,但增长缓慢。虽然河南目前提供的土地托管服务规模有一定扩大,但增长速度比较缓慢。2012年,河南全省共托管耕地1000万亩,至2016年仅为1496万亩,4年时间增长率仅为49.6%,而山东省仅供销社系统就能达到每半年近30%的增长率,河南省与山东省相比增长速度较为缓慢,需要加快托管服务的发展速度。

河南省土地托管之所以增长速度不快,主要是因为政府以及托管组织对"土地托管"的宣传力度不够。虽然政府为土地托管服务提供支持,但依然有很多农户不了解土地托管的优势所在,再加上河南外出务工人员较多,留在村中的绝大部分都是老人,接受新鲜事物的能力相对较差,所以对托管服务不了解,不想将土地托管出去。这需要政府以及托管组织进一步加强宣传,鼓励村中老人将土地托管给托管组织。

(2) 服务主体相对单一,供销社等服务组织的力量有待加强。目前,河南省提供土地托管服务的组织主要是专业合作社系统(尤其是农机专业合作社),供销社等服务组织的托管面积仍然较少。截止到2016年底,全省供销系统托管面积仅占全省托管总面积的3%,而专业合作

[①] 蔡慧敏:《土地托管:新型农业经营方式的探索与启示——以亲耕田种植合作社为例》,载于《经济研究导刊》2014年第7期,第36~37页。

社在 2012 年底的托管总面积就占全省托管总面积的 83.2%，占 2012 年全省耕地面积的 7%，而 2012 年全省托管面积也仅占耕地面积的 8%，可以看出专业合作社在托管供给主体当中占据了绝对优势，托管的面积远远超过供销社等其他托管组织，供销系统等市场主体仍需要继续发展托管服务。这需要供销系统等组织加强联合，政府进一步加强支持。供销社可以学习山东省的经验，成立一些为农服务中心，与农业龙头企业以及农口行政部门合作，共同为农户提供土地托管服务。

（3）服务作物类型虽有扩展，但水稻作业托管面积依然较小。河南省目前提供托管服务的作物类型多样，基本能为所有粮食类大田作物、非粮食类大田作物以及经济作物提供托管服务，但目前提供托管的作物类型仍然是以小麦和玉米为主，对于水稻的作业托管面积依然较小，这和山东省面临的情况类似。平均来说，小麦和玉米的托管比率（托管作物面积占作物种植面积比例）均为 20% 左右，而水稻的托管比率仅为 10% 左右。虽然目前河南有很多地区（主要是豫南地区）都在建设水稻实验基地，广泛开展水稻集中育秧，大力推广水稻托管服务，但水稻作业托管面积依然较小。这主要是因为与小麦和玉米相比，水稻的品种更多且培育更加复杂。但水稻是豫南地区主要的粮食作物，托管组织需要加快步伐开展面向水稻作物的土地托管服务。

（4）为分散农户提供土地托管服务仍有困难。目前，河南省土地托管服务对象既有普通种粮农户，也有新型种粮主体，但为普通分散农户提供服务仍有一定困难。这主要是以下两个方面的原因造成的：一方面，河南外出务工人员较多，分散农户中有很多留守老人，他们接受新鲜事物的能力较差，对政府及托管组织开展的"土地托管服务"不了解，不放心将土地托管给托管组织，这需要托管服务的供给主体（主要是农机专业合作社等）加强宣传，建设农机托管示范田，提高农户对土地托管的认知水平；另一方面，分散农户一般土地较少且地块分散，托管组织对这些分散地块不便进行大规模机械化作业，这需要托管组织提高托管土地的精细化管理水平，可专门订购适合小地块作业的农机，让分散农户也能体验到托管服务带来的便利。

3.1.3　黑龙江土地托管发展情况

黑龙江是我国第一产粮大省，2015 年，黑龙江省粮食产量达

6323.96万吨。黑龙江省作为我国最大的粮食生产基地，区别于其他地区的最大特点就是大农业——人均耕地面积是全国人均耕地面积的7倍，且拥有数量较大的高水平国有现代化农场。黑龙江土地托管服务开展较早，国内普遍的土地托管服务大概出现于2008年以后，而黑龙江2006年就开始提供土地托管服务。当时，已为全省27个县与67个农场合作提供土地托管服务，60多万公顷耕地实现了大规模机械化作业。截止到2016年底，全省共托管耕地3957.6万亩，占全省耕地面积的16.6%。①

如前文所述，山东省提供土地托管服务以供销系统为主导，河南省则是农机专业合作社占主要份额，但黑龙江省不同于山东、河南。在黑龙江，除了专业合作社在土地托管服务方面发挥重要作用外，农垦局在土地托管服务中也发挥着重要作用，它们负责联系托管组织，促进它们的联合合作，尤其是国有农场提供的托管服务是黑龙江省的一大特色。

1. 黑龙江土地托管发展特征

（1）托管规模不断扩大，服务内容不断扩展且服务作物种类增多。

①托管规模不断扩大。托管规模的扩大主要体现在托管面积上。如拜泉县巨龙农业生产专业合作社于2008年为当地农户提供土地托管服务，当年底就为农户托管耕地1709亩，至2010年，托管耕地达8500亩，2年时间增长近4倍，增长速度较快；美来众联集团是全国最先大力推广"土地托管服务"的企业，其在宝清县创立的分公司美来宝清有限公司于2014年底为宝清县农户提供托管服务，当年底托管耕地500亩，到2015年底，托管面积达1.52万亩，一年时间增长近30倍，增长速度非常快。②

②服务内容不断扩展。托管供给主体提供的服务内容越来越全面。以前主要提供简单的农资服务与农机服务，而发展至今，大规模的机械

---

① 以上资料来自：(1) 杨视：《黑龙江土地托管打破行政壁垒》，载于《黑龙江经济报》2006年9月1日；(2) 程郁、陈春良、王宾等：《农村产权制度改革与经营方式创新——多案例比较的视角》，2017年7月1日所作报告。

② (1) 强锐：《齐齐哈尔拜泉县农业合作社助农走上致富路》，2017年7月20日，http://www.ce.cn/cysc/agriculture/ncjj/201004/21/t20100421_20370586.shtml；(2) 陈颐：《秋收时节看土地托管如何挖掘多赢价值》，2017年9月30日，http://www.sohu.com/a/194391106_120702。

化以及劳务服务越来越多。具体来说主要涵盖以下几个方面：农业机械的配套和全程服务；提供的农业技术及管理的解决方案；农资产品的培育、选择、鉴定、采购、运输及使用；农业生产的过程管理、监控的调整；农产品的集中种植、收割、烘干、贮藏及销售；订单农业和农产品与市场的对接等。

以美来众联集团为例，该企业依托的全程机械化服务是土地托管服务的核心切入点，该企业以机械化取代繁重的人力劳动，连片种植大田作物，再通过农资投入、农产品销售等，大大扩展了服务领域。

③服务作物种类增多。黑龙江以前主要从事简单大田粮食作物的托管经营，如春小麦、玉米等，但近几年，随着技术水平的提高及政府扶持力度的加大，黑龙江开始托管一些复杂的大田粮食作物（水稻），并托管了一部分经济作物的种植。如美来宝清公司在2017年上半年托管了3万亩玉米、2万亩经济作物以及3万亩水稻，[①] 占比分别为37.5%、25%和37.5%，托管组织开始托管更多作物。

（2）服务组织数量增加，组织类型多元化且国有农场是一大服务组织。

①服务组织数量增加。黑龙江省提供土地托管服务的组织数量不断增加。黑龙江提供土地托管服务的组织主要是专业合作社当中的农机合作社，2014年，黑龙江农机专业合作社数量达1161个，至2016年，农机合作社数量达到1359个，增长率达17%，[②] 这些农机合作社大部分都能为当地农户提供托管服务。再以拜泉县为例，2009年初，拜泉县提供托管服务的专业合作社数量为31家，至2009年底，组织数量达到88家，增长近2倍。[③]

②服务组织类型多元化，国有农场是一大服务组织。黑龙江提供土地托管服务的组织类型比山东省和河南省更加多元化，因为其托管组织中还包括国有农场。下面对黑龙江省提供托管服务的组织进行介绍。

一是国有农场。国有农场是黑龙江提供土地托管服务的一种重要组

---

① 陈颐：《"美来众联"挖掘土地托管双赢价值的探索》，载于《中国县域经济报》2017年10月19日。

② 乔金友、洪魁、郝雨萱等：《黑龙江省农机合作社存在问题及发展对策》，载于《农机化研究》2017年第11期，第252页。

③ 强锐：《齐齐哈尔拜泉县农业合作社助农走上致富路》，2017年7月30日，http://www.ce.cn/cysc/agriculture/ncjj/201004/21/t20100421_20370586.shtml。

织形式。黑龙江农场发展情况为全国之最，农场的托管情况亦为全国最好。黑龙江最早提供托管服务的组织便是国有农场，农场与当地农垦局合作，联合其他组织形式，共同为农户提供托管服务。早在2006年夏季，黑龙江就有27个县与当地67个国有农场合作，农场为这些地区的农户提供托管服务。

二是供销系统。黑龙江供销系统虽然在土地托管中也起到了一定的作用，但是与山东省相比，供销系统在黑龙江土地托管服务中并不占主要地位，托管规模较小。

三是专业合作社（主要是农机专业合作社）。黑龙江在提供土地托管方面占据主要地位的是专业合作社，农机专业合作社是专业合作社当中的大头儿，在专业合作社提供的托管服务中占据最大比重。黑龙江专业的农机合作社始建于2003年。[1] 黑龙江以合作社为载体，以农业机械化为动力，创新农业生产组织方式，通过提供土地托管服务，有效推进了农业产业化、规模化、标准化、信息化发展，提高了土地产出率、资源利用率以及劳动生产率，促进了技术水平的提高。至2011年，黑龙江组建现代农机专业合作社558个，覆盖1170个村，托管土地面积达5200万亩。[2]

四是托管企业。土地托管企业目前在黑龙江发展得如火如荼，并日益受到重视，目前，黑龙江成立了大量的土地托管企业，为农户提供土地托管服务。

五是家庭农场。除国有农场外，和山东及河南一样，黑龙江家庭农场在土地托管服务中也发挥着一定作用。得益于黑龙江人少地多的优势，家庭农场的规模一般比其他地区都要大，故提供服务的规模也比较可观。

（3）服务形式灵活多样，但以半托管为主。

①服务形式灵活多样。目前，黑龙江提供土地托管服务的形式越来越灵活，从"全托管"与"半托管"中分化出了其他托管类型：全托管中分化出了"收益型托管"和"服务型托管"；"半托管"中分化出

---

[1] 乔金友、洪魁、郝雨萱等：《黑龙江省农机合作社存在问题及发展对策》，载于《农机化研究》2017年第11期，第251页。

[2] 陈建华：《农业规模经营的新模式——土地托管合作社》，载于《农村金融研究》2012年第10期，第30页。

了"劳务托管"与"菜单托管"。此外，还有土地入股模式。下面对这四种形式进行详细介绍。

一是收益型托管。收益型托管是指农户与托管组织签订托管服务合同后，农户将土地托管给托管组织，由托管组织负责提供土地从种到收的全程服务，包括种子以及化肥等农资服务，最后由托管双方按照收成进行分红。

二是服务型托管。服务型托管是指农户与托管组织签订服务合同后，托管组织为农户提供全程种植服务，保证粮食产量达到农户要求的规定产量，达不到产量的部分由托管组织进行补贴（按当年市场价格进行核算），超出规定产量的部分由托管组织所有，但农户需为托管组织提供种子、化肥、农药等全部农资服务。

三是劳务托管。黑龙江提供的劳务托管服务与河南省类似，农户将农业生产过程中的全部劳务项目委托给托管组织，由托管组织代为管理这些项目，但农户需要负责全部的农资投入。

四是菜单托管。菜单托管是指农户将农业生产过程中的某几个劳务项目委托给托管组织，由托管组织代农户管理这些项目，托管组织再按这些劳务项目获得相应的报酬。

②以半托管为主。虽然黑龙江"全托管""半托管"服务均有一定开展，且均取得了良好成效，但总体来说，和山东及河南一样，目前，黑龙江提供托管的服务形式仍然以"半托管"为主。

(4) 组织方式由单一走向联合，政府扶持加强。

①组织方式由单一走向联合。过去黑龙江省提供土地托管服务的时候，各组织之间基本没有什么联系，比如大规模的农场与小规模的农户之间不相往来，托管组织也只是独自发展。但随着托管服务的发展，托管组织意识到了这一情况，组织之间开始进行联合，主要体现为两种形式。

一是托管组织之间的联合。土地托管服务开展之初，不论是国营农场还是专业合作社，基本都是自己独立运作，独自提供服务。但近年来，黑龙江有些地方形成了专业合作社与供销社、服务企业等组织联合服务的形式。如美来众联企业与大连生威玉米集团联合成立"美生农业技术服务公司"，专门负责提供土地托管服务，并回收托管生产的粮食等。

二是托管组织与其他组织部门的联合。目前，黑龙江全省都在积极推进土地托管服务，托管组织与农口行政部门、村委会等组织进行合作，依托各自优势，共同为土地托管服务保驾护航。以嫩江县为例，驻扎本地的农垦九三分局与国营农场进行联合共建，农垦局可以提供先进的机械设备，农场也有着最高的现代化水平，两相结合所带来的规模效应更是明显，极大地提高了当地的土地托管水平。

②政府扶持加强。近年来，国家及地方政府对土地托管的扶持力度越来越大，主要体现在以下方面。

一是进一步加大对其他主体的扶持。黑龙江各级政府目前继续加大对种粮大户、专业合作社、土地托管企业、供销合作社、国营农场以及家庭农场等土地托管主体的扶持力度，在各级财政支农资金中安排一定比例，专门用于支持土地托管组织的发展。

二是创新土地托管金融产品。省政府积极探索土地托管合同抵押属性，不断完善相关的融资贷款机制，解决土地托管服务组织现金流不足的问题。

三是加强政策研究。政府针对黑龙江土地托管的特点，制定了现代生产要素进入农业托管服务领域的相关政策，积极引导先进的农业技术、农业人才、农业要素、农业信息等更多、更好、更快地投入农业生产各环节。

四是统筹部门资源。目前，政府正在统筹各方力量集中推进土地托管规模化服务，统筹各部门的资源，利用它们各自的优势，助推土地托管服务快速发展。

（5）服务效益明显。黑龙江开展土地托管服务，取得了一定成效，具体表现在以下几个方面。

一是让农村外出务工人员能更加放心地务工，减少了土地撂荒现象。截止到2012年上半年，望奎县灯塔乡有超过100户农民及外出务工者与托管组织签订了"托管合同"，面积达2000亩。"田保姆"现身农村，使外出务工农民实现了打工、种地双增收，土地托管服务使农村外出务工人员可以更加放心地外出务工，减少了耕地撂荒现象。

二是节约了劳动力。托管组织通过提供规模化服务，节约了大量劳动力。克山县采取"土地入股"模式，大大节约了劳动力资源。原来没有提供托管服务时，小户经营5万亩土地总共需要4000多个劳动力，农户将土地入股以后，合作社为农户托管经营 5 万亩土地，只需 52 个新型职业农民，减少了 3000 多个劳动力，大大节约了劳动力资源。

三是带来了粮食亩产的增加。哈尔滨供销社相关负责人表示，土地托管服务的开展使供销社经营的粮食作物每亩可增产 30%，同时，土地托管服务的产品从种植到销售形成了完整的产业链，有助于保障粮食质量安全。克山县通过土地入股模式提供托管服务，2014 年底托管服务合作社的玉米亩产达 1500 斤，比不托管地块高 160 斤/亩，为克山县增加粮食产量 45.3 万斤。

四是增加了农户收益，为农户带来了节支增效。有关资料显示，2014 年秋收以来，哈尔滨参与土地托管的入社农户每亩耕地收入 1530 元，比入社前每亩增收 640 元；五大连池市华滨土地托管合作社通过土地托管规模化经营，节本增效效果显著，实现节本 30 元/亩，增效 66 元/亩，托管地块总体实现节本增效 14.45 万元[①]。

下面通过两个典型案例进行说明。

一是宝清美来有限公司提供的托管服务情况，其服务效益情况如表 3-7 所示。宝清美来提供托管服务的成本为 546 元/亩，不托管成本为 576 元/亩，托管服务节约成本 30 元/亩；托管后平均每公顷产量可达 6500 斤，而不托管每公顷产量只有 5500 斤，托管服务增加产量 1000 斤/公顷。可见，宝清美来公司为农户降低了成本价格且提高了单位面积产量。

表 3-7　　　　　　　宝清美来大豆托管成效表

	成本（元/亩）	产量（斤/公顷）
托管	546	6500
不托管	576	5500

资料来源：陈熙：《秋收时节看土地托管如何挖掘多赢价值》，2017 年 9 月 25 日，http://www.ce.cn/cysc/sp/201709/25/t20170925_26287628.shtml。

---

① 以上数据案例来自：(1) 望奎县农业局：《望奎县灯塔乡悄然流行"土地托管合同"》，2017 年 8 月 15 日，http://www.hljagri.gov.cn/nydt/nydtsn/201206/t20120612_462295.htm；(2) 李贵银：《借鉴农村经验推进农垦土地规模化经营》，载于《中国农垦》2016 年第 4 期，第 17 页；(3)《哈尔滨：8780 亩土地实现供销社托管》，2017 年 8 月 25 日，http://dongbei.chinadevelopment.com.cn/dfgh/2014/10/729743.shtml；(4) 靳荣君：《记五市华滨土地托管合作社》，2017 年 8 月 30 日，http://heihe.dbw.cn/system/2008/07/08/051364176.shtml。

二是国营农场的情况。国营农场是黑龙江提供土地托管服务的一大组织。早在2006年,黑龙江有27个县与67个农场合作,一年下来,为农民节省成本2800万元,增产增收6500万元,农场也能增收1000多万元的作业费。嫩江县的国营农场是全国最早提供托管服务的,2006年,嫩江县国营农场与当地政府联合,为当地苇芦泡村提供托管服务,每公顷的种地成本比没有托管的农户低60元左右,产量提高300~400斤。[①]

2. 黑龙江土地托管有待进一步推广

(1) 服务规模有待增大。目前,黑龙江托管的作物类型不断扩展,但与山东等土地托管服务开展较好的地区相比仍然有一定差距,服务规模有待进一步增大。2016年底,全省提供土地托管的耕地面积为3957.6万亩,占全省耕地总面积的16.6%,而山东省在2015年的托管面积就占全省耕地总面积的20%以上;再以依兰县为例,2016年上半年,依兰全县托管土地面积为11万亩,仅占全县耕地总面积的4%左右,[②] 而早在2015年秋季,山东汶上县仅供销系统就托管了全县30%以上的耕地。由此可见,黑龙江省提供土地托管服务的规模有待进一步增大。这需要国营农场以及专业合作社等组织进一步提高土地托管服务的规模化水平,提高服务能力,让农户能更放心地把土地托管给托管组织,进一步扩大服务规模。

(2) 服务作物类型有待扩展,尤其是对于经济作物的托管仍然不多。黑龙江托管的作物类型不断扩展,但总体来说仍然以小麦、玉米等大田粮食作物为主,对经济作物托管的比率还不是很高。这主要是因为经济作物不方便规模化管理、经济作物的培育种植等一系列环节比较复杂,且农户对于将经济作物托管给组织存在很多顾虑。所以,托管组织应加强对经济作物的托管服务水平,让农户更加放心地将作物托管给组织。

(3) 为分散农户提供托管服务仍存在一定困难。黑龙江提供土地

[①] 中央电视台报道:《土地托管助推黑龙江农业现代化》,载于《哈尔滨日报》2006年8月26日。

[②] 潘宏宇、白云峰:《依兰"一减四增"全力调结构》,载于《黑龙江日报》2016年6月8日。

托管服务的组织主要服务对象为普通种粮农户以及新型种粮主体，为分散农户提供托管服务仍面临一定的困难。一方面，这是因为分散农户渠道比较闭塞，信息不畅通，且黑龙江人均耕地面积较大，分散农户之间相隔较远，相互之间信息交流也不畅通，对新兴服务不了解，不懂何为"土地托管"，因而不放心将土地托管给托管组织。这需要托管服务组织（尤其是国营农场）加大宣传力度，进一步普及"土地托管"相关信息，让农户了解托管带来的实惠。另一方面，这是因为分散农户的土地较为分散，造成托管组织规模化管理困难，托管组织一般为托管土地提供大规模机械化服务，而分散地块不便进行大规模耕地整地作业。这需要托管组织进一步提高对分散土地的服务水平，尤其是国营农场要重视分散地块的管理作业，逐渐服务更多分散农户。

3.2　不同组织形式土地托管发展实践

从全国范围来看，提供土地托管服务的组织主要有供销合作社（供销合作社领办创办的为农服务中心）、农民专业合作社（主要是土地托管合作社和农机合作社）、土地托管企业（公司）、家庭农场等形式。由于情况不同，各地提供土地托管服务的主要组织形式也不同。如山东省土地托管组织以供销系统为主体，河南省以专业合作社为主，黑龙江省则是依靠农垦局协调国有农场和专业合作社开展服务。本书分别就供销合作社、专业合作社、土地托管企业以及家庭农场等土地托管组织提供服务的情况进行了介绍，并在最后系统比较分析一下各组织类型的不同。

3.2.1　供销合作社土地托管服务情况

目前，全国已有28个省（自治区、直辖市）的供销系统开展土地托管服务，托管面积达1亿亩。[①] 如山东省供销社，截至2016年底，全省供销系统土地托管面积2107万亩，占全省耕地面积的18.5%；湖北

[①] 高敬：《全国供销系统土地托管服务面积达1亿亩》，2017年7月17日，http://news.xinhuanet.com/fortune/2017-01/19/c_1120346796.htm。

随县供销社截止到2015年上半年托管耕地10.7万亩;① 内蒙古土右旗供销社联合26个专业合作社,托管土地面积5万亩,其中全托管1万亩,半托管4万亩;② 湖南怀化供销社2016年托管土地达4万亩,受益农户2.5万余户。③ 目前,土地托管服务已成为全国供销社系统为农服务的一张名片。

2014年,全国供销合作社开展综合改革试点,山东是四个试点省份(山东、河北、浙江、广东)之一,山东供销社改革试点的一项重要内容就是开展土地托管服务。截止到2016年底,山东供销系统托管耕地面积占全国供销系统托管面积的21.1%,2017年5月,山东供销社土地托管服务的做法已作为可复制的经验在全国供销系统复制推广。因此,在谈到成功经验和主要做法方面,本书主要以山东供销社为例,研究全国供销系统开展土地托管服务的情况。

1. 供销系统服务规模增长显著,但地区发展不平衡

2011年,全国开始大范围开展土地托管服务,到2016年底,托管面积达1.76亿亩,几年内服务面积从无到占全国耕地的近10%,发展速度较快。全国土地托管服务的快速发展,离不开供销社系统的努力。2016年底,供销社系统托管面积达1亿亩,占同期全国托管面积(1.76亿亩)的56.8%,供销系统托管耕地占全国托管耕地的半壁江山,贡献很大,发展很快。但细观全国供销系统,不同省(自治区、直辖市)发展情况不同,2016年底仅山东一省的托管面积就占同期全国供销系统的21.1%,这也显示了全国供销系统土地托管服务的开展存在地区不平衡现象。

(1)服务规模增长显著。全国供销系统土地托管服务规模较大,业务推广速度较快,其中山东省供销系统是该项服务开展的试点省份,其做法正作为可复制的经验在全国供销系统推广。因此,此处仅以山东省为例进行介绍。

---

① 郭习松、刘学华、鲍亚忠等.《随县供销社成长记:从零起家到全国百强》,2017年9月30日,http://news.cnhubei.com/xw/hb/sz/201508/t3343930.shtml。

② 包头市土右旗助农农民专业合作社联合社:《创新服务助三农 搭建平台谋发展》,2017年9月30日,http://www.nmgcoop.org/ztzl/lsh65/wchyjdjl/jyjy/201705/ld_20425.html。

③ 湖南省供销社:《怀化市供销合作社探索土地托管新路子,构筑服务三农新高地》,2017年9月30日,http://www.zhuzhou.gov.cn/articles/628/2016-8/107762.html。

山东供销系统土地托管服务缘起汶上县,2010年9月供销基层社从收割项目开始开展土地托管,后逐渐发展到测土配方、智能配肥、代耕代种、田间管理、烘干储存等服务,托管面积不断增加,到2015年托管面积已占全县耕地面积的1/3。随着汶上土地托管服务开展的深入,全省供销系统纷纷前来取经,也逐渐开发出适合本地的托管模式。如表3-8所示,2010年全省供销系统托管面积仅有3万亩,2011年就增加至62万亩,随后两年仍以1倍以上的速度增加,2013年已增至530万亩,以后每一年均以50%以上的速度增长,到2016年已增至2107万亩,占山东耕地面积的21.1%,土地托管规模较大,发展速度较快。

表3-8　　　　山东供销社系统土地托管规模变化表

年份	托管面积（万亩）	增长速度	全托管面积（万亩）	半托管面积（万亩）
2010	3	—	—	—
2011	62	19.7倍	2	60
2012	260	3.2倍	8	252
2013	530	104%	51	479
2014	826	56%	132	694
2015	1360	65%	151	1209
2016	2107	55%	256	1851

资料来源：山东省供销合作社联合社调研资料；关于供销合作社推进农村一二三产业融合发展报告。

(2) 地区间发展不平衡。从全国情况来看,2016年全国供销系统土地托管面积1亿亩,其中山东供销社系统(托管2107万亩)就占到21.1%,各省区市之间发展存在严重不平衡。再如,山东供销社系统托管的耕地已覆盖全省耕地(1.14亿亩)的18.5%,而很多省份土地托管服务面积还不足全省耕地面积的10%,如甘肃省。从全国来看,地区之间发展存在严重不平衡。

从山东情况来看,土地托管服务发展较早的汶上县和发展较快的高密市，供销系统提供的土地托管服务面积均已占到当地耕地面积的 1/3 以上，而全省供销系统的平均水平为托管面积占全省耕地面积的 1/5，由此不难看出，还有很多县（区、市）的托管比例是低于 20% 的。

2. 组织形式以为农服务中心为主

以山东省供销社系统为例，2010 年汶上县供销社开展土地托管服务时，其服务的组织形式主要是供销社领办的专业合作社，其服务较分散，整合不足，当时服务面积也相对较小，全省供销系统托管的面积仅有 3 万亩。2013 年 9 月，汶上县成立了山东供销系统首个为农服务中心，服务能力大大增强，当年全省供销系统耕地托管面积达 530 万亩。随后全省各地供销社纷纷学习这一经验做法，截止到 2017 年上半年，山东省已建成为农服务中心 855 处，服务能力大大增强，服务面积也增至 2107 万亩。

（1）为农服务中心组织架构与投资比例体现了为农服务、为农所有。为农服务中心是以农业服务企业（依托县农资企业等社有企业组建而成）为依托，联合乡镇农民合作社联合社，引导农民自愿出资入股参与建设运营，并完成相关注册登记的公司制经济组织（独立法人），其组织架构如图 3-1 所示，总体上是"农业服务企业 + 乡镇农民合作社联合社 + 农民专业合作社 + 社员"的结构。其中，农业服务企业是依托县农资企业等社有企业组建而成，其投资比例低于整个为农服务中心投资总数的 30%。乡镇农民合作社联合社是本区域内各类合作社的联合社，其在为农服务中心的持股比例高于 70%。农民专业合作社可以是本区域内的农机专业合作社、植保专业合作社、种植专业合作社、土地托管专业合作社等，各类农民专业合作社在乡镇农民合作社联合社中的持股比例高于 80%，即在为农服务中心的持股比例高于 56%。为保证资金流动，政府扶持资金可按比例以股权形式量化给农户，也可部分作为股权进入县农业服务企业，但各自的持股比例基本符合上述比例要求，使为农服务中心真正做到了农民出资、农民参与、农民受益。

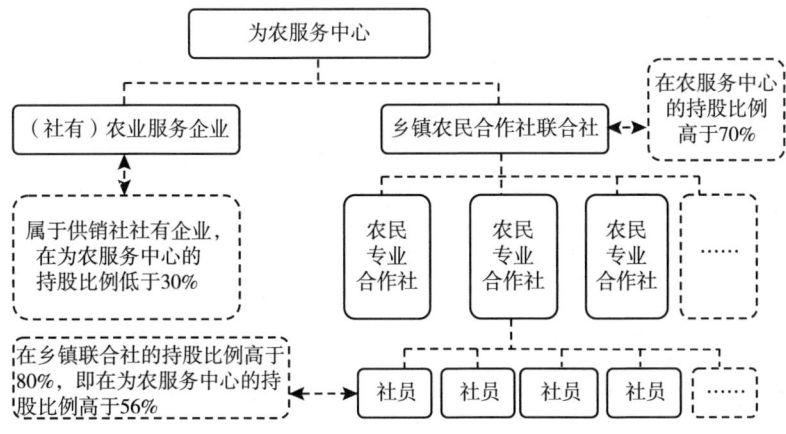

图 3-1　为农服务中心组织架构与出资比例

（2）为农服务中心服务功能设置全面、服务范围合理。在服务功能设置上，为农服务中心成立之初，就有明确的功能定位，业务开展全面。为农服务中心重点开展测土配方与智能配肥、统防统治、农机作业、烘干贮藏及冷藏加工、庄稼医院、农民培训等6项服务，同时设立农口部门服务窗口，提供"一站式"公益性服务。省社投资并开通了"96621服务找供销"热线，并与省农科院联合开发了为农服务中心科技信息云平台，综合运用物联网、互联网、远程视频等信息化技术手段提升服务水平，实现了"让科技多跑路、让农民少跑腿"。在服务范围上，按照最佳效益规模，平原地区以大田作物托管为主的为农服务中心一般占地20亩左右，服务半径3公里，辐射面积3万~5万亩，形成了"3公里土地托管服务圈"；山区以林果等经济作物托管为主的为农服务中心，以山体自然形成的小流域为基本单元，服务半径约6公里，辐射面积约10万亩，大致形成了土地托管服务圈。

（3）为农服务中心组织数量不断增加且服务能力不断提高。一是组织数量不断增加。2013年，山东省供销系统开始筹建为农服务中心，同年9月第一家为农服务中心在汶上县成立。如表3-9所示，2015年上半年，全省供销系统共成立389家为农服务中心，随后以较快速度增加，2015年、2016年底分别增加至503家、810家，每年新增300家左右。截止到2017年上半年，全省共成立为农服务中心855家，平均每个县（区、市）有6个为农服务中心，平均每两个乡镇就有 1 家为农服务中心。[①]

表 3-9　　　　　　　山东省为农服务中心组织数量

时间	为农服务中心数量（家）
2015 年上半年	389
2015 年底	503
2016 年底	810
2017 年上半年	855

资料来源：山东省供销合作社联合社调研资料。

二是服务能力不断提高。随着为农服务中心的不断成立，土地托管服务能力也不断增强。截至 2017 年上半年，为农服务中心已配备测土配方设备 677 台（套）、智能配肥设备 532 台（套）、植保飞机 510 架、烘干机 230 组、粮仓库容 136 万吨，累计购置各类大中型农机 9800 台（套），整合社会农机 5 万余台（套），为农服务能力不断增强。[②]

3. 服务对象多元化且数量不断增加

（1）服务对象多元化。土地托管服务对象既有普通种粮农户又有新型种粮主体，以分散农户为主，还是以种粮大户、家庭农场、农业企业为主，依赖各地实际情况有所不同。如上海、江浙地区，土地流转程度较高，分散农户种粮比重较低，大部分耕地由新型种粮主体经营，这类地区土地托管服务的对象基本是新型种粮主体，而且新型种粮主体本身具有天然的优势——规模较大，交易成本、服务成本低。而甘肃、宁夏等西北部地区，由于土地流转程度低，新型种粮主体很少，近 90% 的粮食仍由单个农户种植，服务对象自然以单个农户为主。

山东省土地托管服务对象是谁？虽然山东省土地流转比例低于全国平均水平（35%，2016 年），但由于耕地面积较大，且有多个传统产粮

---

　① 山东省有 140 个县级单位（其中市辖区 49，市 31，县 60），1931 个乡镇级单位（其中街道办事处 460，乡 277，镇 1194）。
　② 山东省供销合作社联合社：《创新农业社会化服务开展土地托管服务》，2017 年 11 月 10 日，http://gxs.heyuan.gov.cn/portal/issue_view.jsp?ITUPID=3&ITID=40043&ICID=44009。

大县，新型种粮主体的绝对量并不少。因此，省供销社系统提供土地托管服务之初，为降低交易成本和服务成本，服务的对象主要是种粮大户、家庭农场、农业企业等新型种粮主体。但现在服务对象逐渐向分散经营农户延伸。针对分散农户的服务，重点面向劳动力转移70%以上的村庄，其中全托管面向劳动力转移80%以上的村庄。为解决农户分散（交易成本高）、地不连片（服务成本高）的问题，一般土地托管组织会与村"两委"合作，由其组织有服务需求的农户，以互换、转包等形式实现同类农作物的连片种植，或由村"两委"规定连片农户统一服务时间，由供销社提供托管服务。

（2）服务主体数量增多。随着服务对象类型的丰富，服务主体数量也不断增加。以山东省供销社系统为例，如表3-10所示，2015年初，为农服务中心服务新型经营主体2.68万个，受惠农户200万户；到2016年底，服务新型经营主体的数量增加至4.55万个，增加了近2万个，受惠农户也增加了1倍多，达400多万户。两年内，供销系统所服务的新型经营主体增加明显，而分散农户则更有后发优势，服务对象增加了1倍有余。

表3-10　　　　　　　为农服务中心服务主体数量表

时间	服务新型经营主体数量（万个）	受惠农户数量（万户）
2015年初	2.68	200
2016年底	4.55	400

资料来源：山东省供销合作社联合社调研资料。

4. 服务形式不断细化、服务作物逐渐扩展

（1）服务形式不断细化，但以半托管为主。在实践中主要形成了两种托管服务方式：一是全托管，又称"保姆式"托管，主要是为农户提供所有生产经营环节服务。一般情况下，委托与受托双方签订服务协议，事先确定种植作物及产量、服务项目、托管费用等信息。全托管对农业节支增收提效作用明显，但需要服务组织具备较强的服务实力和整合农资、农机、农技等各类生产要素的能力，要求服务对象有非粮就业机会和较高的非粮收入。二是半托管，又称"菜单式托管"，主要是

为农户提供耕、种、管、收等某个或某些生产经营环节的服务,按实际作业项目结算服务费用。目前,半托管逐渐细化为单环节托管、多环节托管、关键环节综合托管。半托管相对灵活,也是目前较为普遍的托管服务方式。以山东省供销系统为例,如表3-11所示,90%左右的服务形式为半托管,10%左右为全托管(只有2014年达到16%),且主要面对农业企业以及外出务工80%以上的村庄,虽然部分分散农户也有全托管服务的需求,但由于分散农户耕地连片种植存在一定困难,并不能满足所有农户的需求。

表3-11　　　　　　山东供销社系统土地托管规模与形式

年份	托管面积（万亩）	全托管面积（万亩）	所占比例（%）	半托管面积（万亩）	所占比例（%）
2010	3	—	—	—	—
2011	62	2	3	60	97
2012	260	8	3	252	97
2013	530	51	10	479	90
2014	826	132	16	694	84
2015	1360	151	11	1209	89
2016	2107	256	12	1851	88

资料来源:山东省供销合作社联合社调研资料;关于供销合作社推进农村一二三产业融合发展报告。

(2)服务作物不断扩展,仍以粮食作物为主。土地托管服务是从可以发挥规模优势、便于机械化耕作的大田粮食作物开始提供的,随着托管经验的丰富与科技支撑条件的改善,各地依据自己的种植结构,不断扩大土地托管服务的作物种类,逐渐出现了从粮食作物向经济作物延伸的局面。

以山东省供销社为例,其服务最初只针对小麦、玉米等耕作相对简单的粮食作物,但随着托管服务的发展,部分供销社开始为耕作相对复杂的水稻提供托管服务,并逐渐扩展到适合大田种植的经济作物。截止到2016年9月底,全省供销系统托管面积达2056万亩,其中小麦(玉米)1392万亩、水稻40万亩、棉花53万亩、花生114万亩、瓜菜124

万亩、果品 254 万亩，其他类型作物 79 万亩。①

5. 供销系统服务协同机制完善

土地托管服务的发展并非土地托管组织的个人之力，要更快、更好地推广土地托管服务，需要良好的协同机制。供销社作为完整的 5 级系统，在各级资源整合方面具有天然的组织优势；同时，供销社作为全国为农服务系统，经常与其他涉农部门合作，因此也便于部门之间协同。作为全国土地托管服务试点的山东供销系统，在这一方面做得非常成功，故本书重点介绍山东供销社土地托管服务协同机制建设的做法与经验。

(1) 纵向整合各级供销合作社为农服务资源。以"3 控、3×6、+1"纵向整合各级供销合作社为农服务资源。"3 控"即省（市）社控股社有龙头企业、县级社控股农业服务企业、乡镇农民合作社联合社控股为农服务中心，以此保证"为农、务农、姓农"。"3×6"即按照功能互补、上下贯通、协调联动的原则，省（市）龙头企业、县级农业服务企业、为农服务中心分别承担 6 项服务职能，上级供销社主要解决下级供销社干不了、干不好、干起来不经济的事情，优化再造服务流程，聚合系统整体优势，构建起综合性、规模化、可持续的为农服务体系。"+1"即为涉农部门搭建服务平台。

(2) 横向聚合各方资源，形成为农服务合力。以"社农结合、社社合作、社村共建"为抓手，横向聚合各方资源。

一是加强与涉农部门的合作。省社分别与省农业厅、财政厅、国土厅等部门联合下发农业社会化服务发展、为农服务中心建设等相关文件；与省科技厅、农科院等单位签订农业科技成果转化战略合作协议；国土部门将为农服务中心建设用地纳入"十三五"土地规划，给予新增建设用地指标重点支持。2014 年以来，省财政扶持近 600 个为农服务中心建设，每个安排资金 50 万 ~ 100 万元，菏泽、高密等市、县级政府也对为农服务中心建设给予专项资金补贴。

二是加强与农民专业合作社等农业经营主体的合作。加强与龙头企业、农民专业合作社、家庭农场、专业大户等新型农业经营主体的合

---

① 山东省供销合作社联合社：《山东省供销合作社综合改革试点工作资料汇编：经验篇》，2016 年，第 68 ~ 69 页。

作，推进基地共建、品牌共创、利益共享，并通过组织和服务农民合作社等新型农业经营主体，使农村优秀人才、农业生产机械设备等社会资源迅速向以供销合作社为主导的为农服务体系集中，提升开展农业全程社会化服务的能力和水平。

三是加强社村合作。深入实施"党建带社建、社村共建"创新工程，以土地托管为切入点，以领办创办农民专业合作社为基本路径，以服务型党组织建设为抓手，与村"两委"共建农民合作社、综合服务社，促进村集体和农民"双增收"，促进供销合作社基层组织向村居、经营服务向田间地头"双覆盖"，形成强村固基、富民兴社的长效机制。

6. 供销系统服务效益明显

（1）农业增产节支提效。如前所述，土地托管服务可节省种粮成本、提高粮食产量、提升种粮效益。以山东供销系统为例，截至2016年底，全省供销系统土地托管面积已达2107万亩，占全省耕地面积的1/5。通过土地托管，集中耕地连片作业，可增加有效种植面积10%以上，粮食作物每亩增产10%~20%；统防统治可降低农药使用量20%，测土配方智能配肥可每亩减少化肥使用量15%~20%，"水肥一体化"可节水30%~40%、节肥30%~50%，加之低于当地市场10%左右的价格，种粮农资投入可大大降低；小麦、玉米烘干可每斤可增加0.1元左右的效益。[①]

（2）服务组织利润来源稳定、多样，分配合理。一是收入来源稳定多样。供销社提供土地托管服务的利润来源主要有农资购销差价、农业作业服务费、庄稼医院收入、粮食烘干、仓储服务费、粮食加工费等。农资购销差价包括直供直销的农资购销差价，还包括通过测土配方、智能配肥等技术销售农资赚取的服务费及差价，这是供销社系统提供土地托管服务的主要收入来源之一。农业作业服务费包括耕种收等各类农机作业服务费，还包括浇水、统防统治等各项田间管理作业费，这是土地托管组织最主要的收入来源。庄稼医院收入是提供该服务的为农服务中心的一项主要收入来源，目前提供该服务的其他

---

① 山东省供销合作社：《创新农业社会化服务 开展土地托管服务》，2017年10月10日，http://xxgk.yn.gov.cn/Z_M_014/Info_Detail.aspx?DocumentKeyID=6806CF93FD3945BD8BC3881E62288992。

托管组织数量较少。粮食烘干、仓储及冷藏加工收入也是供销系统提供土地托管服务的主要收入来源之一，此类服务由于投入资金较大，要求服务组织的服务能力较强，并不是每个服务组织都能提供该类服务。粮食购销差价，对于代收粮食的服务组织，尤其是与龙头企业签订订单的托管组织，也是其利润来源的重要组成部分。总体来看，农资购销差价及各类作业服务费是供销系统土地托管服务的主要利润来源，庄稼医院收入、粮食烘干仓储及冷藏加工等收入所占比例相对较少。

二是利润分配合理。以供销系统领办的为农服务中心为例，为农服务中心执行严格的投资比例，供销社控股的农业服务企业投资比例要低于30%，乡镇农民专业合作社联合社投资比例占为农服务中心的70%以上，其中乡镇农民专业合作社联合社中社员（农户）投资（或折价）所占比重应高于80%。供销社控股的农业服务企业、乡镇专业合作社联合社、专业合作社、社员等服务主体的利润分配也严格按照投资比例执行，充分体现"姓农、为农、富农"的本质。

（3）农户和村集体收入增加。农户把地交由供销合作社托管，只支付服务费，托管后成本降低、收益提高，每亩粮食作物可节支增效400~800元，经济作物每亩可达千元以上，其中70%以上的收益归农户所有，农民还能获得合作社分红收益和进城打工收入。通过村社共建，村集体能够获得部分托管服务收入，并通过发展农民合作社、建设服务中心取得经营性收入。目前，山东全省共建村已达16087个，共建项目24547个，为村集体和农户分别增收4.76亿元和26亿元。①

7. 典型案例

郓城县张营镇供销合作社是山东省提供土地托管服务的典型，张营供销社于2010年开始为农户提供托管服务，截止到2016年底，张营供销社土地托管面积达到5万亩，覆盖郓城县8个乡镇11个片区，成为集耕作、种植、管理、收割、烘干、销售为一体的土地托管综合服务中心。②

---

① 山东省供销合作社联合社：《创新农业社会化服务　开展土地托管服务》，2017年11月1日，http：//gxs. heyuan. gov. cn/portal/issue_view.jsp? ITUPID = 3&ITID = 40043&ICID = 44009。

② 该案例数据来自2016年底的调研数据。

（1）供销社基本情况。供销社现有干部职工96人，固定资产680万元，下设锦绣千村植保公司、众邦农业发展公司，并创办了鑫丰粮食种植专业合作社、众邦农机专业合作社。购置农业机械140万元，其中大型农机24台（套），并吸收社会大型农机12台（套）；拥有1万吨的测土化验、智能配方终端一体机1套，并拥有粮食烘干塔2座，日烘干能力250吨，粮食仓库3座，总容量4600吨。同时，供销社配备无人植保飞机6架，还建成200平方米的农技培训中心，与农口部门、农研院所合作，为农民提供农技培训服务。

（2）供销社服务规模稳步扩大。2014年上半年，张营供销社托管农户耕地1.5万亩，占全镇耕地面积的18.7%，占全县耕地面积的1%。至2016年底，供销社土地托管面积达5万亩，占全镇耕地面积的62.3%，占全县耕地面积的3%。服务面积在两年半的时间里增长了两倍多，托管全镇耕地面积占比增加了43.6%，占全县耕地面积的比例增加了2%，可见张营供销社的服务规模正稳步扩大。

（3）组织规模化程度较高。张营供销社的组织规模化程度主要体现在以下两个方面：一是领办创办的为农服务中心规模较大。为农服务中心是整个山东省供销系统提供土地托管服务的主要组织形式，作为供销系统的代表，张营供销社也不例外，为农服务中心在托管服务中占据了较大比重，其规模也较大。张营供销社为农服务中心的投资额度大约为500万元，其占地面积为20亩，服务半径为3公里，能服务3万~5万亩托管耕地。二是供销系统领办创办了大量的专业合作社和企业，共同提供托管服务。目前，张营供销社已经组建了鑫丰粮食种植专业合作社和众邦农机专业合作社，领办了锦绣千村植保公司和众邦农业发展公司等，这些组织的创办进一步提高了供销社的组织规模化程度，提高了张营供销社的组织规模化水平。

（4）托管服务的形式单一，仅提供半托管服务。目前，张营供销社提供的土地托管服务形式单一，只提供"半托管"服务。具体来说是对2个以上部分环节提供托管服务，如代耕代种、浇水施肥、病虫草害防治、粮食烘干、加工销售、贮藏运输等，这是张营供销社提供托管服务的唯一形式。截止到2016年底，张营供销社提供全部半托管服务5万亩。

（5）服务作物种类比较丰富，但仍以大田粮食作物为主。张营供销社除对传统的大田粮食类作物（主要是小麦和玉米）提供托管服务外，还对非粮食类大田作物提供土地托管服务，如在部分地区可以对棉花提供托管服务。除此之外，张营供销社积极开展对经济作物的托管服务，目前，部分地区可以提供对山药、花生等作物的托管，服务作物的种类比较丰富。但总体来说，大田粮食作物（小麦和玉米）仍然在托管作物中占据绝对优势，占比高达90%以上。

（6）服务内容多样化，利润来源多样化。张营供销社能为农户提供多样化服务，获得多样化的利润，以下主要介绍五种比较典型的服务。

①测土配方与智能配肥。目前，张营供销社配备有能提供1万吨测土配方服务的机械1套，并拥有智能配肥终端一体机1套，供销社利用这些机械为当地农户提供测土配方和智能配肥服务。根据测土配方机的化验结果，智能配肥机针对相应的作物品种、土壤类型、目标产量及土地面积，通过精准配置营养成分，可以有效降低化肥投入量。供销社为农户提供测土配方、智能配肥服务，收取一定的设备服务费，同时通过提供优质的农资，获得农资差价，赚取利润。

②农机作业服务。张营供销社领办创办了众邦农机合作社，投资140万元购置农业机械，其中大型农机24台（套），并广泛吸收社会大型农机12台（套），为托管农户提供旋耕深耕、秸秆还田、播种施肥、灌溉植保以及收割运输等全过程农业机械化服务，大大提高了生产效率。供销社为农户提供大量的农机作业服务，还可在农忙时节将农机租赁给农户，收取农机服务费。

③烘干存储。张营供销社目前拥有粮食烘干塔2座，日烘干能力达250吨。并建有粮食仓库3座，总容量4600吨。供销社能为农户提供粮食烘干和粮食存储服务，为农户解决了晾晒以及存粮等难题。供销社在提供这些服务时会收取服务费。

④统防统治。张营供销社共配备有无人植保飞机6架，并采用飞机统一喷洒作业为农户提供统防统治服务，节省了防治病虫害的成本。供销社为农户提供病虫害防治服务时，会向农户收取作业费用。

⑤技能培训。张营供销社建有200平方米的农技培训中心，并与当地的科研院所以及农口等行政部门合作，为农户提供农技培训服务。同时，供销社还开展信用互助合作业务，有效缓解了成员资金需求问题。

供销社通过为农户提供培训服务可以获得额外的利润。

（7）托管效益明显。张营供销社提供土地托管服务取得了显著的成效，以玉米种植为例，其成效主要表现在以下四个方面。①

一是降低了农资价格。课题组调研资料显示，供销社提供的农资价格比农户自己购买的价格便宜。如表3-12所示，供销社提供的种子价格投入合计比农户自己购买低22.6元/亩，化肥价格投入合计比农户自己购买低41.6元/亩，农药价格投入合计比农户自己购买低5元/亩。

表3-12　供销社提供服务与农户自己购买的农资投入对比表

项目		供销社服务	农户自己购买	节本（元/亩）
种子投入	裸种（元/斤）	10	16	—
	用量（斤）	3.5	3.6	—
	投入合计（元）	35	57.6	22.6
化肥投入	底肥用量（斤）	80	80	—
	单价（元/斤）	1.25	1.56	—
	追肥用量（斤）	0	30	—
	单价（元/斤）	—	0.56	—
	投入合计（元）	100	141.6	41.6
农药投入	除草剂（元）	15	17	—
	杀虫剂（元）	10	10	—
	叶面肥（元）	7	10	—
	投入合计（元）	32	37	5

资料来源：根据调研数据整理。

二是降低了中间作业环节的服务费用。调研资料显示，供销社提供的中间环节的作业服务价格比农户自己种植价格要低。如表3-13所示，供销社提供种肥同播服务比农户自己种植低5元/亩，提供收割服务比农户自己种植低10元/亩，提供灌溉服务比农户自己种植低15元/亩。

---

① 种植作物以玉米为例，数据为2016年底的调研数据。

表 3-13　供销社提供服务与农户自己种植的作业服务费对比表　单位：元/亩

	秸秆粉碎	种肥同播	收割	灌溉
供销社服务	30	30	70	35
农户自己种植	30	35	80	50
节本增效	0	5	10	15

资料来源：根据调研数据整理。

三是降低了物耗与劳务的成本费用。如表 3-14 所示，供销社提供的物耗与服务费比农户自己种植低 99.2 元/亩。由于机械化种植使用人工较少，人工投入方面供销社种植每亩玉米人工投入成本比农户自己种植人工折价投入成本减少了 120 元。总成本降低 219.2 元/亩。

表 3-14　　　　　物耗与劳务成本节支增效表　　　　单位：元/亩

	物耗与服务费	劳动	地租	总成本
供销社服务	332	120	0	452
农户自己种植	431.2	240	0	671.2
节本增效	99.2	120	0	219.2

资料来源：根据调研数据整理。

四是提高了单位面积产量并为农户带来了增值收益。如表 3-15 所示，供销社提供托管服务，亩产比农户自己种植提高了 120 斤，价格提高了 0.1 元/斤，收入提高 231.6 元/亩。

表 3-15　　　　　　玉米产量与增值收益表

项目	供销社	农户自己种植
产量（斤/亩）	1320	1200
价格（元/斤）	0.93	0.83
收入（元/亩）	1227.6	996

资料来源：根据调研数据整理。

3.2.2 专业合作社土地托管服务情况

截止到 2016 年底,我国土地托管面积达 1.76 亿亩,其中供销系统托管的面积为 1 亿亩,占全国土地托管面积的一半以上。而土地托管服务开展之初,主要是以专业合作社的形式开展服务。如 2008 年初黑龙江省拜泉县巨龙农业生产专业合作社成立,并开展土地托管服务,当年入托耕地 1709 亩。2008 年 4 月,河北省鹿泉市联民土地托管专业合作社成立,当年秋季已托管 8 个乡镇 37 个村的 43000 多亩耕地。[①] 2009 年 3 月成立的吉林省田丰机械种植专业合作社从 2008 年开始也积极探索土地托管经营模式,到 2011 年托管耕地 7500 余亩。[②] 河南省宝丰县金牛种植专业合作社(成立于 2009 年 9 月)从 2009 年小麦秋播开始,为农户托管耕地。[③] 2009 年 12 月,山东首家通过工商部门注册的土地托管合作社——嘉祥县鸿运富民土地托管专业合作社成立,截止到 2016 年秋播,托管规模达到万亩以上。2010 年,安徽省淮南市凤台县杨村乡依托沿淝糯米专业合作社成立土地托管中心,按照"十统一"为农户提供托管服务。[④] 专业合作社是除供销社系统以外提供土地托管服务的第二大组织形式。本小节将重点研究专业合作社提供土地托管服务的情况。

提供托管服务的专业合作社主要有农机类专业合作社、种植类专业合作社、植保类专业合作社和土地托管专业合作社等。各类合作社的服务内容、服务形式、服务规模均有不同,其中农机专业合作社服务面积最大、土地托管专业合作社服务内容最全。

---

① (1)安琪、李天浩、李梦:《河北省鹿泉市土地托管现状调查与分析》,载于《中共石家庄市委党校学报》2009 年第 12 期,第 41~44 页;(2)赵真、詹长根、周玮:《河北省鹿泉市土地托管模式的探讨》,载于《国土资源科技管理》2010 年第 5 期,第 44~49 页;(3)刘伟建、李杰:《4 万亩耕地"联起来"——河北鹿泉市联民土地托管专业合作社见闻》,载于《农民日报》2008 年 12 月 9 日。

② 张雯丽:《土地托管模式是规模化经营的新途径》,载于《农民日报》2012 年 6 月 9 日。

③ 张霄鹏、闫顺安、张丹:《宝丰县金牛种植专业合作社实施"土地托管"成效及前景综述》,载于《安徽农学通报》2011 年第 24 期,第 21~22 页。

④ (1)国研中心课题组:《创新农业经营方式的有益探索——安徽省凤台县农村土地托管调查》,2013 年 4 月 14 日所作报告;(2)刘银昌、高梅:《从"要我订单"到"我要订单"的嬗变——凤台县杨村乡实行土地托管纪实》,载于《淮南日报》2012 年 6 月 11 日。

1. 提供服务的专业合作社数量与托管服务面积显著增加

（1）提供托管服务的专业合作社数量不断增加。

①从专业合作社数量来看。专业合作社作为提供土地托管服务较早的组织类型和服务规模第二大组织形式，其数量在不断增加。截至2016年10月底，全国依法登记的农民合作社174.9万家，入社农户占全国农户总数的43.5%。[①] 大多数合作社以为农户提供社会化服务为主，其中实行产加销一体化服务的占一半以上，以生产服务为主的占1/3。专业合作社规模庞大，得益于发展速度较快。以山东省为例，2005年农民专业合作社有2.1万家，2012年增至7万家，2013年这一数量达到9.9万家，比2005年增加了7.8万家，[②] 这些蓬勃发展的专业合作社，其中很多都提供土地托管服务。

②从专业合作社的类型来看。提供土地托管服务的专业合作社主要有农机类专业合作社、种植类专业合作社、植保类专业合作社和土地托管专业合作社等。其中，农机类专业合作社是从事土地托管服务最早、服务规模最大的合作社。如表3-16所示，全国农机专业合作社已由2007年的4435家增至2015年的54000家，年均增加6196家。这些农机合作社为当地农户与农场提供了大量的托管服务，为广大农户带来了实惠。

表3-16　　　　2007~2015年农机专业合作社发展情况

年份	数量（家）	累计服务面积（亿亩）	农机具（万台）	经营总收入（亿元）	社均收入（万元）	田间作业收入（亿元）	修理服务收入（亿元）
2007	4435	1.17	—	—	—	—	—
2008	8266	1.78	—	56.5	79	—	—
2009	14902	3	—	—	—	—	—
2010	21760	5.59	125.5	202.7	93	177.1	6.9

---

① 王丽玮：《全国农民合作社达174.9万家覆盖四成农户》，2017年9月30日，http://news.china.com.cn/live/2016-11/25/content_37393292.htm。

② 陈曦：《山东省新型农业社会化服务体系现状、问题与对策研究》，山东大学2015年。

续表

年份	数量（家）	累计服务面积（亿亩）	农机具（万台）	经营总收入（亿元）	社均收入（万元）	田间作业收入（亿元）	修理服务收入（亿元）
2014	49600	—	309	614	125	414	76
2015	54000	7.12	317	814	151	431	80

资料来源：https://www.nongjitong.com/news/2015/378465.html.

（2）托管总面积不断扩大。在托管组织数量不断增加的背景下，专业合作社托管的耕地总面积也越来越多。如表3-16所示，全国农机专业合作社的农机服务面积由2007年1.17亿亩增至2015年的7.12亿亩，其中很大一部分服务形式为土地托管服务。高密市农机专业合作社在2016年托管25万多亩耕地，至2017年上半年，托管面积达30万亩；[①] 鄄城县刘桥农机服务合作社在2014年初托管周围170多亩耕地，至2014年上半年，农机合作社已托管900多亩耕地；[②] 滕州兴盛粮食种植服务专业合作社在2010年2月托管耕地78亩，至2011年，托管面积达338亩，截止到2012年，托管面积更是达到566亩，两年多时间增加了488亩。[③] 专业合作社托管规模正在不断扩大。

2. 专业合作社组织形式较成熟

经过十多年的发展，农民专业合作社已发展为一种比较成熟的组织形式，其组织架构、管理方式、分配方式等运营机制均比较完善。下面将介绍提供土地托管服务的专业合作社的运营机制，主要包括组织架构、管理方式、利润来源、分配方式等。

（1）组织架构与管理方式。目前，专业合作社的形式有很多种，主要有植保合作社、农资合作社以及农机专业合作社等，而这些专业合作社的组织架构基本相同，只是业务部门的设置略有不同。图3-2是

[①] 高密台、孙建国：《高密："农机'田保姆'走俏乡村 大田托管面积达30万亩"》，2017年10月3日，http://www.sohu.com/a/156942875_115512。

[②] 念雁：《山东鄄城刘桥农机合作社托管土地900余亩》，2017年10月4日，http://www.nyjx.cn/news/2015/7/15/20157158322096157.shtml。

[③] 徐颖：《兴盛专业合作社探索"土地托管"新模式》，载于《农机科技推广》2013年第1期，第31~32页。

邹平县全泉农机专业合作社的组织架构。

```
                    成员大会
                       ↓
              理事会 ← 监事会
         ┌──────┬──────┬──────┐
       综合部  农场部  业务部  财务部
                   ┌────┼────┐
                农场作业队 社员作业队 社会作业队
```

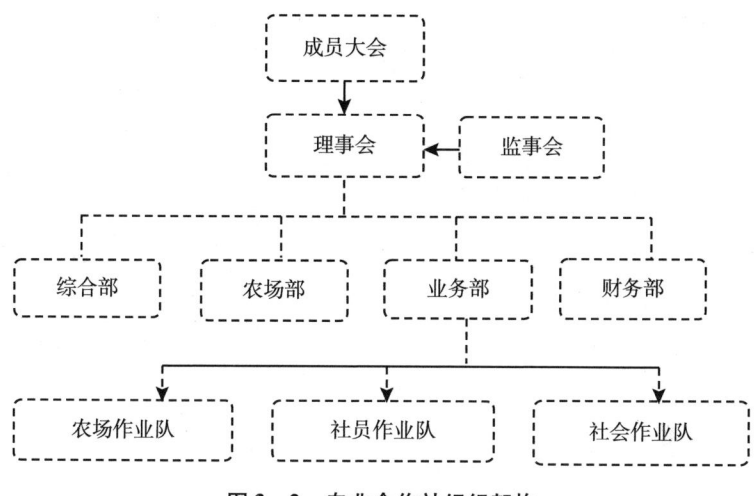

图 3-2 专业合作社组织架构

如图 3-2 所示，全泉农机合作社最高权力机构为成员大会，成员大会下设理事会，为合作社的执行机构，王允泉为理事长，总体负责合作社大小事务。同时，合作社设有监事会，对理事会及理事长进行监督，并对成员大会负责。合作社下设四个部门，即综合部、农场部、业务部、财务部。其中，业务部下设三个作业队，包括社员作业队、社会作业队以及农场作业队，分别负责合作社内部社员的耕地作业、社会分散农户的半托管作业服务以及农业企业的全托管作业服务，分工明确。

其他提供土地托管业务的合作社，组织架构与之大同小异。成员大会、理事会（理事长）、监事会等部门设置齐全，各自职能均明确一致。不同之处可能是理事会下设的部门有差异，有的可能是按业务类型划分（如机耕队、统防统治队、收割队等），有的是按照服务对象划分，如全泉农机专业合作社就是按照服务对象划分。

（2）组织形式由单一走向联合。服务开展之初，各合作社通常"单打独斗"。但随着土地托管服务的发展，合作社逐渐意识到独自开展服务的弊端：独自开展土地托管服务，不利于规模效益的提高，合作社之间如果只是竞争关系，则很难和当地供销系统相竞争。现在的专业合作社开始大量进行联合，联合后的专业合作社联合社，农机数量增多、种类增加、服务能力提高，开展土地托管服务的内容也逐渐丰富，服务规模自然增加。

除同类合作社的联合外，不同类型的专业合作社也进行了大量的"强强联合"，比如农机合作社可以"带机"入社，农资合作社可以"带资"入社，植保合作社可以"带技"入社等，土地托管的服务内容越发全面，不单可以提供半托管服务，还可以提供涵盖所有环节的全托管服务，服务能力显著增强，服务对象越发广泛。

3. 专业合作社服务内容开始向两头延伸且服务形式以半托管为主

（1）服务内容开始向两头延伸。土地托管服务开展之初，提供该服务的合作社通常是农机专业合作社，因此提供的服务内容也通常是代耕、代种、代收等机械类服务；随后，部分植保专业合作社才开始参与土地托管服务，但其服务内容也多为统防统治、庄稼医院等植保类服务。期间，种植类合作社和农资类合作社也加入了该行业，前者主要从事农资统购、田间技术指导、产后销售等服务，后者主要从事农资供应与施用、庄稼医院等服务。只有专门从事该业务的土地托管专业合作社提供的服务比较齐全。因此，从提供土地托管服务的合作社类型与核心业务来看，专业合作社提供的托管服务的内容主要集中在产中环节的耕种收服务和统防统治业务。随着土地托管专业合作社数量的增多以及农机专业合作社农业机械类型日益齐全，专业合作社提供的土地托管服务除了产中环节的服务，也开始向产前的农资供应及与之配套的打药服务延伸、向产后的烘干销售等服务扩展。

（2）服务形式以半托管为主。一方面，从专业合作社的服务能力来看，多数合作社仅能提供半托管服务。从提供土地托管服务的合作社类型和主营业务来看，除专门的土地托管专业合作社有能力（机械+人员）提供全托管业务外，大部分的专业合作社往往只能提供某几项服务。如农机专业合作社往往仅提供农机类托管服务，植保类合作社往往提供统防统治、庄稼医院等植保类托管服务。因此，这类专业合作社往往仅能提供半托管服务。另一方面，从种粮者的需求来看，多数种粮者也仅需要半托管服务。我国种粮主体包括普通种粮农户和新型种粮主体，前者又可细分为以粮为主的普通农户和以粮为辅的普通农户，后者主要包括种粮大户、家庭农场、农业企业。其中以粮食收入为主的普通农户为增加种粮净收益，一般会尽量减少种粮投入，通常尽可能自己从事打药、浇水等田间作业，所以通常只需要半托管服务。种粮大户和家庭农场大部分配有农机（可能不全）且也以粮食经营为主，也会严格地控制成本，多数仅需要半托管服务。以粮为辅的普通农户若家庭成员还可以从事部分田间管理作业，通常也仅需要半托管服务，若家庭成员不愿或不能从事田间管理作业，才可能需要全托管服务。目前，需要全托管服务的种粮主体除了这一部分普通种粮农户外，还有部分自建生产基地、不愿自己种植的农业企业，这类种粮主体目前在我国所占比重较低。综上所述，以粮为主的普通农户、种粮大户、家庭农场绝大部分需要半托管服务；以粮为辅的普通农户大部分需要半托管服务，小部分需要全托管服务；自建生产基地的农业企业对全托管服务的需求相对强烈。

4. 专业合作社托管效益较明显

（1）专业合作社利润来源多样、分配方式合理。专业合作社的业务一般由对内服务和对外服务两大项构成，前者即对内部社员服务，不收取任何费用，后者则是对合作社以外的生产主体提供有偿的托管服务。对应这两项业务，专业合作社便有两大项收入：一项是内部社员生产所产生的收入；另一项是对外提供托管服务所带来的收入。本书主要考察后者。

①专业合作社利润来源多样。提供土地托管服务的专业合作社的利润来源包括农资购销差价（一般不提供测土配方和智能配肥服务）、农业作业服务费（包括耕种收、浇水、统防统治等作业）、粮食烘干储存费、粮食购销差价或加工收益等。其中，农业作业服务费、农资购销差价、粮食购销差价是其主要收入来源。这主要是因为相对于供销系统领办的为农服务中心，大部分专业合作社的服务能力相对较弱，山东供销系统平均不到2个为农服务中心就配有一套烘干机组（50万元以上投资），而只有比较大型的、资金充盈的合作社才有能力配置烘干设备。同时，不同类型的合作社因提供的主营业务不同，其主要收入来源也不同。如农机合作社主要收入来源为耕种收等农机类作业服务费；植保合作社主要收入来源为统防统治服务作业费及农资购销差价；粮食种植合作社则主要以生产中的技术服务费和产后粮食销售差价为主要收入。

②专业合作社利润分配方式合理。一是专业合作社内部的利益分

配。专业合作社对外提供服务，获取的利润通常由成员大会确定盈余的留存或分配比例，留存下来的盈余一般用于购置新的农业设备或用于下期合作社正常运转，确定用于分配的盈余则依据社员的股份按股分配。二是成立联合社后，专业合作社之间的利益分配。合作社联合后，其收益分配均是按照折价入股（社）的比例进行，"出机械""出资""出技"多的可以多分到利润，出得少的少分到利润，既增强了服务能力，又极大地调动了合作社为农服务的积极性。

（2）托管对象节本增收效益明显。专业合作社为种粮主体提供土地托管服务，可以从两个方面增加种粮主体的效益：一是种粮效益提升；二是非粮收入增加。

①种粮效益提升。如水稻种植，农户自己种植一般采用人工育秧、插秧，种子、农药、化肥等农资通常就近在农资营销店购买，大部分农户也采用机械收割，但收割机多为市场单个农机手提供服务，如此农户自己种植一亩水稻的总投入大概为860元（如山东莒南县，见表3-17）。而如果由合作社提供托管服务进行种植，由于农资统一供应，农资价格更低，且先进的种植技术所使用的农资数量也较少，仅农资投入成本（种子、农药、化肥）就要比农户自己种植减少80元；由于托管以后，农机作业效率更高，作业服务费相对较低，每亩水稻托管作业服务费比农户自己种植时可以节省170元，合计每亩水稻种植可以节省投入250元。同时，由于科学化、标准化种植，水稻产量比农户粗放种植时高100斤/亩，且统一销售既减少了环节又统一了品种，每斤水稻价格高出0.05元，水稻每亩收益增加165元。投入减少、收益增加，一增一降间，土地托管服务带来了种粮收益的提高，水稻亩均收益可以增加415元。

表3-17　　莒南县恒兴农机专业合作社水稻种植效益对比

	农户自己种植一亩水稻	土地托管规模种植一亩水稻
种子（元）	50	40
育秧（元）	80	60
耕地（元）	80	60
插秧（元）	160	50
化肥（元）	300	250

续表

	农户自己种植一亩水稻	土地托管规模种植一亩水稻
农药（元）	100	80
机械收获（元）	90	70
总投入（元）	860	610
亩产（斤）	1000	1100
每斤水稻价格（元）	1.10	1.15
产值（元）	1100	1265
纯收入（元）	240	655

资料来源：山东省供销合作社调研数据。

②非粮收益增加。农户将耕地托管以后，可腾出更多的时间从事非粮产业，如务工、经商等，这将为农户带来更多的非粮收入。如果一个家庭男性、女性劳动力均就近务工，按照男性每天150元、女性80元的务工收入粗略计算，每亩水稻一季种植用工按4个工①估算，若农户托管，就可以减少务工费用，或增加务工收益460元。若原来负责水稻种植的劳动力没有务工，土地托管以后找到务工机会，这时该家庭增加的就不仅仅是4个工时的收益，而是更多的务工收益。

综上所述，专业合作社提供的土地托管服务可以从粮食收入和非粮收益两个方面提高农户的经济效益。

5. 典型案例

嘉祥县鸿运富民土地托管专业合作社是专业合作社中提供土地托管服务的典型。鸿运富民合作社于2009年开始为农户提供托管服务，逐渐发展为集耕作、种植、管理、收割、销售等服务一体化的大型土地托管专业合作社。

（1）基本情况。嘉祥县鸿运富民土地托管专业合作社是山东省提供托管服务的典型。该合作社成立于2009年底，截止到2014年，共计为农户托管耕地4万多亩，农户户均收入达1万多元，并拥有弥雾植保

---

① 农资购买、育秧、耕地合计1个工，人工插秧1个工，浇水、打药合计1个工，机械收割1个工，合计4个工。

机100多台（套），玉米播种机150台（套），小麦收割机16台（套），服务范围覆盖周边40多个村，共涉及3086家农户。[①]

（2）托管规模迅速扩大。鸿运富民土地托管专业合作社的托管规模迅速扩大，托管规模的扩大主要体现在以下两个方面：一是托管服务的面积迅速扩大。如表3－18所示，鸿运富民土地托管专业合作社成立于2009年底，当年为周边农户托管服务面积2000亩，至2010年初，服务面积增至3300亩，增长率为65%，之后每年均以较大幅度增长，2012年托管服务面积达到2010年的5倍多，2013年服务面积又比2012年增加了80%。二是服务农户数量迅速增加。如表3－19所示，鸿运富民土地托管专业合作社成立之初，服务农户数量只有200户，至2010年初，专业合作社服务农户数量就达到500户，增长了1.5倍；截止到2013年，合作社服务农户数量更是达到3086户，较2010年增长了5倍多，合作社服务农户数量增加迅速。

表3－18　　　　鸿运富民土地托管专业合作社服务规模

年份	托管服务面积（亩）	增长情况
2009	2000	—
2010	3300	65%
2012	20000	5倍
2013	36000	80%

资料来源：罗青：《"国家农民合作社示范市"系列报道二十七　土地托管背后的期待》，载于《中国农民合作社》，2014年第12期，第55~56页。

表3－19　　　鸿运富民土地托管专业合作社服务农户情况　　　　单位：户

年份	服务农户
2009	200
2010	500
2013	3086

资料来源：罗青：《"国家农民合作社示范市"系列报道二十七　土地托管背后的期待》，载于《中国农民合作社》，2014年第12期，第55~56页。

---

① 李登旺、王颖：《土地托管：农民专业合作社的经营方式创新及动因分析——以山东省嘉祥县为例》，载于《农村经济》2013年第8期，第38~39页。

（3）组织规模不断扩大。鸿运富民土地托管专业合作社自身的组织规模不断扩大，具体来说体现在以下两个方面：一是合作社入社成员数量不断扩大。如表3-20所示，合作社在2009年成立时入社成员只有7户农户，到2010年底，入社成员数量就达到236户，增长了30多倍；2013年，合作社入社成员数量为16000人，截止到2014年，合作社入社成员发展到30000多人，增长率高达87.5%。二是合作社的资产规模不断扩大。鸿运富民合作社在成立之初，拥有资产366万元，截止到2013年，合作社拥有资产1000万元，其中固定资产700万元，流动资产300万元，资产总量是成立之初的近2倍。[①]

表3-20　　　鸿运富民土地托管专业合作社入社成员情况　　　单位：户

年份	入社成员
2009	7
2010	236
2013	16000
2014	30000

资料来源：罗青：《"国家农民合作社示范市"系列报道二十七　土地托管背后的期待》，载于《中国农民合作社》2014年第12期，第55~56页。

（4）服务形式灵活多样，但以半托管服务为主。

①鸿运富民土地托管专业合作社为农户提供多样化的服务形式。具体来说主要有以下几种。

一是全托管。全托管主要针对不能或不愿意从事农业生产活动的农户展开，具体而言是指农户将自己的土地委托给专业合作社，合作社对农户土地实行全程管理服务。鸿运富民合作社针对农户特点，在全托管的基础上开展了"服务型全托"模式。"服务型全托"是指合作社向农户提供产前、产中、产后"一条龙"式服务，同时向农户收取一定费用，并向农户保证达到定额产量。

---

①　李登旺、王颖：《土地托管：农民专业合作社的经营方式创新及动因分析——以山东省嘉祥县为例》，载于《农村经济》2013年第8期，第38~39页。

二是半托管。半托管又称为"菜单式托管",该服务主要是针对劳动力不足等情况提供的,是指农户根据自身情况自主选择服务项目,主要包括统一供应农资、统一耕种、统一管理、统一浇水、统一收割、统一销售等。合作社根据市场价格收取一定费用,但其余收益全部归农户所有。

②服务形式仍以半托管服务为主。虽然鸿运富民土地托管专业合作社提供的服务形式较为多样,但总体来说,半托管服务仍占据绝对优势。2012年,合作社托管耕地2.7万亩(服务面积2万亩),其中全托管耕地0.87万亩,半托管耕地1.83万亩,分别占托管耕地总面积的32.2%和67.8%。

(5)服务内容多样,服务作物种类越来越丰富。

①专业合作社提供服务的内容多样,主要表现在以下几个方面。

一是统一购置农资。合作社与登海种业、祥丰种业开展合作,并与河南以及江苏的肥料企业达成协议,统一以出厂价购置种子、化肥、农药等农资产品,减少了中间环节,为农户带来了巨大的实惠。

二是统一管理耕地。合作社对托管田提供统一管理、统一浇水、统一收割、统一销售等服务,实行规模化管理。

三是提供大量农机服务。截止到2013年底,合作社拥有玉米播种机150台(套),小麦收割机16台(套),小麦、玉米联合收割机120多台(套),拖拉机12台(套),并拥有100台弥雾植保机,一台价值18万元的遥控无人机,合作社拥有的各类农业机械总值已达200多万元。合作社充分利用自身的农机资源,为入社农户提供相对优惠的大规模机械化耕地整地、播种收割、弥雾植保等服务,使买不起农机的农户用上了先进农机。[①]

②专业合作社托管作物种类越来越丰富。鸿运富民合作社在刚开始提供托管服务时,只能提供大田粮食类作物(小麦与玉米)的托管,但随着托管服务的发展,合作社逐渐能提供非粮食类大田作物的托管服务,比如2013年合作社开展了对棉花的预定业务托管服务。与此同时,合作社逐渐能提供经济作物的托管服务,比如2013年合作社对花生提

[①] 王存兴、张猛、王玉清等:《土地托管拓宽农民增收路》,载于《农村经营管理》2014年第2期,第37页。

供托管服务，丰富了作物的种类。

（6）托管成效突出。鸿运富民合作社提供土地托管服务，取得了显著成效，主要表现在以下几个方面。

一是提高了耕地的规模化与科学化水平。合作社成立的农机服务队能对托管耕地实行规模化、科学化管理，有效地提高了生产效率；此外，合作社还为入社社员提供免费培训，主要包括种植技术、机械使用等，从而提高了合作社的科学种植水平和农业生产效益。

二是降低了农资收购成本，保证了农资产品的质量。合作社与登海种业、祥丰种业开展合作，并与河南以及江苏的肥料企业达成协议，统一购买农资产品。合作社上联农资企业、下接托管农户，将分散资源集中起来，统一购买农资产品，提高了农户的市场地位和市场议价能力，一方面降低了农资的价格，另一方面也有效保证了农资质量。有关资料显示，合作社提供的农资价格与市场价格相比大约优惠20%。

三是促进了劳动力转移，为农户带来了额外收益。合作社通过托管服务为当地农户种粮，为农户节省了更多时间，让这些兼业农户可以更多地从事非农就业，实现了合作社对托管农户"离乡不丢地"的承诺。外出务工农户可以不用在农忙时节回乡务农，为农户带来了更多的务工收入。

四是改善了农田基础设施。鸿运富民合作社在发展过程中，十分重视农田基础设施建设。2011年合作社投资50余万元开挖了长达1万多米的地下排水道，铺建了1.6公里的沙石路，建设了19处桥涵，又打了10口机井，实现了"旱能浇，涝能排"，大大改善了农田基础设施。①

五是提高了农户单位面积产量。鸿运富民专业合作社提供托管服务，显著提高了作物产量。如表3-21所示，2010年，合作社托管地块亩产为1100斤，农户自己种植亩产仅为960斤，合作社托管为粮食提高亩产14.6%；2011年，合作社托管地块亩产1200斤，而农户自己种植亩产仅为1000斤，合作社托管提高粮食亩产20%。

---

① 贾广东、张伟民：《鸿运富民土地托管专业合作社运作情况分析》，载于《中国农民合作社》2013年第12期，第54~55页。

表 3-21　　　　鸿运富民土地托管专业合作社与
　　　　　　　　农户自己种植亩产比较　　　　　　单位：斤/亩

年份	农户自己种植	托管地块亩产
2010	960	1100
2011	1000	1200

资料来源：李登旺、王颖：《土地托管：农民专业合作社的经营方式创新及动因分析——以山东省嘉祥县为例》，载于《农村经济》2013年第8期，第37~41页。

3.2.3　土地托管企业服务情况

在供销系统以及专业合作社大力发展土地托管服务的同时，也有越来越多的企业将目光瞄向土地托管这一新兴的农业社会化服务形式，大量的企业或单独提供服务，或与其他组织（如专业合作社等）合作开展土地托管服务，实行"企业+合作社+农户"的托管方式。目前，虽然土地托管企业在土地托管服务当中并不占据主导地位，但是它们资金实力较强、发展潜力巨大。

1. 土地托管企业服务规模正在稳步扩大

托管企业的服务规模扩大体现在托管组织数量的增加和托管面积的变化上，下面将具体分析托管组织数量及托管面积，最后将介绍托管企业的发展阶段。

（1）组织数量不断增加。2009年前后，一些企业开始专门从事土地托管服务，如2008年9月陕西长丰现代农业托管有限公司成立，同年秋该公司便托管了1.61万亩耕地。随后，各地从事土地托管服务的企业数量越来越多，如2013年江西省从事土地托管服务的龙头企业只有773家，截止到2016年10月，全省从事托管服务的龙头企业数量就达到890家，较2013年增加了15.13%；[1] 再如安徽省宿州市，2016年该市从事土地托管服务的企业有516家，与上年相比新增195家，增

---

[1] 余艳锋、彭柳林：《江西省耕地集中连片规模经营难题破解的对策思考》，载于《农业经济与管理》2017年第3期，第13页。

长率为61%，① 托管企业数量增长较快。

（2）服务面积不断扩大。在托管组织数量增加的同时，托管企业托管的耕地面积也不断扩大。河北保定富农有限公司在2014年5月20日成立，当年托管近3000亩玉米田，并托管了3万亩小麦田，2015年小麦托管面积达5万亩，2016年底小麦托管面积增至10万亩。② 再如四川南充市合力农资公司与仪陇县辉煌农资公司（共同提供服务）在2016年共托管耕地5113亩，其中全托管2277亩，半托管2836亩，而公司计划到2020年，托管总面积达到5万亩，其中全托管1万亩，半托管4万亩；③ 陕西榆林市横山县通远综合服务公司于2014年3月为农户托管耕地3.55万亩，至2017年9月底，已托管农户耕地12.1万亩。④ 又如经济作物托管，海南农业综合开发公司为农户提供香蕉托管服务，2017年上半年为农户托管种植1.1万亩香蕉，而公司计划在2022年为农户托管种植香蕉10万亩。⑤

2. 土地托管企业组织结构简单高效

土地托管企业作为一个独立法人的私有制盈利单位，其单个企业的组织架构比较简单且高效。

（1）组织架构。图3-3是长丰公司的组织架构。

如图3-3所示，托管企业的组织架构较为简单，一般是由董事会聘请总经理负责企业的具体事宜，同时由监事会负责对总经理进行监督，总经理负责综合部、财务部、农机合作社部以及业务部的工作开展，其中业务部与农机合作社部负责土地托管的具体事宜，由业务部聘请有关专家开展农技、植保以及水电服务，同时农机合作社部开展农机服务。

---

① 李龙：《宿州市现代农业产业联合体的探索与实践》，载于《通化师范学院学报》2017年第3期，第48页。
② 韩瀚、王安然、徐华等：《土地托管解决外出农民种地难题》，载于《河北日报》2014年7月17日。
③ 王道金：《贫困农户变社员 撂荒土地变良田》，载于《中华合作时报》2016年12月2日。
④ 吕晶：《榆林农民：百万亩土地交企业种植》，载于《榆林日报》2017年9月28日。
⑤ 陈颖：《海南农业综合开发公司：土地托管合作经营带动万亩香蕉增收》，载于《中华合作时报》2017年6月27日。

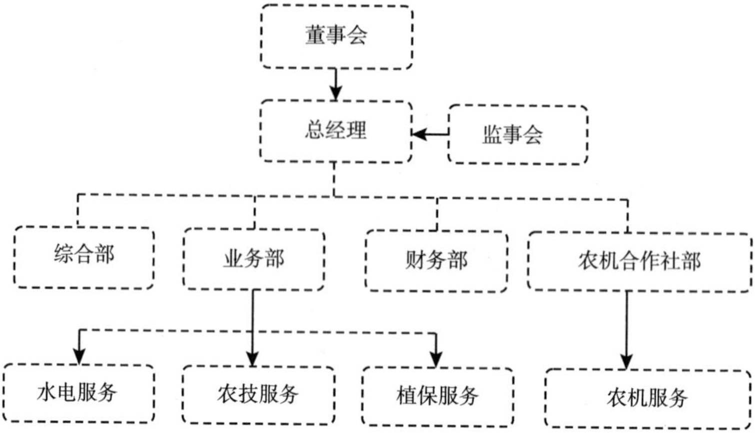

```
                    ┌─────────┐
                    │ 董事会  │
                    └────┬────┘
                         │
                    ┌────┴────┐      ┌─────────┐
                    │ 总经理  │←─────│ 监事会  │
                    └────┬────┘      └─────────┘
          ┌──────────┬───┴────┬──────────────┐
     ┌────┴───┐ ┌────┴───┐ ┌──┴───┐ ┌────────┴────┐
     │ 综合部 │ │ 业务部 │ │财务部│ │ 农机合作社部│
     └────┬───┘ └────┬───┘ └──────┘ └────────┬────┘
          ↓          ↓         ↓             ↓
     ┌────────┐ ┌────────┐ ┌────────┐   ┌────────┐
     │水电服务│ │农技服务│ │植保服务│   │农机服务│
     └────────┘ └────────┘ └────────┘   └────────┘
```

图 3-3　托管企业组织架构

（2）服务组织方式更合理。提供土地托管的企业，通常都是新成立的企业。企业成立之初，农业机械往往配置较全，但因组织成本、沟通问题、信任问题等原因，业务开展往往受到一定阻力，不利于托管面积的增加。为解决组织、沟通等问题，企业一方面或成立专门协调部门，或与村"两委"合作来降低企业的交易成本，另一方面，为解决这些问题，有些托管企业逐渐探索出"企业+合作社+农户"的模式，领办或联合一些专业合作社，由合作社发挥地缘优势负责组织、沟通问题，并可以整合部分农机、农技资源。如四川南充市合力农资公司与仪陇县辉煌农资公司在 2016 年领办了 9 家合作社提供托管服务，而公司计划 2020 年领办 40 家专业合作社，扩大托管的规模。[①]

除此之外，还出现了企业之间的联合。将各企业的优势集中起来，共同为农户提供托管服务，带来了巨大的规模效应，规模效应的扩大降低了企业的成本，提高了企业的收益，方便了普通农户的托管服务。现在经常出现的一种形式是"龙头企业+其他子企业+农户"的形式，一个地区如果有土地托管企业，通常是由一家龙头企业为主导，而龙头企业之下的子企业具体为农户提供服务，龙头企业为这些企业提供必要的技术与资金支持，这样，以龙头企业为主导、各子企业为农户提供服

---

① 王道金：《贫困农户变社员　撂荒土地变良田》，载于《中华合作时报》2016 年 12 月 2 日。

务的方式就逐渐形成了。

除上述"企业+合作社+农户"等联合合作外,还有"供销社+企业+农户"以及"供销社+企业+专业合作社+农户"等多种服务形式,即供销社与托管企业联合为农户提供服务或供销社与企业、合作社联合为农户提供托管服务。

3. 土地托管企业服务技术水平较高且服务形式灵活

(1) 服务技术水平较高。土地托管企业一般为新成立的专业托管企业,相对于专业合作社、家庭农场等其他服务组织资金实力雄厚,可购置最新、效率最高的新型机械,采用先进的种植技术,通常代表我国农业技术的领先水平。如邹平县土地托管运营有限公司于2014年6月成立,注册资金达5亿元,如此雄厚的资金实力可以配置数量较多的先进、大型、高效率机械。如日防能力10000亩的A2C有人飞机,购置成本60万元左右(日防能力10万亩的贝尔407有人飞机,购置成本高达2600万元),高效的烘干机组投资成本也基本在50万元以上,这些设备除个别实力较强的合作社外,大部分合作社、家庭农场甚至一些为农服务中心也难以购置。纵观目前提供土地托管服务的四大类服务组织,土地托管企业的农机配置、农业生产技术通常最为先进。

(2) 服务形式与付费方式越来越灵活多样。

①服务形式。与供销系统、专业合作社一样,土地托管企业的土地托管服务总体来说也分为全托管、半托管两种形式。如湖南省安乡县楚源公司截止到2016年共托管土地3.84万亩,其中全托管面积1.54万亩,半托管面积2.3万亩。①

②付费方式。全托管服务通常是下订单时,先预付部分费用,预付比例一般不高于30%,其余部分通常季后(粮食收获)统一支付。对于半托管服务,若分别选择某项或某几项服务,通常是服务结束后即支付费用;若一次性选择了几个环节的服务,通常也是采用先预付部分、待服务结束后统一支付的方式。这样既可以缓解托管组织的资金压力,又方便服务对象监督托管组织的服务。

---

① 余霞、胡祖文:《联合企业推进农村土地托管——关于湖南省安乡县农村推进土地托管流转的实践与思考》,载于《中国合作经济》2016年第5期,第46页。

4. 土地托管企业利润来源比较稳定

（1）土地托管企业的利润来源多样。土地托管企业的利润来源与供销社、专业合作社的利润来源基本一致，主要包括以下几个方面。

①各项作业服务费用。即耕、种、收及浇水、统防统治等田间管理的作业服务费。

②获取超额产量。托管企业一般与农户签订合同，规定要达到的产量，如果达不到规定的产量，则实际产量归农户所有，不足部分由托管企业负责补足，不过这种情况出现的可能性很低（因为战争、极大的自然灾害、国家征用等原因造成的减产等情况不算）。当实际产量超过规定产量的时候，合同规定的产量仍然归农户所有，但超过的产量全部归托管企业或两者按事先达成的比例分成。超额产量收入有时也成为土地托管企业的一部分收入来源。

③赚取购销差价。一方面，托管企业通过统购统销的方式，以出厂价大规模购入农资（有些直接自己生产农资），再以低于市场价销售给农户，这样不但农户的花费少了，托管企业也赚到了利润。另一方面，托管企业以高于最低收购价从农户手中直接购买粮食，通过企业储量大、管理技术丰富、公关能力强、议价能力强的优势适当加价出售给粮食加工企业，从而赚取粮食差价，将出售农资所得利润合理分割一部分支付生产管理费用。

（2）托管对象节本增收效益明显。如前文所述，土地托管服务不仅可以给托管企业带来利润，同时更能提高托管对象的效益。土地托管除可以为农户腾出更多时间进行非粮务工或经商带来更多的非粮收入（这也是农户增收的主要构成）外，还可以通过节本增收提高种粮效益。如表3-22所示，江西省绿能企业托管水稻，早晚两季水稻农户自己种植成本投入为1912元/亩（农户人工投入已折价计入），而全托管后两季投入共1550元/亩，每亩投入减少362元，而收入则略有增加，一减一增，早晚两季水稻烘干后净利润增加274元/亩。同时，托管后种稻的投入成本也有减少、收入有所提高，最后水稻烘干后净利润增加284元/亩，全年水稻净利润增加558元/亩。土地托管服务使农户节本增收。

表3-22　　　　　　　江西省绿能企业托管效益

作物	项目	托管农户	普通农户
早晚稻	收入（元/亩）	2400	2398
	成本（元/亩）	1550	1912
	利润（元/亩）	760（含烘干费）	486（不含烘干费）
一季中稻	收入（元/亩）	1560	1438
	成本（元/亩）	1020	1242
	利润（元/亩）	480（含烘干费）	196（不含烘干费）

资料来源：余艳锋、彭柳林：《江西省耕地集中连片规模经营难题破解的对策思考》，载于《农业经济与管理》，2014年第3期，第11~17页。

5. 典型案例

陕西长丰现代农业托管公司是托管企业中提供土地托管服务的典型。该公司成立于2008年，现已发展为集耕作、种植、管理、收割、烘干、销售等服务于一体的大型土地托管企业。

（1）基本情况。陕西长丰现代农业托管公司成立于2008年，企业成立之初便托管了长安区15个行政村3800户农民的1.6万亩耕地，2011年，托管耕地增至5.2万亩，拥有小麦收割机、玉米收割机等大中型农机具152台（套），先进喷雾机7台、农用植保无人机1架，植保动力伞2架，30吨粮食烘干塔1座。经过数年发展，长丰公司已成为国内大型的土地托管服务企业。[①]

（2）托管服务规模扩大。

①托管面积不断扩大。如表3-23所示，长丰现代农业托管公司于2008年成立，当年就为周边农户提供托管服务1.6万亩，此后每年托管面积均保持较大幅度增长，平均增长率达49%，2011年更是较2010年增加68%，托管服务面积不断扩大。

[①] 查定全：《长丰企业土地托管模式思考》，载于《农村经营管理》2014年第1期，第36页。

表 3-23　　　　　　长丰现代农业托管公司服务规模

年份	托管面积（万亩）	增长率（%）
2008	1.6	—
2009	2.4	50
2010	3.1	29
2011	5.2	68

资料来源：《农业科技通讯》编辑部：《土地托管变思路，开拓进取说薛拓——记陕西长丰种业有限公司总经理薛拓》，载于《农业科技通讯》2012年第9期，第1~2页。

②服务农户数量不断增加。如表3-24所示，长丰现代农业托管公司在2008年成立当年就为周边村庄3800户农民提供了托管服务，此后每年均保持较快增长，2011年服务农户数量达到21749户，与2010年相比增长了2.6倍，服务农户数量不断增加。

表 3-24　　　　　　长丰现代农业托管公司服务农户情况

年份	服务农户数量（户）	增长情况
2008	3800	—
2009	4200	11%
2010	6000	43%
2011	21749	2.6倍

资料来源：《农业科技通讯》编辑部：《土地托管变思路，开拓进取说薛拓——记陕西长丰种业有限公司总经理薛拓》，载于《农业科技通讯》2012年第9期，第1~2页。

（3）组织结构清晰。如图3-4所示，长丰公司的组织架构较为简单，一般是由董事会聘请总经理负责企业的具体事宜，同时由监事会负责对总经理进行监督，总经理负责综合部、财务部、农机合作社部以及业务部的工作，其中业务部与农机合作社部负责土地托管的具体事宜，由业务部聘请有关专家、人员开展农技、植保以及水电服务，农机合作社部开展农机服务。

图 3-4　长丰公司组织架构

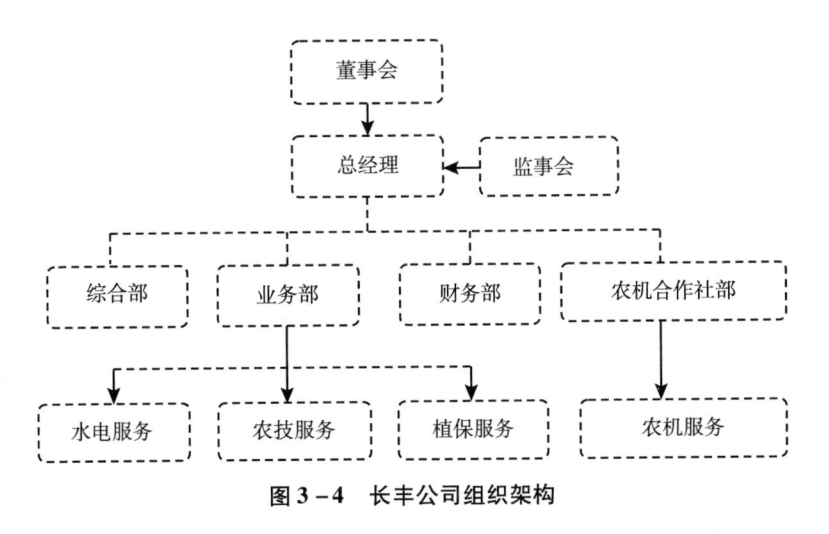

(4) 服务内容多样。

①培育优质种子。长丰公司拥有自己的小麦培育基地，企业成立以来，小麦培育基地的面积常年保持在 1000 公顷以上，基地通过自主研发，培育了长丰 2112、西农 529 等小麦新品种，并建成 10 吨种子加工成套流水线 1 条，新建包括纯度室、发芽室、水分测定室、净度室、样品室等种子检验室 175 平方米。如今企业培育的小麦良种繁育基地总计超过 10 万亩。

②机械化服务。长丰公司通过购置大量农机并创办农机专业合作社，为托管农户提供全程机械化服务，实行耕地托管，有利于企业实现规模化托管经营。企业现有小麦收割机、玉米收割机等大中型农机具 152 台（套），先进喷雾机 7 台，农用植保无人机 1 架，植保动力伞 2 架，30 吨粮食烘干塔 1 座。2016 年又购置了全省最大马力的凯斯 2104 型进口拖拉机 2 台及进口深松整地机 2 台。形成了托管当地农作物所需的耕地、播种、施肥、病虫草害防治、收割、秸秆还田、机械维修等作业服务体系，为托管农户带来了巨大的便利。

③水电服务。长丰托管公司为农户提供了大量的水电服务，由企业专门培训的电工以及水电人员组成，承担托管耕地的农用线路、机井、水泵、水龙带、田间水渠等灌溉设施的维修管理及使用，保障了农户的灌溉质量。

④植保服务。长丰公司承担托管耕地土壤消毒、田间病虫害防治等

工作。植保人员一般由企业人员和基层干部组成，统一培训，集中作业，2013年，企业建立了占地200亩的航化农业植保基地，对农作物提供植保服务，为农户带来了巨大的便利。①

（5）服务形式随托管服务的发展有所调整。

长丰现代农业土地托管公司的服务一开始就有"全托管""半托管"两种服务形式，但是随着企业的发展，托管的服务形式不断变动调整，基本可分为初期服务形式与成熟期服务形式。

①初期服务形式。企业初建之时，主要以"全托管"为主，"半托管"为辅。"全托管"是指农民将自己的土地全权托管给托管企业，并与企业签订合同，若因企业造成粮食减产，则由企业向农户按市场价进行赔偿，粮食增产部分均归农户所有。"半托管"则是指托管企业提供菜单化服务，对种植各环节明码标价，收取服务费，服务农户。

②成熟期服务形式。随着企业的发展，托管服务逐渐进入成熟期，这时企业只提供"全托管"服务，且后期一般只接受村组连片托管，不再对单家单户提供托管服务。对于"全托管"土地，托管企业对土地实行统一良种、统一化肥、统一耕种、统一灌溉、统一防虫、统一除草、统一防治、统一收割、统一粮食收购等"九统一"服务。

（6）托管效益显著。

长丰公司提供托管服务取得了显著的成效，主要体现在以下几个方面。

①提高了粮食产量，降低了粮食成本。长丰公司一开始提供土地托管服务时，1.61万亩托管田的平均亩产为450公斤，同比增长率为27%。长丰公司托管中丰店村3800亩小麦实验田，亩产达到525公斤，而一户没有参与托管服务的农民亩产不到300公斤，② 托管增产75%。长丰托管公司提供托管服务，托管价格比市场价低10%以上，小麦成本价亩均降低55元。

②农资用量降低，农民收入提高。企业通过精量播种，每亩种子用量降低了3公斤以上，托管麦田总共减少用种4万公斤。通过配方施肥，亩均减少化肥用量5公斤以上，托管麦田减少化肥用量8万公斤。

---

① 康亚军、周建勃、刘亚妮：《"土地托管"第一人——记"全国十佳农民"薛拓》，载于《农机科技推广》2017年第5期，第58～59页。

② 因2008年长安区发生旱情及病虫害等，未托管农户应对无力，故亩产较少。

通过统一防治病虫害,规范农药量,减少了农药浪费,促进了粮食生产向绿色农业发展。与此同时,1.61万亩托管田增产160万公斤,按当地市价1.8元/公斤计算,农民增收288万元。

③提高了机械化效率,降低了机械化成本。土地托管对农户土地实行连片耕种收,增加了农机有效工作时间,提高了机械化效率。农机耕种效率比以前提高50%~60%,农机户收益提高40%以上。农机收割效率比以前提高了40%左右,农机户效益增加了30%以上。土地托管连片耕种收,不但提高了机械化效率,提高了农机户收入,还大幅降低了机械化成本。农机有效工作时间增加,仅油料成本就降低了20%左右。

④提高了劳动生产率,为农户带来了额外收入。土地托管前,小麦生产从种到收亩均需要七八个工作日,并且当地农户外出务工人数多,在农忙时节,往往会返乡耕作,误工费用较高。土地托管后,土地由专业托管员统一管理,一个人一般管理300~500亩,最高一人管理800亩。农户可以放心地将耕地托管给企业,小麦生产亩均仅需三四个工作日,劳动生产率成倍提高。且外出务工农户不再需要在农忙时节回乡种地,为农户带来了额外收益。①

3.2.4　家庭农场提供土地托管服务情况

除供销社系统、专业合作社、土地托管企业外,家庭农场作为一种新型农业经营主体,也开始成为农户的"田管家""田保姆",为农户提供托管服务。

相比于供销社系统、专业合作社以及托管企业等组织,大部分家庭农场没有充足的资金、时间及劳动力,提供的托管服务相对也比较简单。家庭农场由于自身规模的限制,一般很难提供产前、产中、产后全程托管服务,绝大多数只能提供一个或几个环节的服务,比如在农忙时节为农户提供农机等服务。有相当多的家庭农场都是与专业合作社、农业企业合作提供托管服务。而且家庭农场在目前的土地托管市场上既是

---

① 数据来源于:(1)晁阳、张宝贵:《长安土地托管实现整乡推进》,载于《陕西日报》2011年10月29日;(2)查定全:《长丰企业土地托管模式思考》,载于《农村经营管理》2014年第1期,第36页。

土地托管服务的委托人，又是土地托管服务的受托人，它们在为农户提供托管服务的同时，也需要专业合作社等组织为自己提供一定的托管服务。

1. 家庭农场总体托管规模慢慢变大，但单个家庭农场托管规模较小

（1）部分家庭农场开始托管周围农户的耕地。部分家庭农场往往在某一生产环节或某些生产环节配备的农机比较齐全或效率比较高，为提高农业机械的使用效率，家庭农场通常在自己使用之余为周边农户提供农机类托管服务，比如耕种收环节。如山东德州平原县马铁农场，2013年为农户托管700亩耕地，2014年托管耕地1000亩，面积增长300亩；① 2015年春季，安徽徽州区富民家庭农场为当地农户托管300亩土地；② 2016年上半年重庆市昌元粮食种植家庭农场为周围农户托管土地365亩；③ 甘肃民乐县积极引导大中专毕业生、农村实用技术人才和返乡务工人员等兴办家庭农场，其中新发展的5家农场在经营自家耕地的同时，为周围农户提供托管服务，2016年这些农场为农户托管0.22万亩耕地。④

（2）托管规模通常较小。目前，提供土地托管服务的家庭农场一般有两种类型：一是先成立家庭农场，再新配置农机，经营自己家庭农场的同时，为周边农户提供农机类土地托管服务；二是先提供农机类服务，然后成立家庭农场，种植可使用原有农机的作物。前者以经营家庭农场为主；后者一部分以提供农机类托管服务为主，当然也有一部分农场开始转向以家庭农场经营为主。

大部分家庭农场的农机、人员配置规模基本是依据自身经营规模而定。目前，我国粮食类家庭农场平均规模300亩左右，如此规模的家庭农场在农机配置、劳动力投入等方面都不会太大，因此其托管能力一般

---

① 中国农村网：《德州大力发展新型农业经营主体》，2017年11月5日，http://www.nongcun5.com/news/20140412/30800.html。

② 吴江海：《徽州区：种田务工"两不误"托管双方两头甜》，2017年11月5日，http://ah.anhuinews.com/system/2015/05/24/006808030.shtml。

③ 赵鲲：《共享土地经营权：农业规模经营的有效实现形式》，载于《农业经济问题》2016年第8期，第5页。

④ 王彤：《特色农业绽放异彩——张掖民乐县特色农业大县建设纪略》，2017年10月20日，http://gansu.gscn.com.cn/system/2016/03/29/011314239.shtml。

较小。如上文提到的富民家庭农场、昌元粮食种植家庭农场的托管规模仅300多亩，甘肃民乐县家庭农场的托管规模平均也没超过500亩，平原县马铁农场的托管规模也未超过千亩。大部分以家庭农场形式提供的土地托管服务，因其机械或劳动力限制，一般托管规模不会太大。

2. 家庭农场托管作物与其种植作物基本一致，服务内容以机械服务为主

大部分家庭农场提供的土地托管服务，并非家庭农场主营业务，其主要的精力还是经营农场。所提供的土地托管服务往往是在经营自有家庭农场闲暇之余，为减少自家农机的闲置，提高农机的使用效率，为周边农户提供托管服务。因此，其能服务的作物类型基本只和自家经营的作物一致，如某一家庭农场配有玉米精播机，使用该机械提供的播种服务也只能针对玉米播种。再如，某一家庭农场配有玉米收割机，那么其服务的作物也仅仅是玉米收割服务。由于家庭农场提供的托管服务多是使用针对自家农场种植作物结构配置的农机，加上农业机械的专用性，故只能提供同作物类型的服务。

此外，由于家庭农场劳动力数量所限，在一些浇水、打药等农业机械配置不全的田间管理环节，家庭农场本身可能还需要雇佣大量劳动力为自己服务或享受其他组织提供的服务。因此，大部分家庭农场主要是针对自有农机环节提供机械类服务。如汶上县百农乐家庭农场经营规模320亩，种植小麦和玉米，耕、种、收等农机配置比较齐全，但没有配置节水灌溉设施和喷药设施（如自走式喷药机、无人飞机）等。由于农机配置较多，该家庭农场在经营自己农场的同时，也为周边种植小麦和玉米的农户提供耕种收环节的土地托管服务，2016年服务规模为338亩。

3. 家庭农场托管服务半径较小，单个农场服务形式基本为半托管

如前文所述，提供土地托管服务的家庭农场一般有两种类型：一是先流转耕地进行经营，然后不断配置所需农机（如汶上县立运家庭农场、绿丰家庭农场等）；二是先提供农机类服务，后流转耕地成立家庭农场自己经营（如汶上县晓峰家庭农场、凯沃家庭农场）。前者一般农机配置规模相对较小，大部分农机是为自己生产经营服务，是在自己使用之余为周边农户提供土地托管服务。因此这部分家庭农场提供土地托管服务的能力较小,服务半径较小,基本是本乡镇附近几个村农户不愿意或无力耕作的土地。后者农机配置数量与前者相比较大,但由于是单个家庭经营,与专业合作社、为农服务中心、农业企业等提供土地托管服务的组织相比,其农机总量较少,实力相对较弱。

因此,不论哪种形式的家庭农场,单个家庭农场提供土地托管服务能力相对其他组织形式都较弱,服务半径较小,基本都是附近几个村,而且基本都是集中在某一个或几个环节的半托管服务。家庭农场如若提供全托管服务,往往是和其他组织联合后才可以。如汶上县立运家庭农场,主要是针对其流转耕地的附近地块提供耕、种环节的托管服务,2016年秋季托管面积210亩(自己经营面积285亩);晓峰家庭农场和凯沃家庭农场农机配置较全、效率较高,托管环节可扩展到耕、种、收,2016年秋季托管面积分别为568亩、820亩,而自营耕地均在300亩左右。

4. 家庭农场组织结构简单高效,组织方式由单一开始走向联合

家庭农场作为一个以家庭为单位的独立经营组织,由家庭成员管理,分工明确、利益一致,组织结构简单高效。家庭农场的组织架构主要是由一个家庭的"大家长"负责总体的规模运营,一般由家庭中的男性农机手负责具体的农机类田间托管服务,在临时人员雇佣方面一般由女性组织,并安排、监督雇佣人员的工作。

但这种由单个家庭农场提供的土地托管服务,服务能力非常有限,尤其是那些以自我服务为主的家庭农场,提供土地托管的能力更有限。为更好地提高农业机械的使用效率,一些农机配置较全、较多的家庭农场通常领办农机类或种植类合作社,然后以合作社的形式开展土地托管服务;还有些农机配置相对较少的家庭农场,如果想为他人提供农机类服务,一般会加入一些专业合作社,然后再在合作社的统一领导下,提供农机类托管服务,这样总体服务能力会有所加强。如汶上县凯沃家庭农场,就领办了汶上县凯隆农机专业合作社,该合作社为汶上县7大农机合作社之一,2015年该合作社仅托管某农业企业的粮食生产基地就有8000亩。再如,立运家庭农场领办了康禾种植专业合作社,以合作社的形式提供土地托管服务,服务能力有较大提高。当然,家庭农场的联合服务还有其他形式。但总体来看，目前家庭农场联合服务的形式大致有以下几种："农场＋农户""专业合作社（家庭农场作为社员）＋农户""龙头企业＋农场＋农户""基层社＋合作社＋农场＋农户"。

5. 家庭农场托管利润来源相对单一，服务对象特征相对一致

家庭农场利润来源主要为农机类作业服务费。如上文所述，单个家庭农场提供土地托管服务，一般服务能力较弱，服务作物主要和自营作物一致，服务内容主要是耕、种、收环节的机械类服务，一般不涉及产前的农资供应、测土配肥、田间管理以及产后烘干、贮藏、加工、销售等服务。因此，其利润来源比较单一，主要是农机类作业服务费。服务对象往往因家庭农场主营业务的不同而不同，如某家庭农场的农机若以自我服务为主，其土地托管的对象通常为与自营耕地相邻的地块或周边耕地，这些耕地通常为分散的普通种粮农户所有；若家庭农场以提供农机类服务为主，经营自己家庭农场为辅，这类家庭农场提供土地托管服务的能力相对较强，服务面积相对较大，不仅包括和自己相邻的耕地，可能还包括附近村的耕地。如汶上县扬春家庭农场，自营耕地 500 亩，托管周边农户耕地 720 亩。

综上所述，不论哪种类型的家庭农场，其利润来源都比较单一，主要为农机类服务费。其服务对象主要为周边普通种粮农户，服务的新型种粮主体较少。

6. 典型案例

山东滨州全泉示范家庭农场（以下简称全泉农场）是家庭农场开展土地托管服务的典范，农场是在全泉农机合作社的基础上于 2013 年 7 月在邹平县成立，注册资金 312.55 万元，当年为周边 300 多农户提供托管服务 7600 亩。

（1）基本情况。全泉农场由全泉农机合作社创办，截止到 2015 年，农场拥有固定资产 2800 万元，职工 106 人，大型小麦收割机 30 台（套），玉米收割机 22 台（套），配套农机具 66 台（套），并拥有大型拖拉机、意大利马斯奇奥气吸式精量播种机等先进农机，农场占地面积达 5000 亩，投资额超 600 万元，其中购置农机具投资 350 万元，并拥有仓库 3060 平方米，维修车间 200 平方米。①

（2）服务规模不断扩大。如表 3-25 所示，全泉农场在 2013 年底为农户托管耕地 0.76 万亩，占全镇耕地面积的 8%；至 2015 年，托管面积达到 2 万亩，增长 1.6 倍，占全镇耕地面积的 21%，占比增长 13 个百分点；农场的职工人数 2013 年为 50 人，2015 年达到 106 人，增长了 1.1 倍。

表 3-25　　　　托管面积及农场员工数量变化情况

年份	托管面积（万亩）	增长速度（倍）	职工人数（人）	增长速度（倍）
2013	0.76	—	50	—
2015	2	1.6	106	1.1

资料来源：佚名：《山东全泉农机合作社：勇当粮食生产全程机械化排头兵》，载于《中国农机化导报》2015 年 11 月 30 日。

（3）组织结构简单高效。由图 3-5 所示，农场与农机合作社共同培训托管员，扩大托管服务规模，继而为农户提供诸如农机、农技、农资等服务，组织结构极为简单。这一组织结构有利于农场主或合作社理事长决策的快速执行，且农场与农机合作社合作，规模效益突出，更有利于托管服务的开展。

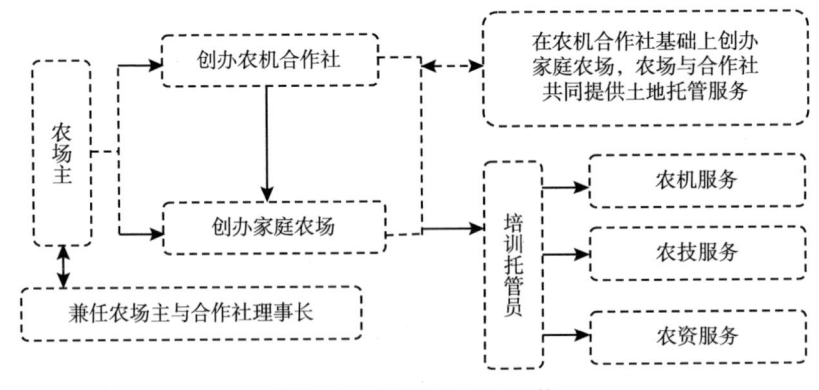

图 3-5　全泉农场组织架构

---

① 佚名：《山东全泉农机合作社：勇当粮食生产全程机械化排头兵》，载于《中国农机化导报》2015 年 11 月 30 日。

（4）服务形式单一，只提供半托管服务。由于农场自身的规模以及其他条件的限制，全泉农场只提供半托管服务，具体而言就是对普通种粮农户等主体托管土地，协议一般一年一签。协议期内农场负责对农户土地的耕、种、管、收、售等环节的一个或几个提供服务，粮食则全部归托管农户所有，农场收取一定的托管费用。

目前，农场正逐渐发展"全托管"服务，随着托管规模的扩大，农场对农户的耕、种、管、收、售等环节的服务正在不断延伸，农场正不断完善自身，争取提供更多的"全托管"服务。

（5）服务内容多样化，但以农机服务为主。全泉农场可以提供多样化的服务，主要包括以下几个方面。

①提供农资买卖服务。全泉农场成立之初，就与当地的农资企业签订合作协议，农场可以出厂价购买农资，再以低于市场价的价格将农资卖给农户，为农户节约了农资购买费用。

②提供农机服务。全泉农场是在全泉农机合作社的基础上领办创办，是由21户当地农机大户一起"带机"入社，农场一期投资达514万元，配备有大型小麦收割机30台（套），玉米收割机22台（套），配套农机具66台（套），购置雷沃谷神系列小麦联合收割机、带扒皮功能的玉米联合收割机、大型拖拉机、意大利马斯奇奥气吸式精量播种机、深松机、喷灌机、中机美诺打药机等多种机械，为当地农户提供精良化服务。后续又购买各类农机具350万元，并购置8公斤喂入量稻麦收割机，同时每年新增至少8台（套）玉米机和6台（套）小麦机，每3~5年更新农机，开展"农机4S店"服务，为广大农户提供多样化的农机服务。目前，农机服务是全泉农场最主要的服务，也是农场最主要的盈利部分。[①]

③提供粮食深加工服务。农场拥有国际先进的低温烘干机，能实现粮食不落地处理，提高了粮食品质，减少了粮食损耗，保证了粮食安全。同时，农场与国内最大的玉米深加工企业西王集团以及恩贝、百郑等集团达成合作协议，对托管土地的玉米等大田粮食作物提供深加工服务，进一步延伸产业链，提高了粮食的品质。

④提供专业培训服务。农场通过企业化运作培训出大批具有专业技

---

① 陈恩明、吴莉丽、孙丽燕：《滨州全泉示范农场的创建与实践》，载于《山东农机化》2013年第5期，第22~23页。

能的新型职业农民，这些新型职业农民包含农机手、专业技术人员等，农机操作人员和技术人员全部持证上岗，有利于农户自身素质的提升，同时也有利于农场信誉的提升，促进其有序发展。

（6）效益显著。

①提高了粮食产量。农场通过提供土地托管服务，显著提高了粮食产量。以玉米为例，农场没有提供托管服务时，玉米的亩产大概为550公斤，而通过提供土地托管服务，玉米亩产达到750公斤，增长率高达36%。

②降低了农资用量。通过精播细种，种子用量每亩降低近3公斤，托管玉米田总共减少用种上万公斤。通过配方施肥，亩均减少化肥用量5公斤，托管大田作物平均减少化肥用量8万公斤。通过统一除草、防虫、防病，规范使用农药，减少了农药的浪费和闲置。

③提高了农机使用效率，为农户买卖农机提供优惠。企业通过开展"农机4S店"服务，广泛为农户开展农机服务，提高了闲置农机的使用率，农机使用效率提高了15%～20%。同时，农场为农户提供农机买卖的优惠服务，农场本身就享有农机购买优惠，农场通过与固定厂商签订协议，可以享受到政府补贴之后的优惠价格，而农场又可将自己的农机卖给农户，使农户可享受到低于市场均价的价格，使更多农户可以买到农机。

④提高了耕地使用效率。农场通过托管服务，利用先进的农机设备，为农户深翻土地达6万亩，整地作业达10万亩，提高了耕地利用率，避免了耕地撂荒以及有地没人种的现象。

⑤提高了农户的综合效益。首先，农场提供托管服务可为外出务工人员带来便利，外出务工人员不用再频繁地返乡务农。同时，村中的老人可成为农场的雇员或加入农机合作社成为入社社员，通过为合作社或农场打工进一步获得额外收入。其次，农场增加了农户收益，托管地块每亩地纯收入能达到350元，比没有托管地块提高50元，托管地块纯收入总计达266万元，比没有托管地块提高近60万元。[1]

---

[1] 该部分资料来源于：（1）李清明、杨茹莎、焦雪梅：《农机合作社农场：一种农机经营模式的创新——山东省邹平县全泉农机合作社农场扫描》，载于《农机合作社》2013年第11期，第71页；（2）佚名：《山东省全泉农机合作社：勇当粮食生产全程机械化排头兵》，载于《中国农机化导报》2015年11月30日。

3.2.5　不同组织形式比较分析

由上文可以看出，供销系统、专业合作社、土地托管企业以及家庭农场各有特色，下面将系统比较这四种组织形式。

1. 服务组织与服务对象

（1）服务组织比较。

①就组织形式来说，供销系统以山东省为代表，主要是通过领办为农服务中心为周边农户提供托管服务，并通过持股比例体现其为农服务、为农所有的特征。专业合作社分为土地托管专业合作社、农机合作社、植保合作社以及粮食种植专业合作社等，这些组织虽然服务侧重点有所不同，但均能为农户提供托管服务。土地托管企业是独立的企业法人，顾名思义，为企业的组织架构，通过企业架构为农户提供服务。家庭农场是以"大家长"为首，以家庭成员为主，并雇佣一定员工，为农户提供托管服务。总体来说，供销社组织形式最为复杂，专业合作社其次，托管企业组织结构较为简单，家庭农场组织形式最简单。

②就组织发展阶段来说，四种组织都是由原先"单打独斗"到后来的"联合发展"。以供销社系统为例，供销社系统一开始只在乡镇地区兴办为农服务中心，为农户提供基本的农资农机服务，但随着托管服务的发展，供销社开始领办专业合作社或与当地农机农资大户领办的专业合作社进行联合，签订协议，有些直接联合专业合作社，既可以发挥供销社自身优势，又可以利用专业合作社的先进农机。之后，供销社联合专业合作社、托管企业以及家庭农场共同为农户提供服务，形成超大规模的托管集团，这就是"基层社+专业合作社+企业+农场+农户"服务模式，该模式直接整合四种组织形式，将四种组织的长处发挥到极致，并为集团带来了巨大的规模经济效应，促进了边际成本的降低及边际收益的提高，为农户带来了便利。专业合作社、托管企业以及家庭农场基本都是由独立发展走向联合共建，专业合作社、托管企业以及家庭农场正逐渐与供销系统或其他组织联合，发挥规模经济优势。

（2）服务对象比较。

①就服务对象类型而言，供销社、专业合作社以及土地托管企业服

务的对象既包括普通种粮农户，又包括新型种粮主体。家庭农场由于自身规模的限制，基本只向普通种粮农户提供托管服务，有很多农场还需要其他组织为自身提供托管服务。只有个别家庭农场能通过联合农机合作社等方式提供相对大规模的服务，如山东全泉示范家庭农场，本身就由农机合作社领办，故能提供大量农机服务，扩大自身规模。但课题组调研资料显示，目前，能服务种粮大户等新型市场经营主体的家庭农场仍是少数。

②就服务农户数量来说，供销社服务农户数量最多，专业合作社第二，土地托管企业次之，家庭农场服务农户数量最少。这是因为供销社系统比较成熟、庞大，所以服务规模很大，托管服务面积是四种组织中最大的（占全国服务面积一半以上），服务农户数量最多。自2007年合作社法实施以来，专业合作社如雨后春笋般快速发展，其中农机合作社发展尤为迅速，截止到2015年，全国农机合作社达54000家，拥有农机具317万台，[1] 其中有很多为农户提供土地托管服务。此外，植保专业合作社、种植专业合作社等也逐渐为农户提供土地托管服务。土地托管企业总量不大，但单个组织服务能力最强，总体来看，服务农户数量仅次于专业合作社系统。家庭农场由于自身规模原因，服务农户数量最少。

2. 服务规模与服务形式

（1）服务规模比较。

供销社托管服务面积最大，专业合作社托管服务面积次之。这两种组织是较早大规模开展土地托管服务的供给主体。供销社多由政府领办，依托政府优势不断扩大自身托管面积，目前已占到全国托管服务面积的半壁江山。专业合作社基本都是当地大户领办创办，他们熟悉"三农"，了解农户诉求，深得农户信赖，托管服务容易较好展开，且各地政府对农机、植保等各类专业合作社均给予扶持，全国各地专业合作社蓬勃发展，其托管面积也不断扩大，成为仅次于供销社的全国第二大土地托管组织。

土地托管企业为我国第三大土地托管组织，单个农业企业服务规模

---

[1] 中国农机新闻网：《全国农机合作社发展：数量与质量并重规范与创新并举》，2017年11月20日，https://www.nongjitong.com/news/2015/378465.html。

一般较大，服务比较先进，可以提供不逊色于供销社和专业合作社的服务内容及托管形式（甚至更先进）。但是"企业"这一市场主体是以营利为目的，有时乡土背景不够，部分农户不放心将土地托管给企业，更愿意托管给供销社以及专业合作社，这是托管企业服务面积略微逊色的一个原因。家庭农场由于自身规模不大，本身就无法提供全面的服务内容以及服务形式，甚至有时还需其他组织为自身提供托管服务，所以托管规模小，服务面积在四种组织中最小。

（2）服务形式比较。

供销社、专业合作社以及土地托管企业基本都能提供对耕、种、管、收、售全程一体化的全托管服务，同时能为这些服务环节的一个或几个提供服务，即半托管服务，这些组织还能提供土地入股等服务形式，这些托管形式基本没有太大差异，只不过各个地区的全托、半托服务的分类和具体服务形式有些许不同。然而，家庭农场目前只有少数规模比较大型的才有先进技术及充足资金提供全托管服务，大部分农场基本只能提供半托管服务，目前，家庭农场基本都是托管服务的需求方，即便是身为供给方的家庭农场，它们在为农户提供托管服务的同时，有很多还需要供销社、专业合作社以及托管企业为自身提供托管服务，所以目前家庭农场基本只能提供半托管服务。

就托管形式侧重点来说，供销社、专业合作社以及土地托管企业都是以半托管服务形式为主，其中山东省供销社半托管服务接近90%，远远高于全托管等服务形式，专业合作社以及托管企业的情况亦大体如此。虽然目前这些组织均大力宣传全托管服务，但由于农户自身以及服务等方面的原因，愿意全托的农户数量并不多。家庭农场自身基本只能提供半托管服务。

3. 托管内容与托管作物

（1）托管内容比较。就组织提供的服务内容来看，供销社、专业合作社、托管企业以及家庭农场基本都能提供耕、种、收等环节的服务，都能提供农资、农技以及农机等服务，只不过在具体服务内容方面存在一定差异。

就具体内容来说，供销系统通过自身创办的为农服务中心，提供的服务内容最为全面。以山东供销系统为例，除了农资、农机服务，它们还能提供测土配方、智能配肥、无人机植保、烘干仓储等技术要求高、投资大的服务。专业合作社根据自身具体组织形式，服务侧重点各有不同，如植保专业合作社重点提供植保服务，农资合作社重点提供农资服务，农机合作社重点提供农机服务等。土地托管企业的服务内容也相对比较齐全，一些大型的托管企业服务内容与供销系统差别不大（有些甚至更为先进）。家庭农场提供的服务最少，基本只提供农业机械类服务。

（2）托管作物比较。就托管作物类型而言，供销社、专业合作社以及托管企业基本都能托管各种粮食类大田作物、非粮食类大田作物以及经济作物。服务开展之初，托管组织基本只能提供简单粮食类大田作物的种植（如小麦及玉米），随着托管的发展，部分地区渐渐对水稻提供托管服务。除此之外，组织开始提供非粮食类大田作物的种植服务，比如棉花等作物。除了对大田作物开展托管服务，这些组织也开始逐渐对经济作物提供托管，比如对花生等作物提供托管服务。家庭农场托管的作物类型最少，基本只对农户种植的粮食类大田作物（小麦、玉米及水稻）提供托管服务，只有少数大型家庭农场可以对经济作物、非粮食类大田作物提供托管。就托管作物数量来说，供销社托管的作物种类最丰富，其次为专业合作社，再次为土地托管企业、家庭农场。

4. 技术水平与服务交易方式

（1）技术水平比较。土地托管企业是技术水平最高的，供销社仅次于托管企业。土地托管企业得益于自己雄厚的资金优势以及敏锐的市场判断能力，可以购置最新、最高效的机械设备，这些设备甚至一些供销系统领办的为农服务中心也难以购置。供销社能得到更多的政府扶持，如在山东汶上县，有很多供销社能免费为当地种粮大户或其他新型种粮主体提供测土配方服务。除此之外，智能配肥、无人植保飞机等服务也是供销系统技术水平的体现，而这些技术专业合作社较少提供，家庭农场一般难以提供。

一般来说，不同类型的专业合作社提供的技术服务各有侧重。如植保专业合作社主要提供植保方面的技术服务，农机合作社主要提供农业机械服务等。专业合作社的技术水平总体来说仅次于供销社系统，甚至有些大型的专业合作社提供的技术并不逊色于供销社及托管企业。家庭农场是新兴的土地托管供给主体，基本只能提供农机服务，且服务规模有限，技术水平较低。

（2）服务交易方式比较。目前，各托管组织开始逐步提供现代化交易服务。托管服务最初的交易方式多为口头协商，支付方式基本为现金支付，这种交易为农户带来了一定的交易成本。随着托管服务的发展，托管组织逐渐开通了"大数据"平台。尤其是近几年，网络支付及移动支付逐渐普及，交易方式逐步现代化，还有部分托管组织根据农户信用程度提供"先服务后付款"服务。

当前，各组织整合线上线下资源，开通虚实营销结合的路子，逐步开展 P2P、B2B、B2C 等，促进了现代服务方式的发展。目前，不论是供销社系统、专业合作社、托管企业还是家庭农场都逐步采用了现代化交易方式，服务交易方式逐渐先进。

5. 利润来源与收益分配

（1）利润来源比较。

供销系统利润来源稳定多样，主要有农资购销差价、农业作业服务费、庄稼医院收入、粮食烘干费、仓储服务费、粮食加工费等。总体来看，农资购销差价及各类作业服务费是供销系统的主要收入来源，庄稼医院收入、粮食烘干仓储及冷藏加工等收入所占比例相对较少。专业合作社的利润来源也比较多样，但不及供销系统，主要包括农资购销差价（一般不提供测土配方及智能配肥服务）、农业作业服务费（主要包括耕种收、浇水、统防统治等作业服务费）、粮食烘干储存费、粮食购销差价或加工收益等。其中，农业作业服务费、农资购销差价、粮食购销差价为专业合作社的主要收入来源。同时，不同类型的合作社提供的主营业务不同，其主要收入来源也存在差异，如农机合作社主要收入来源为耕种收等农机类服务；植保合作社主要收入来源为统防统治等作业费及农资购销差价；粮食种植合作社则主要是以生产中的技术服务费和产后的粮食销售差价为主。

土地托管企业的利润来源与供销系统相比差别不大，主要包括以下几个方面：一是农资购销差价；二是各项作业服务费用（耕种收、浇水、统防统治等田间管理作业服务费）；三是烘干、仓储、粮食加工费等；四是获取超额产量的收入。托管企业能提供比专业合作社、家庭农场更为先进的机械（如大型烘干机组），这些机械甚至有些供销系统领办的为农服务中心都难以提供,故托管企业的利润来源较多。家庭农场利润来源最少,利润主要来自农机类作业服务费,单个农场一般实力较弱,无法提供测土配方、智能配肥、烘干等高端服务,故利润来源较少。

(2)收益分配比较。

供销系统领办的为农服务中心按投资入股比例进行收益分配,执行严格的投资比例,供销社控股的农业服务企业投资比例通常要低于投资总额的30%,乡镇农民专业合作社联合社投资比例占为农服务中心的70%以上,其中乡镇农民专业合作社联合社中社员(农户)投资所占的比重应高于80%,为农服务中心的利益分配大体按照上述投资比例进行。此外,供销社控股的农业服务企业、乡镇专业合作社联合社、专业合作社以及社员等服务主体的收益分配也按照严格的投资比例进行,为农服务中心的收益分配充分体现了"姓农、为农、富农"的本质。

专业合作社对外提供服务,获取的利润通常由成员大会确定盈余留存或分配比例,留存的盈余用于购置新型农业设备或用于下期合作社的正常运转;用于分配的盈余则根据社员持股比例按股分配。目前,有很多专业合作社相互联合成立专业合作社联合社,合作社组建成联合社后,其收益分配均按照折价入股(入社)比例进行,"出机""出资""出技"多的可以多分到利润,出得少的少分到利润,这种分配方式极大地调动了合作社为农服务的积极性。

土地托管企业的收益分配基本按照企业员工持股比例进行,托管企业规定员工可以根据自身持有的企业股份在公司获得利润后按股分红,这样可以将企业凝聚成一个整体,增强员工的归属感与责任感,体现了公司为员工着想的理念。家庭农场的收益分配基本是由农场主决定,农场主在农场成立之初便规定家庭成员每个人的收益分配比例,托管服务获取利润后,获得的收益除用于雇工、维修等农场运营花费外,剩余部分按照农场主事先规定的分配比例在家庭成员之间进行分配。

小结:如上所述,供销系统、专业合作社、土地托管企业以及家庭农场在组织形式、组织发展阶段、服务对象类型、服务农户数量、服务规模、服务形式、服务内容、服务作物、技术水平、服务交易方式、组织利润来源及组织收益分配等方面均有着各自的特色,表3-26系统总结了四种组织形式的不同。

第3章 土地托管发展实践

表 3-26　　　　　　　　四种组织形式具体项目比较

项目	供销社	专业合作社	土地托管企业	家庭农场
服务组织	为农服务中心；由单独发展到联合发展	植保、农机等形式；由单独发展到联合发展	企业制形式；由单独发展到联合发展	"大家长"为主导；由单独发展到联合发展
服务对象	普通种粮农户及新型种粮主体；服务数量最多	普通种粮农户及新型种粮主体；服务数量多	普通种粮农户及新型种粮主体；服务数量较多	普通种粮农户；服务数量最少
服务规模	第一	第二	第三	第四
服务形式	"全托"及"半托"，以"半托"为主	"全托"及"半托"，以"半托"为主	"全托"及"半托"，以"半托"为主	基本只提供"半托"服务
服务内容	最全面	全面	比较全面	较少
托管作物	基本能服务多种类型的作物；服务面积最广	基本能服务多种类型的作物；服务面积广	基本能服务多种类型的作物；服务面积较广	基本只能提供和自己种植结构一致的作物；服务面积最小
服务技术	先进	比较先进	最先进	较低，基本只提供农业机械服务
交易方式	逐渐现代化	逐渐现代化	逐渐现代化	逐渐现代化
利润来源	来源稳定多样。与托管企业相差不大，农资购销差价及各类作业服务费是其主要收入来源	来源比较多样，但少于供销社和土地托管企业。总体来说，农业作业服务费、农资及粮食购销差价是主要来源	来源多样，与供销社相差不大，有些大型托管企业甚至拥有比供销社还多的利润来源	比较单一，基本只以农机作业费为主要收入来源，大型的家庭农场可以与其他组织联合获得多样的利润来源
收益分配	合理，为农服务中心一般按投资入股比例分配，体现"姓农、为农、富农"	合理，一般是按照社员持股比例进行收益分配	合理，一般根据员工持有的公司股份进行收益分配	合理，一般是农场主确定家庭成员之间的收益分配比例

第4章 土地托管需求考察——以种粮农户为例

在摸清全国及主要地区土地托管发展实践、不同类型土地托管组织运行机制与运行效果的基础上,为总结土地托管发展模式及适用性,还需要全面准确地了解土地托管的需求情况。目前,由于土地托管服务的主要作物依然是粮食,因此本书以种粮农户为例考察农户对土地托管服务的需求。而随着种粮主体的不断分化,普通种粮农户和新型种粮主体对土地托管的需求呈现出不同的特点,种粮主体对不同托管环节的需求强度也有所不同。因此,有必要分别研究各类种粮主体的需求行为及不同托管环节的需求强度,并对影响种粮主体土地托管需求行为的因素进行研究。

4.1 调研的基本情况与样本分布

4.1.1 调研的基本情况

为更好地了解种粮主体对土地托管服务的需求情况,课题组对汶上县、邹平县、高密市、梁山县、嘉祥县、鱼台县、微山县、济宁太白湖区北、齐河县、高唐县、巨野县、郓城县、宁阳县、淄博淄川区、文登区等15个县(市、区)进行了实地调研。调研地区地形多是平原,兼顾丘陵,经济发展水平不同,大部分是已开展土地托管服务的产粮大县或粮食、经济作物协调发展的县区。调研分为县乡座谈、村级访谈和入户问卷调查三种形式,为保证问卷的完整性、有效性,所有问卷调查均采取当面访谈并由课题组成员填写问卷的方式进行。

正式调研前期,课题组针对研究背景、调查问卷内容、科学访谈方法、调查技巧、调查数据录入方法、调查注意事项等内容对课题组成员进行了专门培训,以保证调查问卷质量。然后,再按照简单随机抽样原则选择不同种粮主体进行面对面访谈。本次调查共发放问卷420份,剔除重要数据缺失及数据质量存有问题的问卷,实际有效调查问卷404份,问卷有效率96.2%。

4.1.2 样本分布

(1) 样本类型划分。依据本书对种粮主体类型的划分,① 样本也分为两大类:普通种粮农户和新型种粮主体。其中普通种粮农户包括以粮为主普通农户63户、以粮为辅普通农户257户;新型种粮主体包括种粮大户、家庭农场、专业合作社和农业企业,共84家,不再区分各个不同种粮主体,统一称为新型种粮主体。因此,本章将不同种粮主体划分为以粮为主普通农户、以粮为辅普通农户和新型种粮主体。

(2) 样本分布情况。主要从种粮决策者个人特征和家庭经营特征两方面描述。一是种粮决策者个人特征。是否参加土地托管通常由农户种粮决策者决定,种粮决策者的个人特征可能影响土地托管需求行为。种粮决策者年龄基本在40~60岁之间(占65.6%),40岁以下的只占9.9%;性别以男性为主(占85.4%);文化程度普遍偏低,初中及以下文化程度的种粮决策者占89.1%。二是家庭经营特征。粮食种植是一种家庭行为,家庭经营特征也影响土地托管需求。其中,普通种粮农户平均耕地面积8.63亩,新型种粮主体平均耕地面积330.7亩;家庭参与农业劳动人数多是2人以下,占93.8%,5人以上的很少,仅占0.7%;家庭成员中担任村干部或合作社组织者的不多(占7.9%);种粮决策者普遍存在兼业现象,兼业农户比例为68.6%(见表4-1)。

---

① 本书第2章具体描述了种粮主体类型,在此不再赘述。

表 4-1　　　　　　　　　调查样本的基本特征

农业经营主体类型	样本量	占比（%）	种粮收入比重	样本量	占比（%）
以粮为主普通农户	63	15.6	≤30%	270	66.8
以粮为辅普通农户	257	63.6	30%~50%	39	9.7
新型种粮主体	84	20.8	≥50%	95	23.5
性别	样本量	占比（%）	是否担任村干或合作社组织者	样本量	占比（%）
男	345	85.4	是	32	7.9
女	59	14.6	否	372	92.1
年龄	样本量	占比（%）	文化程度	样本量	占比（%）
≤40	40	9.9	小学及以下	202	50.0
(40，50]	136	33.7	初中	158	39.1
(50，60]	129	31.9	高中及中专	34	8.4
>60	99	24.5	大专及以上	10	2.5
参与农业劳动人数	样本量	占比（%）	是否兼业	样本量	占比（%）
2人及以下	379	93.8	是	277	68.6
3~4人	22	5.4	否	127	31.4
5人及以上	3	0.7			

资料来源：根据调研数据整理。

4.2　不同种粮主体的土地托管需求行为

由于种粮决策者个人及家庭经营特征不同，不同种粮主体对土地托管服务需求存在较大差异：以粮为主普通农户通常需要耕种收、统一灌溉等方面的托管服务。以粮为辅普通农户通常需要耕种收、田间管理、农资代买、粮食代售等多方面托管服务。而新型种粮主体则因农机配置不同，对托管服务需求不同。农机配置较全的农户可能主要需要收割、烘干、仓储、销售等方面的托管服务，而农机配置较少的农户则可能需要更多的托管服务。因此，本章将分别研究不同种粮主体的土地托管需求行为。

4.2.1 不同种粮主体的个人、家庭及经营特征

农户是否选择土地托管是以利益最大化为目标，依据自身的个人、家庭及经营特征进行决策的过程。从理论上来看，不同种粮主体所展现的特征不同，对土地托管服务的需求也不同。为直观、形象地展现不同种粮主体的具体情况，本书将对以粮为主普通农户、以粮为辅普通农户及新型种粮主体做详细的特征比较。

1. 种粮决策者个人特征

种粮决策者决定是否进行土地托管，其个人特征影响着土地托管需求行为。种粮决策者个人特征主要包括性别、年龄、文化程度、农闲时是否打工或经商、自评健康状况5个方面。

（1）性别特征。种粮决策者以男性为主，但不同类型农户存在差异。总体来看，男性种粮决策者占80%以上，但新型种粮主体中男性种粮决策者比例更高（占比94.05%），以粮为主普通农户次之，男性种粮决策者占比88.89%，而以粮为辅普通农户男性决策者比重最低，占比83.66%，比前两类种粮主体分别低10.39个、5.23个百分点（见图4-1）。

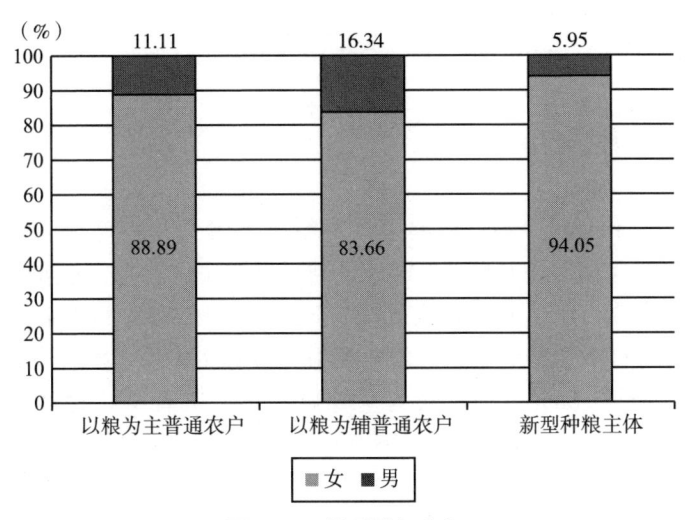

图4-1 性别特征分析

资料来源：根据调研数据整理。

（2）年龄特征。普通农户种粮决策者老龄化特征较为明显，新型种粮主体种粮决策者则以中青年为主。如图 4-2 所示，以粮为主普通农户种粮决策者老龄化情况更为严重，60 岁以上农户占到一半以上（60.33%），以粮为辅普通农户有一半以上决策者在 50 岁以上，其中，51~60 岁之间的占到 37.74%，60 岁以上占到 21.41%。而新型种粮主体种粮决策者则以中青年为主，50 岁以下的有 75%，其中，41~50 岁的有 54.76%，40 岁以下的也有 20.24%。

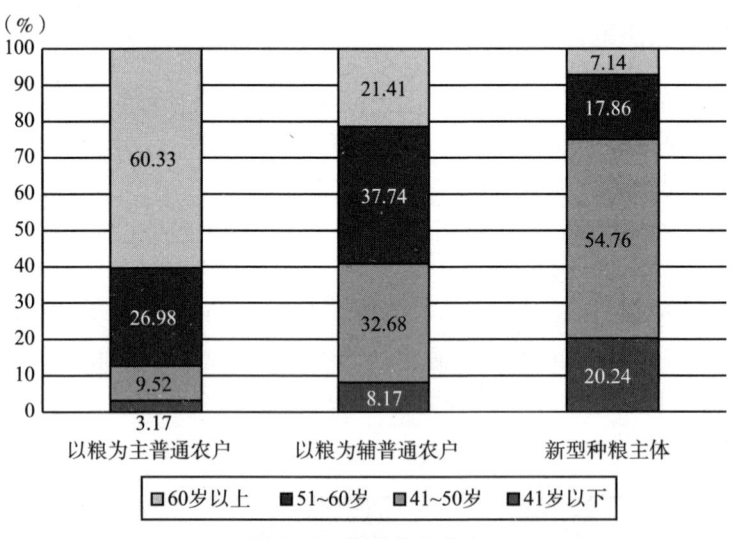

图 4-2 年龄特征分布

资料来源：根据调研数据整理。

（3）文化程度。新型种粮主体种粮决策者文化程度较高，普通农户决策者文化程度相对偏低。80% 的新型种粮决策者文化程度在初中以上，其中高中以上文化程度有 33.33%，且有 10.71% 的决策者是大专以上文化程度。以粮为辅普通农户种粮决策者文化程度相对偏低，初中文化程度为 40.08%。而以粮为主普通农户决策者文化程度更低，有 77.78% 的文化程度在小学及以下，这可能与文化程度低的决策者非农就业机会少有关（见图 4-3）。

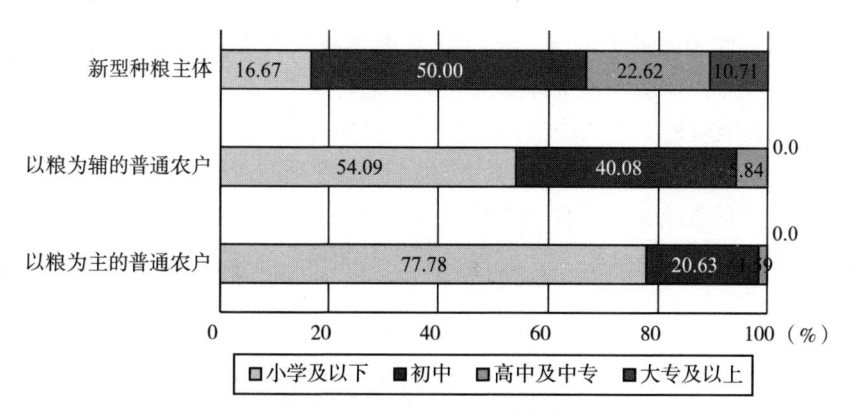

第4章 土地托管需求考察——以种粮农户为例

图4-3 文化程度特征分布

新型种粮主体：16.67 | 50.00 | 22.62 | 10.71
以粮为辅的普通农户：54.09 | 40.08 | 5.84 | 0.0
以粮为主的普通农户：77.78 | 20.63 | 1.59 | 0.0

□小学及以下 ■初中 ■高中及中专 ■大专及以上

图4-3 文化程度特征分布

资料来源：根据调研数据整理。

（4）自评健康状况。普通农户①决策者的健康状况普遍较好。具体来看，以粮为辅普通农户种粮决策者的健康状况要稍好于以粮为主普通农户，主要表现在以粮为辅普通农户决策者健康状况表现为很健康的比重高于以粮为主普通农户。同时，值得注意的是，0.39%的以粮为辅普通农户决策者的健康状况表现为较差，而以粮为主普通农户中不存在这种健康状况（见图4-4）。

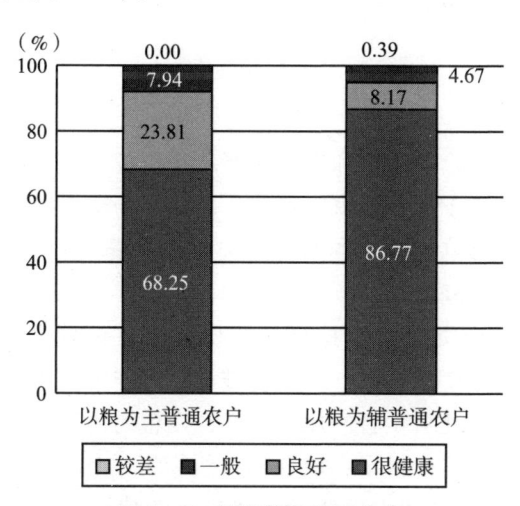

以粮为主普通农户：68.25 | 23.81 | 7.94 | 0.00
以粮为辅普通农户：86.77 | 8.17 | 4.67 | 0.39

■较差 ■一般 ■良好 ■很健康

图4-4 健康状况特征分布

资料来源：根据调研数据整理。

---

① 新型种粮主体粮食种植者自评健康状况均为很健康，在此不做叙述。

(5) 农闲时务工情况。普通农户种粮决策者农闲外出打工或经商的意愿较强，新型种粮主体意愿较弱。总体上，2/3 左右的普通农户决策者在农闲时外出打工或经商，其中，以粮为辅普通农户决策者外出打工或经商的意愿最强，达到 79.77%。而新型种粮主体决策者外出打工或经商的意愿较弱，只有 36.9% 的决策者选择农闲时外出打工或经商，这可能与农户经营规模大、需投入更多时间精力有关（见图 4-5）。

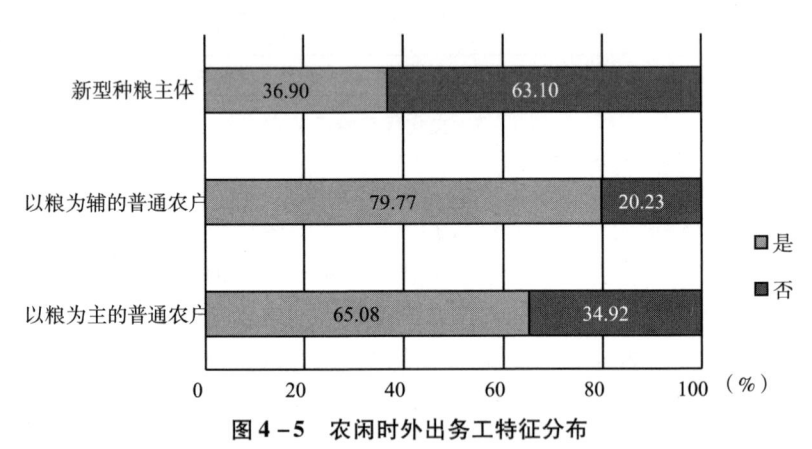

图 4-5 农闲时外出务工特征分布

资料来源：根据调研数据整理。

2. 家庭特征

根据经济学理论，个人和家庭对产品或服务的需求不仅取决于个人基本特征，还取决于消费者家庭特征。因此，为全面探究种粮主体土地托管需求行为的影响因素，本书将从农户社会资本[①]、家庭收入两方面阐述种粮主体的家庭特征。

（1）家庭社会资源禀赋特征。新型种粮主体社会资源禀赋丰富，普通农户社会资源禀赋稍弱。在所有被调查农户中，普通农户家庭成员担任村干部或合作社组织者的比重较小，以粮为主普通农户和以粮为辅普通农户家庭成员担任村干部或合作社组织者的比重分别只有 3.2% 和 2.3%。而新型种粮主体中担任村干部或合作社组织者的比重远远高于普通农户，达到 28.6%，这表明村干部或合作社组织者具有成为新型

---

① 农户社会资本用家庭成员中是否有村干部或合作社组织者来表示。

种粮主体的优势（见图4-6）。

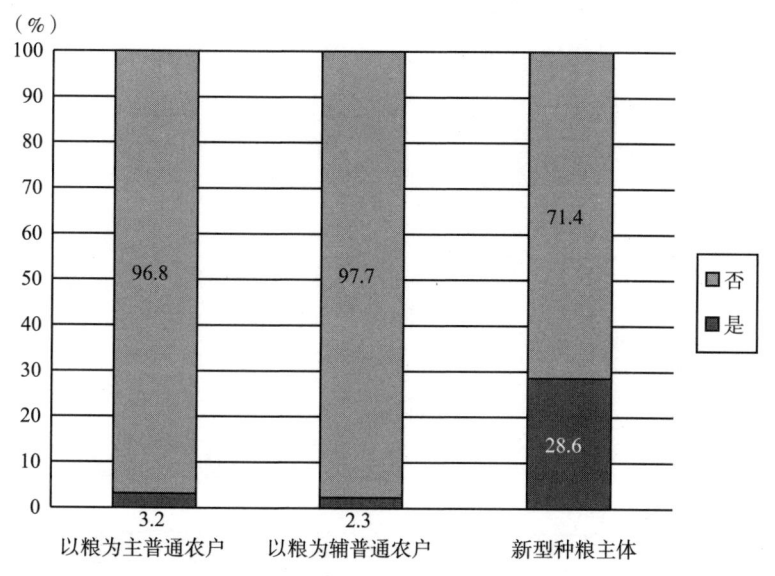

图4-6 家庭社会资源禀赋特征分布

资料来源：根据调研数据整理。

（2）家庭年收入特征。新型种粮主体家庭总收入①远高于普通农户。如图4-7所示，新型种粮主体中，农户家庭总收入在10万以下的只有20%，其余80%的农户家庭收入均在10万元以上，甚至有8%的农户家庭收入在100万元以上。可见，新型种粮主体家庭收入相当可观。普通农户中（如图4-8所示），以粮为辅普通农户家庭收入高于以粮为主普通农户，以粮为辅普通农户家庭总收入在10万元以上的只有17.51%，而以粮为主普通农户中没有达到家庭总收入10万元以上的农户。

3. 粮食经营特征

（1）土地特征。
①不同种粮主体种植规模不同。其中，新型种粮主体耕地面积最

---

① 家庭年总收入为农户2016年家庭总收入。

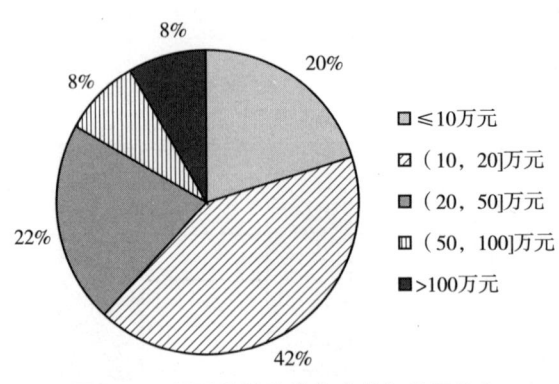

图 4-7 新型种粮主体家庭收入特征分布

资料来源：根据调研数据整理。

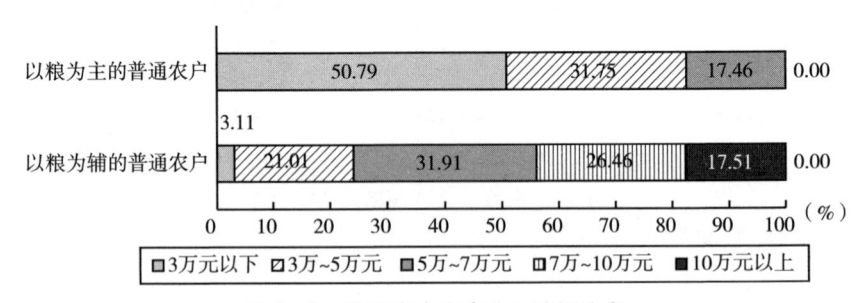

图 4-8 普通农户家庭收入特征分布

资料来源：根据调研数据整理。

大，平均耕地面积 330.7 亩，最大值达 3000 亩；其次为以粮为主普通农户，平均耕地面积 21.1 亩，最大值为 47 亩；以粮为辅普通农户耕地面积最小，平均值为 8.6 亩，最小耕地面积仅有 0.5 亩（见表 4-2）。

表 4-2　　　　　不同类型种粮主体种植规模情况　　　　单位：亩

耕地面积	以粮为主普通农户	以粮为辅普通农户	新型种粮主体
平均数	21.2	8.6	330.7
中位数	22	7.5	225
最大值	47	45	3000
最小值	2.5	0.5	50

资料来源：根据调研数据整理。

②不同种粮主体土地细碎化程度不同。新型种粮主体的土地细碎化程度最低,平均每块耕地93.82亩,最大连片耕作面积达300亩,最小地块面积也有10亩。而普通农户土地细碎化程度偏高,尤其是以粮为辅普通农户,平均每块耕地只有2.5亩,最小地块面积仅0.3亩,以粮为主普通农户土地细碎化程度稍好些,平均地块面积为3.7亩,最大值达到13.3亩(见表4-3)。

表4-3　　　　　　不同类型种粮主体土地细碎化情况　　　　　单位:亩/块

地块面积	以粮为主普通农户	以粮为辅普通农户	新型种粮主体
平均数	3.7	2.5	93.82
中位数	3.2	2.3	79.38
最大值	13.3	13.3	300
最小值	1.3	0.3	10

资料来源:根据调研数据整理。

③新型种粮主体的土地租金相对较高,普通农户土地租金适中。新型种粮主体土地租金平均值为875.2元,比以粮为主普通农户(434.2元/亩)和以粮为辅普通农户(553.7元/亩)分别高出441元、321.5元。而新型种粮主体土地租金最大值达到1000元,最小值为400元,总体上也高于普通农户。总体来看,普通农户土地租金适中,不过以粮为辅普通农户土地租金总体上高于以粮为主普通农户(见表4-4)。

表4-4　　　　　　不同种粮主体土地租金情况　　　　　单位:元/亩

租金	以粮为主普通农户	以粮为辅普通农户	新型种粮主体
平均数	434.2	553.7	875.2
中位数	400	500	900
最大值	800	1000	1000
最小值	300	200	400

资料来源:根据调研数据整理。

④新型种粮主体倾向于长期租地,而普通农户倾向于中短期租地。

新型种粮主体经营规模较大，更愿意长期租地来保持种粮稳定性，其土地租期在5年及以上的占72.62%。而普通农户通常为中短期租地，大部分土地租期在10年以下，其中，以粮为主普通农户、以粮为辅普通农户5年以下土地租期分别占44.74%和50.0%（见图4-9）。

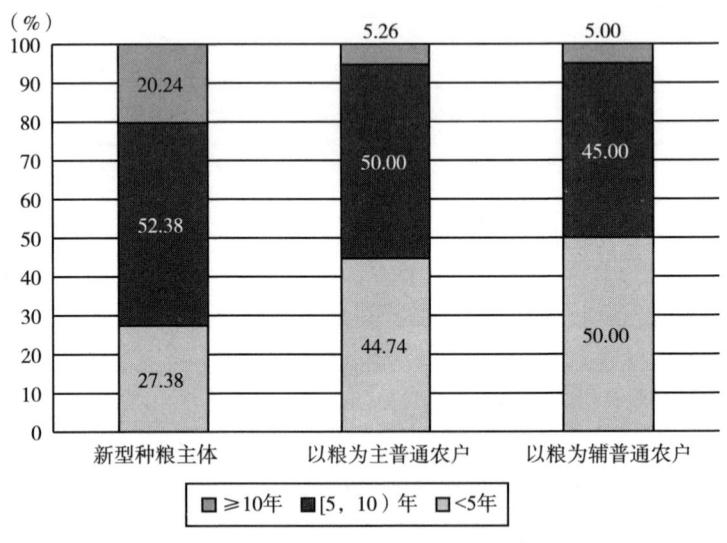

图4-9 不同种粮主体土地租期情况

资料来源：根据调研数据整理。

⑤不同种粮主体耕地条件略有不同。以新型种粮主体为例，新型种粮主体交通运输状况最好，土地质量次之，灌溉条件最差。在被调查的新型种粮主体中，84.52%的农户交通运输状况评价很好，比土地质量和灌溉条件评价很好的比重均高出10.71%，而土地质量评价较差的比重略低于灌溉条件评价较差的比重。总体上，土地质量状况略好于灌溉条件（见图4-10）。

（2）劳动力特征。新型种粮主体的劳动力投入最多，以粮为辅普通农户最少。73.8%的新型种粮主体参与农业劳动的人数为1~2人，同时也有近1/3的农户参与农业劳动人数在3人及以上。而普通农户参与农业劳动人数大多是1~2人，只有1.2%的以粮为辅普通农户参与农业劳动人数达到3人（见表4-5）。

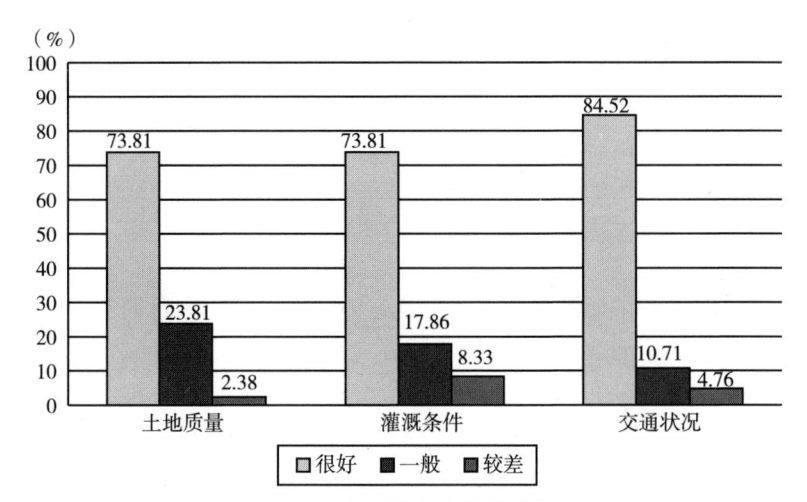

第4章 土地托管需求考察——以种粮农户为例

图4-10 新型种粮主体耕地状况

资料来源：根据调研数据整理。

表4-5　　　　不同种粮主体参与农业劳动力数量的情况

参与农业劳动人数	1人	2人	3人	4人及以上
以粮为主普通农户	14.3%	85.7%	0.0%	0.0%
以粮为辅普通农户	41.3%	57.6%	1.2%	0.0%
新型种粮主体	23.8%	50.0%	10.7%	15.5%

资料来源：根据调研数据整理。

（3）粮食产量与收入特征。

①新型种粮主体粮食产量与普通农户差异不大。以小麦产量为例，新型种粮主体的产量平均值略低于普通农户，两者之间差额不超过20公斤/亩。而普通农户中，以粮为主普通农户、以粮为辅普通农户的产量差别则更小，以粮为主普通农户略高于以粮为辅普通农户，两者亩产相差14公斤/亩（见表4-6）。

表4-6　　　　不同种粮主体粮食产量情况　　　　单位：公斤/亩

小麦产量	以粮为主普通农户	以粮为辅普通农户	新型种粮主体
平均值	554	540	536
中位数	550	550	550

续表

小麦产量	以粮为主普通农户	以粮为辅普通农户	新型种粮主体
最大值	650	650	650
最小值	400	250	450

资料来源：根据调研数据整理。

②不同种粮主体种粮收入比重各有不同。以粮为主普通农户种粮收入比重在50%以上，以粮为辅普通农户种粮收入比重较小，96.11%的农户种粮收入比重在30%以下。而新型种粮主体种粮收入比重分布较均匀，30%以下、30%~50%、50%以上各占1/3左右（见图4-11）。

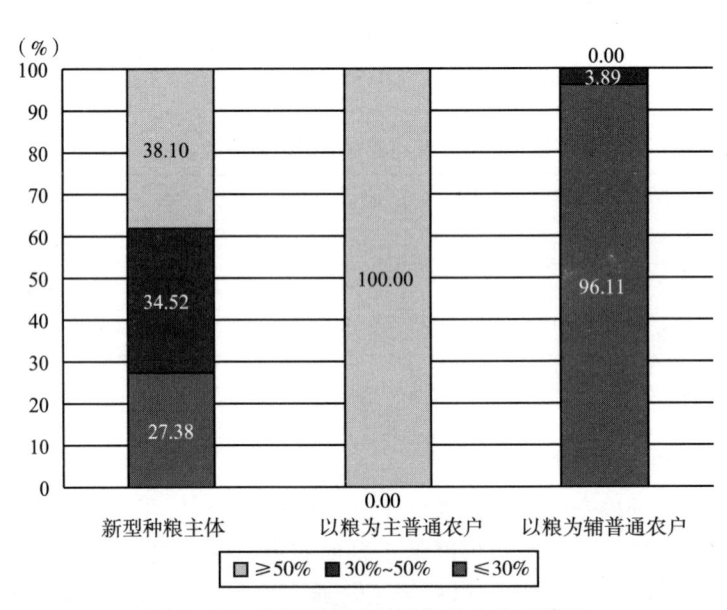

图4-11 不同种粮主体种粮收入比重情况

资料来源：根据调研数据整理。

③机械投入情况。新型种粮主体对农业机械投入意愿更为强烈。被调查样本中，92.9%的新型种粮主体拥有农业机械，如大中型拖拉机、旋耕机、收割机等，其中，42.9%的新型种粮主体拥有7种以上农机。普通农户拥有农机的比重低于新型种粮主体，其自有农机种类大部分在4种以下，其中，以粮为主普通农户拥有农机的比重高于以农为辅的普

通农户，而普通农户的自有农机多以灌溉设备、打药设备、小型运输农机等为主（见图4-12）。

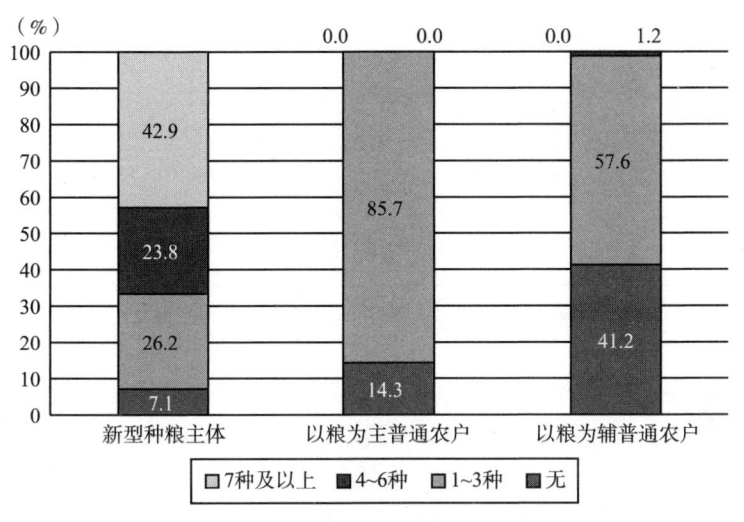

图4-12 不同种粮主体机械投入状况

资料来源：根据调研数据整理。

4.2.2 不同种粮主体土地托管需求行为特征

近年来，随着中国农业转型的深化，粮食经营主体的分化也在迅速推进，较为突出的表现是，传统小农逐渐分化为以粮为主普通农户、以粮为辅普通农户和包括种粮大户、家庭农场、农业企业、专业合作组织在内的新型种粮主体。不同种粮主体土地托管服务的需求一致吗？为探究不同种粮主体土地托管服务需求可能存在的异同，本小节将分别研究不同种粮主体的土地托管服务需求行为特征。

1. 以粮为主普通农户的需求行为

总体上，以粮为主普通农户土地托管服务的需求相对较弱，98%左右的农户仅需要代耕代种、统一收获两项服务，部分农户需要统一灌溉服务，几乎所有农户都不需要另外4种土地托管服务（见表4-7）。

表4-7　以粮为主普通农户土地托管服务需求行为

以粮为主普通农户（n=63）	样本量	占比（%）	排序
农资代买	1	1.3	5
代耕代种	62	98.4	2
统一灌溉	8	12.7	3
病虫草害防治	4	6.3	4
统一收获	63	100.0	1
烘干	0	0.0	7
粮食代售	1	1.6	6

资料来源：根据调研数据整理。

具体来看，所有被调查的以粮为主普通农户均需要统一收获服务，98.4%的农户需要代耕代种服务，说明以粮为主普通农户对农业机械服务需求强烈，这可能与以粮为主普通农户家庭自有农机较少，且多是与灌溉设备、运输农机等小型农机有关。同时，该类农户对统一灌溉、病虫草害防治服务需求比重分别只有12.7%、6.3%，表示农户对田间管理服务需求较弱，这可能是因为以粮为主普通农户家庭劳动力相对充足，劳动强度相对较小的非机械化环节可由自有劳动力完成作业。以粮为主普通农户对产前、产后环节土地托管服务需求更弱，农资代买、烘干、粮食代售等服务的需求比重分别为1.3%、0%、1.6%。这可能是因为农户重视粮食生产，已有长期使用的农资购买渠道及粮食销售渠道，且粮食产量有限，农户晾晒方便，不需要烘干服务。总的来说，以粮为主普通农户不同土地托管服务需求强烈程度排序依次为统一收获服务（100%）、代耕代种服务（98.4%）、统一灌溉服务（12.7%）、病虫草害防治服务（6.3%）、粮食代售服务（1.3%）、农资代买服务（1.6%）、烘干服务（0.0%），其特点主要表现为以粮为主普通农户对产中环节农机服务需求较强，对田间管理及产前、产后托管服务需求较弱。

2. 以粮为辅普通农户的需求行为

总体上，以粮为辅普通农户土地托管服务的需求相对较强烈。除95%左右农户需要代耕代种和统一收获两种托管服务外，农户对农资代买、统一灌溉、病虫草害防治、粮食代售四种服务的需求也占有一定比重，但该类农户表示不需要烘干服务（见表4-8）。

具体来看，以粮为辅普通农户对代耕代种和统一收获等农机类服务需求比重达到95%左右，这与以粮为辅普通农户自有农机较少、更专注于外出打工有关。此外，以粮为辅普通农户对农资代买、统一灌溉、病虫草害防治等服务需求皆在30%左右，远高于以粮为主普通农户，这是因为以粮为辅普通农户将更多时间和精力投在外出务工上，在产前及田间管理环节更倾向于土地托管服务。而该类农户对粮食代售和烘干服务需求较弱，其中，需要粮食代售服务的农户只有12.1%，需要烘干服务的农户为零，这是因为以粮为辅普通农户经营规模小，粮食产出有限，对两种托管服务需求较弱。总的来说，以粮为辅普通农户对不同土地托管服务需求程度排序依次为统一收获服务（95.3%）、代耕代种服务（93.0%）、统一灌溉服务（31.1%）、病虫草害防治服务（25.3%）、农资代买服务（23.7%）、粮食代售服务（12.1%）、烘干服务（0.0%）。由此可见，以粮为辅普通农户对服务的需求排序和以粮为主普通农户服务需求排序相同，区别在于以粮为辅普通农户土地托管服务需求程度高于以粮为主普通农户。

表4-8　　　　以粮为辅普通农户土地托管服务需求行为

以粮为辅普通农户（n=257）	样本量	占比（%）	排序
农资代买	61	23.7	5
代耕代种	239	93.0	2
统一灌溉	80	31.1	3
病虫草害防治	65	25.3	4
统一收获	245	95.3	1
烘干	0	0.0	7
粮食代售	31	12.1	6

资料来源：根据调研数据整理。

3. 新型种粮主体的需求行为

总体上，新型种粮主体土地托管服务需求比较弱。84户被调查的新型种粮主体中，除统一收获服务需求比重达到57.1%外，该类农户对土地托管其他环节服务需求比重皆在50%以下（见表4-9）。

具体来看，新型种粮主体在土地托管各个环节的服务需求偏弱。其中农户需求程度较强的是统一收获服务和代耕代种服务，需求比重分别达到57.1%、40.5%。新型种粮主体农机服务需求程度最强但比重只有50%左右的原因是：新型种粮主体经营规模较大，相比其他服务对农机服务需求最强，但大部分农户自有农机种类多，只有部分农机种类较少的农户选择农机托管服务。同时，36.9%的新型种粮主体需要粮食代售服务，这与新型种粮主体粮食产量大、市场价格波动性强有关。相比之下，该类农户对农资代买、统一灌溉、病虫草害防治、烘干等服务需求偏弱，比重分别为15.5%、11.9%、27.4%、15.5%。而15.5%的农户采用了烘干托管服务是新型种粮主体在产后环节技术上的创新。概括来看，新型种粮主体不同土地托管服务需求排序依次为统一收获服务（57.1%）、代耕代种服务（40.5%）、粮食代售服务（36.9%）、病虫草害防治服务（27.4%）、农资代买服务（15.5%）、烘干服务（15.5%）、统一灌溉服务（11.9%）。

表4-9　　　新型种粮主体土地托管服务需求行为

新型种粮主体（n=84）	样本量	占比（%）	排序
农资代买	13	15.5	5
代耕代种	34	40.5	2
统一灌溉	10	11.9	7
病虫草害防治	23	27.4	4
统一收获	48	57.1	1
烘干	13	15.5	6
粮食代售	31	36.9	3

资料来源：根据调研数据整理。

4.3　不同环节的土地托管需求特点

针对农业生产过程，本书将整个种粮流程分成以下环节：产前环节，主要包括农资代买；产中环节，包括耕地环节、播种环节、灌溉环节、病虫草害防治环节、收割环节、玉米脱粒环节、运输环节；产后环节，主要包括烘干环节、粮食销售环节。种粮主体在不同环节对土地托管服务的需求存在较大差异，因此，本节将研究不同土地托管服务环节的农户需求强度。

通过对调查问卷数据的分析发现，全部样本中农户对土地托管服务需求环节排序依次为收割环节（88.1%）、耕地环节（82.9%）、播种环节（71.5%）、玉米脱粒环节（56.7%）、运输环节（38.4%）、灌溉环节（24.3%）、病虫草害防治环节（22.8%）、农资代买（18.6%）、销售环节（15.6%）、烘干环节（3.2%）（见表4-10）。

具体来看，全部被调查样本中，356户农户在收割环节需要土地托管服务，超过了样本总数的一半（占88.1%），居于各个环节服务需求排序第一位。农户在耕地环节土地托管服务需求仅次于收割环节，有82.9%的农户需要该项服务。种粮农户在播种环节和玉米脱粒环节对土地托管服务的需求分别排在第三、第四位。其中，289户种粮农户在播种环节需要托管服务，229户种粮农户在玉米脱粒环节需要服务，分别占总样本的71.5%和56.7%。同时，在服务需求环节排序中占第五、六、七位的分别是运输环节、灌溉环节、病虫草害防治环节，分别占样本总量的38.4%、24.3%、22.8%。在产前和产后的三个生产环节中，种粮农户对土地托管服务需求程度较弱，具体表现在农户对农资代买、烘干服务、粮食代售服务的需求比重分别只有18.6%、15.6%、3.2%。

表4-10　　　　全部样本不同环节土地托管服务需求特点

类别	环节	样本数	占比（%）	排序
产前	农资代买	75	18.6	8
产中	耕地	335	82.9	2
	播种	289	71.5	3
	灌溉	98	24.3	6
	病虫草害防治	92	22.8	7
	收割	356	88.1	1
	玉米脱粒	229	56.7	4
	运输	155	38.4	5

续表

类别	环节	样本数	占比（%）	排序
产后	烘干	13	3.2	10
	销售	63	15.6	9

资料来源：根据调研数据整理。

4.3.1 产前环节农资代买服务需求

种粮主体对农资代买服务的需求相对较弱。被调查样本中，18.6%的农户需要农资代买服务，在不同土地托管服务需求中排名第八位。同时，不同种粮主体农资代买服务需求也存在差异，其中，以粮为主普通农户农资代买服务需求最弱，只有1.6%的农户需要托管服务，新型种粮主体农资代买服务需求稍强，17.3%的农户选择农资代买托管服务，而以粮为辅普通农户农资代买服务需求最强，该类农户农资代买服务需求比重达到23.7%。之所以出现这种现象，可能与下列原因有关：现代农业农资购买渠道多，大部分以粮为主普通农户能够就近方便地买到所需农资，以粮为辅普通农户在农业生产中投入时间、精力有限，更倾向于托管农资代买环节。而新型种粮主体种植规模较大，部分农户已有稳定的农资购买渠道，对该项服务需求较弱。具体来看，各类种粮主体农资代买服务需求在种粮决策者年龄、文化程度，以及农户兼业性、家庭社会资源、种植规模等方面表现出不同特点。

1. 年龄特征对农资代买服务需求影响较小

总体上，年龄特征对农资代买服务需求影响很小。全部样本各年龄层需要农资代买服务农户比重是相似的，年龄在41岁以下、41~50岁、51~60岁、60岁以上的服务需求比重分别为12.5%、22.8%、20.9%、12.1%。这和全部被调查种粮主体需要农资代买服务比重相似，即年龄特征对农资代买服务影响并不显著（见表4-11）。

表4-11　　　　　　农资代买服务需求决策者年龄分布

年龄	样本数	占比（%）
41岁以下	5	12.5
41~50岁	31	22.8
51~60岁	27	20.9
60岁以上	12	12.1

资料来源：根据调研数据整理。

2. 文化程度越低，农户农资代买服务需求越强

种粮决策者文化程度越高，种粮主体越不倾向于选择农资代买服务。小学及以下文化程度的决策者有16.8%需要农资代买服务，初中文化程度有21.5%，随着文化程度越高，其选择农资代买服务的比重不断降低，大专及以上文化程度的决策者表示不需要农资代买服务（见表4-12）。出现这种现象主要是因为文化程度高的种粮决策者在农资购买过程中具备较强的质量甄别能力，能根据自身生产需要选择合适的农资产品，所以农资代买服务的需求主要集中在文化程度偏低的种粮农户。

表4-12　　　　　　农资代买服务需求决策者文化程度分布

文化程度	样本数	占比（%）
小学及以下	34	16.8
初中	34	21.5
高中及中专	7	20.6
大专及以上	0	0.0

资料来源：根据调研数据整理。

3. 兼业性对种粮农户农资代买服务需求影响不明显

在全部被调查样本中，18.4%的农户需要农资代买服务，如表4-13所示，兼业和不兼业农户选择农资代买服务的比重均为18.5%左右，与全部样本需求比重基本符合。很明显，农户兼业性不影响其农资代买

服务需求程度。

表 4 – 13　　　　　农资代买服务需求农户兼业性分布

是否兼业	样本数	占比（%）
是	51	18.4
否	24	18.9

资料来源：根据调研数据整理。

4. 村干部或合作社组织者农资代买服务需求通常较小

从家庭成员是否担任村干部或合作社组织者来看，家庭成员中有村干部或合作社组织者的种粮主体中仅有 6.3% 的农户选择农资代买服务，远远低于农资代买服务需求比重 18.6%，而家庭成员无村干部或合作社组织者的农户对农资代买服务需求比重达到 19.6%（见表 4 – 14）。家庭成员担任村干部或合作社组织者意味着农户在农业信息方面具有优势，可以准确把握农资市场的前景，正确判断农资的价格与质量，较少需要农资代买服务。

表 4 – 14　　　　　农资代买服务需求农户社会资源分布

家庭成员是否担任村干部或合作社组织者	样本数	占比（%）
是	2	6.3
否	73	19.6

资料来源：根据调研数据整理。

5. 种植规模越大，农户农资代买服务需求越强

从种植规模来看，一定范围内，随着农户耕地面积的增加，农户选择农资代买服务的意愿不断增强。具体来说，耕地面积在 15 亩以下以及 50~500 亩之间的农户农资代买服务需求程度随耕地面积增加而增大，而耕地面积在 15~50 亩及 500 亩以上的农户农资代买服务需求程度远低于其他农户，这与耕地面积较大农户更加重视农资质量与价格、更倾向于从厂家统一购买有关（见表 4 – 15）。

表 4–15　　　　农资代买服务需求农户种植规模分布

耕地面积（亩）	样本数	占比（%）
≤5	9	11.1
(5, 10]	35	26.3
(10, 15]	14	29.2
(15, 50]	4	6.9
(50, 300]	9	15.8
(300, 500]	4	25.0
>500	0	0.0

资料来源：根据调研数据整理。

小结：种粮主体农资代买服务需求的特点表现为：种粮决策者文化程度越低、农户社会资源越匮乏、种植规模越大的农户，农资代买服务需求越强。同时，种粮决策者年龄、兼业性对农户农资代买服务需求程度影响较小。

4.3.2　产中环节托管服务需求

1. 耕种环节托管服务需求

（1）耕地环节托管服务需求。种粮主体耕地环节托管服务需求意愿较强。全部样本中，82.9%的农户需要耕地环节托管服务，在不同土地托管服务需求排序中占第二位。在耕地环节，新型种粮主体与普通农户对耕地环节托管服务需求不同，普通农户对耕地环节托管服务需求较强，其中，98.4%的以粮为主普通农户选择托管耕地环节，93.0%的以粮为辅普通农户也愿意托管耕地环节，而新型种粮主体对耕地环节托管服务需求较弱，只有不到一半的农户选择该环节托管服务。这与普通农户自有农机种类较少、新型种粮主体自有农机种类较多有关。具体来看，各类种粮主体耕地托管需求在种粮决策者年龄、文化程度，以及家庭社会资源、农业劳动力数量、种植规模及农机拥有量等方面表现出不同的特点。

①年龄越大，农户对耕地环节托管服务需求越强。如表 4–16 所

示，各年龄阶层对耕地环节托管需求比重分别为 67.5%、73.5%、89.9%、92.9%，农户耕地环节托管服务需求随年龄上升而不断增强。这与年老农户体力不足、无法完成农业生产有关。

表 4-16　　　　耕地环节服务需求决策者年龄特征分布

年龄	样本数	占比（%）
41 岁以下	27	67.5
41~50 岁	100	73.5
51~60 岁	116	89.9
60 岁以上	92	92.9

资料来源：根据调研数据整理。

②种粮决策者文化程度越高，农户耕地环节托管服务需求越弱。如表 4-17 所示，决策者文化程度为小学及以下的农户中，92.1%需要耕地托管服务，随着决策者文化程度的提高，农户耕地环节托管服务的需求不断降低，大专及以上文化程度的农户中，只有 60%选择耕地环节托管服务。文化程度偏低的农户，局限于传统种粮思维，没有大规模投资农机的魄力，大部分农机环节依赖于外界提供服务，而文化程度偏高的农户眼界较广，投资农机意愿较强，自有农机种类多，对耕地环节托管服务需求弱。

表 4-17　　　　耕地环节服务需求决策者文化程度分布

文化程度	样本数	占比（%）
小学及以下	186	92.1
初中	122	77.2
高中及中专	21	61.8
大专及以上	6	60.0

资料来源：根据调研数据整理。

③村干部或合作社组织者对耕地环节托管服务需求较弱。在被调查样本中，家庭成员担任村干部或合作社组织者的农户需要耕地托管服务

的比重只有50%，远远低于全部样本需求耕地环节托管服务比重，而家庭成员无村干部或合作社组织者的农户需求耕地托管服务的比重达到85.8%，非常接近全部样本的需求比重82.9%（见表4-18）。这与大部分村干部或合作社组织者具有规模种粮的知识基础或资本基础，可以自我提供耕地服务有关。

表4-18　　　　耕地环节服务需求农户社会资源分布

家庭成员是否担任村干部或合作社组织者	样本数	占比（%）
是	16	50.0
否	319	85.8

资料来源：根据调研数据整理。

④农户参与农业劳动人数越多，对耕地环节托管服务需求越弱。从参与农业劳动人数来看，农户参与农业劳动人数在2人及以下的对耕地托管服务需求较强，占比达到85.2%，而参与农业劳动人数在3人以上的农户对该环节托管服务需求偏弱，所占比重不到一半。其中，参与农业劳动人数在3~4人的农户选择托管服务的比重是40.9%，5人及以上的需求比重仅为23.1%（见表4-19）。显然，选择耕地服务的农户基本上都是家庭参与农业劳动人数较少的家庭，这很符合现代农业以机械化替代劳动力的特征。

表4-19　　　　耕地环节服务需求农户劳动力分布

参与农业劳动人数	样本数	占比（%）
2人及以下	323	85.2
3~4人	9	40.9
5人及以上	3	23.1

资料来源：根据调研数据整理。

⑤种植规模偏大的新型种粮主体耕地环节托管服务需求较弱。如表4-20所示，耕地面积在50亩以下的农户对耕地环节托管服务需求较强，需求比重达到90%左右。对于耕地面积在50亩以上的新型种粮主体来说，耕地面积越大，家庭自有农机种类越多，越可能满足自家耕作

需要，对土地托管组织提供的耕地服务需求越弱。而对于耕地面积在500亩以上的农户，可能因抢种农时，自有农机不能及时满足需求，部分家庭需要外界提供托管服务，其托管服务需求程度稍高些。

表4-20　　　耕地环节服务需求农户种植规模分布

耕地面积（亩）	样本数	占比（%）
≤5	71	87.7
(5, 10]	128	96.2
(10, 15]	45	93.8
(15, 50]	57	98.3
(50, 300]	25	43.9
(300, 500]	4	25.0
>500	5	45.5

资料来源：根据调研数据整理。

⑥农户耕地环节托管服务需求程度随自有农机种类增多而降低。如表4-21所示，自有农机种类直接关系到农户农机服务的需求强度。自有农机种类在5种以下的农户对耕地环节托管服务需求较强，达到80%以上，而拥有6种以上农机的农户托管服务需求较弱，所占比重不到1/3。简单来看，农户拥有农机越多，基本上可以满足自家服务需要，对土地托管组织服务需求较弱。

表4-21　　　耕地环节服务需求农户自有农机分布

自有农机种类	样本数	占比（%）
0~2种	254	95.8
3~5种	69	83.1
6~7种	9	25.7
8~9种	3	14.3

资料来源：根据调研数据整理。

小结：种粮主体耕地环节服务需求的特点表现为：种粮决策者年龄

越大、文化程度越低、社会资源越匮乏、种粮规模越小、农业劳动力及农机种类越少的农户耕地服务需求越强。

（2）播种环节托管服务需求。全部被调查样本中，农户播种环节托管服务需求较强，71.5%的种粮主体表示需要播种服务，在不同环节托管服务排序中占第三位。同时，各类种粮主体播种环节托管服务需求程度有所不同，以粮为主普通农户需求最高（93.7%），以粮为辅普通农户次之（78.2%），新型种粮主体最低（34.5%）。具体来看，各类种粮主体的播种服务需求在种粮决策者年龄、文化程度，以及参与农业劳动人数、种植规模、土地细碎化程度、农户自有农机种类等方面表现出不同的特点。

①种粮决策者年龄偏大的农户对播种环节托管服务需求较强。如表4-22所示，种粮决策者较年轻的农户播种环节托管服务需求较弱，其中决策者年龄在41岁以下和41~50岁的农户播种环节托管服务的需求比重在60%左右，低于全部农户播种环节托管服务需求比重。而年龄偏大农户播种环节托管服务需求较强，基本上达到80%左右。年龄较大的决策者体力不足，投资农机的意愿较弱，播种环节主要依靠相关组织提供托管服务。

表4-22　　　　　　播种环节服务需求决策者年龄分布

年龄	样本数	占比（%）
41岁以下	22	55.0
41~50岁	82	60.3
51~60岁	107	82.9
60岁以上	78	78.8

资料来源：根据调研数据整理。

②种粮决策者文化程度对播种环节托管服务需求影响较小。根据调查数据分析，农户选择播种环节托管服务比重总体上随决策者文化程度的提高而降低，但比重相差不大。所有农户播种环节托管服务的需求比重是71.5%，而小学及以下、初中、高中及中专、大专及以上文化程度的决策者选择播种环节托管服务的比重分别为75.7%、69.6%、58.8%、60.0%，与前者相差不大（见表4-23）。简单来说，文化程

度对播种环节托管服务需求影响有限。

表4-23　　播种环节服务需求决策者文化程度分布

文化程度	样本数	占比（%）
小学及以下	153	75.7
初中	110	69.6
高中及中专	20	58.8
大专及以上	6	60.0

资料来源：根据调研数据整理。

③农户参与农业劳动人数越多，播种环节托管服务需求越弱。普通农户家庭参与农业劳动人数多在2人左右，新型种粮主体参与农业劳动人数偏多。如表4-24所示，参与农业劳动人数在2人及以下的农户选择播种环节托管服务的比重为73.1%，参与农业劳动人数在3~4人的农户需求比重稍小些，只有40.9%，而参与农业劳动人数在5人及以上的农户选择播种托管服务的最少，只占到23.1%。

表4-24　　播种环节服务需求农户家庭劳动力分布

参与农业劳动人数	样本数	占比（%）
2人及以下	277	73.1
3~4人	9	40.9
5人及以上	3	23.1

资料来源：根据调研数据整理。

④种植面积较大的种粮主体播种环节托管服务需求较弱。耕地面积在50亩以下的普通农户播种环节托管服务需求较强。耕地面积为5亩以下、5~10亩、10~15亩、15~50亩的农户该环节托管服务需求比重均在80%以上。而耕地面积在50亩以上的新型种粮主体对该环节的托管服务需求较弱，耕地面积为50~300亩的农户有43.9%表示需要播种环节托管服务，300~500亩耕地的农户该环节托管服务需求比重只有6.3%，而500亩以上耕地的农户需要播种环节托管服务的比重比

300~500亩农户高20%左右,这是因为此类农户耕地面积过大,自家农机不能及时完成播种环节,需要土地托管组织提供服务(见表4-25)。

表4-25　　　　播种环节服务需求农户种植规模分布

耕地面积（亩）	样本数	占比（%）
≤5	65	80.2
(5, 10]	107	80.5
(10, 15]	40	83.3
(15, 50]	48	82.8
(50, 300]	25	43.9
(300, 500]	1	6.3
>500	3	27.3

资料来源：根据调研数据整理。

⑤土地细碎化程度较小的农户播种环节托管服务需求偏弱。如表4-26所示,除土地细碎化程度在0.1以下的农户播种环节托管服务需求仅为37.5%外,其他土地细碎化程度较高的农户播种环节托管服务需求比重均在70%以上。这是因为土地细碎化程度小的农户多为新型种粮主体,其自有农机种类较多,对外界托管服务需求偏弱。

表4-26　　　　播种环节服务需求农户细碎化分布

土地细碎化程度	样本数	占比（%）
≤0.1	33	37.50
(0.1, 0.3]	62	74.70
(0.3, 0.5]	131	83.97
(0.5, 1]	56	82.35
>1	7	77.78

资料来源：根据调研数据整理。

⑥农户自有农机种类负向影响其播种环节托管服务需求。自有农机在2种以下的农户播种环节托管服务需求较强,需求比重达到90%左

右，随着自有农机种类的增多，农户播种环节服务需求比重逐渐降低，直至拥有8种以上农机的农户表示不需要播种环节托管服务（见表4-27）。这与播种农机价格适中，较多农户选择购买有关。

表4-27　　　　播种环节服务需求农户自有农机分布

自有农机种类	样本数	占比（%）
0~2种	237	89.4
3~5种	46	55.4
6~7种	6	17.1
8~9种	0	0.0

资料来源：根据调研数据整理。

小结：种粮主体播种环节服务需求的特点表现为：种粮决策者年龄越大、种粮规模越小、农业劳动力及农机种类越少的农户耕地服务需求越强，而种粮决策者文化程度对农户该环节托管服务需求影响较小。

2. 田间管理环节托管服务需求

（1）灌溉环节托管服务需求。总体上，种粮主体灌溉环节托管服务需求偏弱，只有24.3%的农户选择该项托管服务，在不同土地托管服务排序中居第六位。以粮为辅普通农户对该环节托管服务需求相对较强，以粮为主普通农户及新型种粮主体灌溉环节托管服务需求相对较弱。其中，31.1%的以粮为辅普通农户托管灌溉环节，需求比重大于全部样本的需求比重，而以粮为主普通农户和新型种粮主体的需求比重在10%左右，整体上需求程度偏低。被调查地区农田水利设施建设完善，拥有简单灌溉设施的农户可以自主完成灌溉环节，以粮为主普通农户和新型种粮主体为降低农业生产成本，更倾向于自我提供服务来完成农业灌溉，而以粮为辅普通农户为节省时间和精力，部分农户倾向于托管灌溉环节。具体来看，各类种粮主体的灌溉服务需求在种粮决策者年龄、文化程度，以及参与农业劳动人数、种粮收入比重、农户自有农机种类等方面表现出不同的特点。

①年轻种粮决策者对灌溉环节托管服务需求偏低。决策者在41岁以下的农户只有12.5%倾向于托管灌溉环节，而决策者年龄在41~50

岁、51~60岁、60岁以上的农户对灌溉环节托管服务的需求比重分别为22.8%、27.9%、26.3%，总体上比41岁以下农户稍高（见表4-28）。年轻决策者劳动能力较强，农户自家劳动力可以满足农业生产灌溉需要，不需要外界提供灌溉托管服务，而年龄偏大决策者体力不足，在自家不能提供充足的灌溉服务时，对灌溉托管服务需求稍强。

表4-28　　　　灌溉环节服务需求决策者年龄分布

年龄	样本数	占比（%）
41岁以下	5	12.5
41~50岁	31	22.8
51~60岁	36	27.9
60岁以上	26	26.3

资料来源：根据调研数据整理。

②种粮决策者文化程度不影响农户灌溉托管服务需求。如表4-29所示，不同文化程度灌溉环节托管服务需求比重不同，分别为23.8%、25.3%、20.6%、30.0%，相差不大，与全部农户灌溉环节托管服务需求比重也比较接近，说明文化程度对农户灌溉环节托管服务需求影响较小。这与文化程度不影响农户对灌溉设施拥有率有关。

表4-29　　　　灌溉环节服务需求决策者文化程度分布

文化程度	样本数	占比（%）
小学及以下	48	23.8
初中	40	25.3
高中及中专	7	20.6
大专及以上	3	30.0

资料来源：根据调研数据整理。

③农户自有农机种类负向影响其灌溉环节托管服务需求。农户自有农机种类越多，其对灌溉环节托管服务需求越弱。拥有2种以下农机的农户对灌溉环节托管服务需求比重为30.9%，而拥有6种以上农机的农

户对该环节托管服务需求很弱,只占到8.6%(见表4-30)。农机种类越多,拥有灌溉设施的可能性越大,对托管服务需求越弱。

表4-30　　　　灌溉环节服务需求农户自有农机分布

自有农机种类	样本数	占比(%)
0~2种	82	30.9
3~5种	13	15.7
6~7种	3	8.6
8~9种	0	0.0

资料来源:根据调研数据整理。

④参与农业劳动人数越多,农户灌溉环节托管服务需求越弱。农业灌溉环节对家庭劳动力要求较高,参与农业劳动人数较多的农户可以自家完成灌溉环节,而家庭劳动力不足的农户更倾向于托管灌溉环节。如表4-31所示,参与农业劳动人数在2人以下、3~4人的农户分别有24.5%、22.7%需要灌溉环节托管服务,而人数在5人以上的农户则表示不需要灌溉环节托管服务。

表4-31　　　　灌溉环节服务需求农户劳动力分布

参与农业劳动人数	样本数	占比(%)
2人及以下	93	24.5
3~4人	5	22.7
5人及以上	0	0.0

资料来源:根据调研数据整理。

⑤种粮收入比重越高,农户对灌溉环节托管服务需求越弱。30%左右的种粮收入比重在30%以下的农户选择灌溉环节托管服务,而种粮收入比重在50%以上的农户只有9.5%选择灌溉托管服务,这意味着农户种粮收入比重越高,农户对灌溉环节托管服务需求越弱(见表4-32)。对种粮收入比重较大的农户而言,粮食收入是家庭主要收入来源,在家庭劳动力充足的情况下,为降低农业生产成本,农户更愿意自己完成农业

灌溉作业。

表 4-32　　　　　　灌溉环节服务需求农户种粮比重分布

种粮收入比重	样本数	占比（%）
<30%	79	29.3
30%~50%	10	25.6
>50%	9	9.5

资料来源：根据调研数据整理。

小结：种粮主体灌溉环节服务需求的特点表现为：种粮决策者年龄越大、种粮收入比重越小、农户参与农业劳动人数及农机种类越少的农户灌溉服务需求越强。而文化程度基本上不影响农户该环节服务需求程度，这与种粮主体播种环节服务需求特点相似。

（2）病虫草害防治环节托管服务需求。种粮农户病虫草害防治环节托管服务需求较弱，全部样本中有 22.8% 的农户选择该环节托管服务，在不同托管服务需求排序中居第七位。不同种粮主体中，以粮为辅普通农户及新型种粮主体病虫草害防治环节托管服务需求相对较强，而以粮为主普通农户该环节托管服务需求最弱。这主要是因为：以粮为主普通农户为降低农业生产成本，倾向于自己完成病虫草害防治作业；以粮为辅普通农户更关注于外出务工，因而将该环节托管给土地托管组织；而新型种粮主体家庭劳动力不能满足病虫草害防治环节需要，部分农户更愿意选择该环节托管服务。具体来看，各类种粮主体的病虫草害防治服务需求在种粮决策者年龄、文化程度，以及农户社会资源、种粮收入比重、种植规模等方面表现出不同的特点。

①种粮决策者较年轻的农户病虫草害防治环节托管服务需求较弱。如表 4-33 所示，决策者在 41 岁以下的农户选择该环节托管服务的比重只有 7.5%，而其他各年龄阶层对该环节托管服务需求比重分别为 25.0%、27.1%、21.2%，与全部样本病虫草害防治环节托管服务需求比重相近，这说明，除决策者较年轻的农户更倾向于自己完成病虫草害防治作业，其他年龄层对该环节托管服务需求偏高。这是因为年轻决策者劳动能力较强，具有较强的投资农机意愿，所以对病虫草害防治环节托管服务需求相对较弱。

表 4-33　　病虫草害防治环节服务需求决策者年龄分布

年龄	样本数	占比（%）
41 岁以下	3	7.5
41~50 岁	34	25.0
51~60 岁	35	27.1
60 岁以上	21	21.2

资料来源：根据调研数据整理。

②种粮决策者文化程度越高，农户病虫草害防治环节托管服务需求越强。如表 3-34 所示，决策者文化程度为小学及以下、初中、高中及中专、大专及以上的农户选择病虫草害防治环节托管服务的比重分别为 18.8%、24.7%、38.2%、30.0%，随着决策者文化程度的不断提高，农户需求托管服务比重也不断增加。我们推断：文化程度较低的农户外出就业机会少，更重视粮食生产，对托管服务需求弱，而文化程度较高的农户种粮以外其他收入来源多，为解放家庭劳动力，更倾向于病虫草害防治托管服务。而大专及以上文化程度农户该环节需求比重稍低于高中及中专文化程度农户，可能因为此类农户大多是新型种粮主体，自有农机种类较多，对该环节的托管服务需求相对偏弱。

表 4-34　　病虫草害防治环节服务需求决策者文化程度分布

文化程度	样本数	占比（%）
小学及以下	38	18.8
初中	39	24.7
高中及中专	13	38.2
大专及以上	3	30.0

资料来源：根据调研数据整理。

③家庭成员担任村干部或合作社组织者的农户病虫草害防治服务需求偏弱。如表 4-35 所示，18.8% 的家庭成员担任村干部或合作社组织者的农户选择病虫草害防治环节托管服务，比无村干部或合作社组织者的农户选择托管服务的比重低 5 个百分点左右。这是因为家庭成员担任

村干部或合作社组织者的农户多是新型种粮主体，部分农户拥有无人机等喷药设备，不需要外界来提供相关服务。

表 4–35　病虫草害防治环节服务需求农户社会资源分布

是否村干部或合作社组织者	样本数	占比（%）
是	6	18.8
否	87	23.4

资料来源：根据调研数据整理。

④种粮收入比重负向影响农户病虫草害防治服务需求。如表 4–36 所示，种粮收入比重在 30% 以下的农户中，有 26.3% 选择托管病虫草害防治环节，而种粮收入比重在 50% 以上的农户只有 15.8% 选择托管该环节，比种粮收入比重在 30% 以下的农户的需求比重约低 10 个百分点。种粮收入比重越小，农户兼业性越强，更关注种粮以外的收入来源，将以劳动力为主的病虫草害防治环节托管给土地托管组织，集中精力外出务工或经商。

表 4–36　病虫草害防治环节服务需求农户种粮收入比重分布

种粮收入比重	样本数	占比（%）
<30%	71	26.3
30%~50%	7	17.9
>50%	15	15.8

资料来源：根据调研数据整理。

⑤种植规模较小的普通农户及新型种粮主体病虫草害防治服务需求较弱。如表 4–37 所示，不同种植面积农户服务需求比重分别为 16.0%、27.8%、27.1%、12.1%、26.3%、31.3%、27.3%。显然，对于同一类型种粮主体来说，耕地面积越大，农户病虫草害防治环节托管服务需求越强。耕地面积增大，农户家庭劳动力不能满足农业生产中病虫草害防治环节需要，更倾向于土地托管组织提供托管服务。

表 4-37　　　病虫草害防治环节服务需求农户种植规模分布

耕地面积（亩）	样本数	占比（%）
≤5	13	16.0
(5，10]	37	27.8
(10，15]	13	27.1
(15，50]	7	12.1
(50，300]	15	26.3
(300，500]	5	31.3
>500	3	27.3

资料来源：根据调研数据整理。

小结：种粮主体病虫草害防治服务需求的特点表现为：种粮决策者年龄越大、文化程度越高，以及农户社会资源越匮乏、种粮收入比重越小、种植规模越大的农户灌溉服务需求越强。

3. 收割环节托管服务需求

（1）收割环节托管服务需求。全部样本中，88.1%的农户需要收割环节托管服务，在不同土地托管服务需求排序中居第一位，是种粮农户需求最强烈的托管服务。在被调查地区，收割环节基本实现了机械化，但大型收割机价格昂贵，多数农户承担不起，所以农户收割环节托管服务需求较强。不同种粮主体对该环节托管服务需求也不同，以粮为主普通农户对收割托管服务需求最强，需求比重达到100%，以粮为辅普通农户次之，有95.3%农户需要收割托管服务，而新型种粮主体对收割环节托管服务需求最弱，只有57.1%的农户需要托管。普通农户家庭一般没有大型收割机，在收割环节只能依靠托管组织。而新型种粮主体家庭自有农机种类多，拥有大型收割机可能性大，可以满足自家收割需要，但部分农户耕地面积过大，自有收割机不能满足农户抢收需要，偶尔需要托管组织提供收割托管服务。具体来看，各类种粮主体的收割环节服务需求在种粮决策者年龄、文化程度，以及农户兼业性、农户社会资源、自有农机种类、种植规模等方面表现出不同的特点。

①从年龄来看，决策者较年轻的农户对收割环节托管服务需求程度低于年龄偏大农户的需求程度。如表 4-38 所示，决策者年龄在 41 岁

以下的农户有77.5%选择收割环节托管服务，41~50岁农户也有79.4%选择托管该环节，但50岁以上农户对该环节托管服务的需求比重高达95%。年轻农户思想灵活，农机投资意愿强，家庭拥有收割机的可能性偏大，故其对收割托管服务的需求较小。

表4-38　　　　收割环节托管服务需求决策者年龄分布

年龄	样本数	占比（%）
41岁以下	31	77.5
41~50岁	108	79.4
51~60岁	120	93.0
60岁以上	97	98.0

资料来源：根据调研数据整理。

②种粮决策者文化程度越高，农户收割服务需求程度越低。如表4-39所示，决策者文化程度为小学及以下的农户对收割环节托管服务需求最强，占比92.1%，初中文化程度农户对该环节托管服务需求稍弱些，占比85.4%，而高中以上文化程度农户的需求比重更小些。文化程度较低的决策者眼界有限，拥有收割机的可能性较小，主要依靠托管服务来完成收割环节。而大专及以上文化程度农户该环节托管服务需求比重稍高于高中及中专文化程度农户，这是因为其大多是新型种粮主体，耕地面积较大，自有农机不能及时满足农业生产需要，对收割环节服务需求偏高些。

表4-39　　　　收割环节托管服务需求决策者文化程度分布

文化程度	样本数	占比（%）
小学及以下	186	92.1
初中	135	85.4
高中及中专	26	76.5
大专及以上	8	80.0

资料来源：根据调研数据整理。

③兼业农户更倾向于收割环节托管服务。如表4-40所示，92.1%的兼业农户需要收割环节托管服务，而非兼业农户只有79.5%需要该环节托管服务。由此可以看出，兼业农户时间、精力、自有农机数量有限，一般不能自我完成农业收割环节，多是依靠外界进行托管，对土地托管组织提供的收割托管服务需求强烈。

表4-40　　　　收割环节托管服务需求农户兼业性分布

是否兼业	样本数	占比（%）
是	255	92.1
否	101	79.5

资料来源：根据调研数据整理。

④家庭成员担任村干部或合作社组织者的农户收割环节托管服务需求较弱。由表4-41可知，68.8%的有村干部或合作社组织者的农户需要收割环节托管服务，而无村干部或合作社组织者的农户对收割环节托管服务的需求比重达到89.8%，远远高于有村干部或合作社组织者农户的需求比重。对于家庭成员担任村干部或合作社组织者的农户来说，他们在农业信息或农机方面有一定的优势，故其在需要收割托管服务的农户中所占比重较小。

表4-41　　　　收割环节托管服务需求农户社会资源分布

家庭成员是否担任村干部或合作社组织者	样本数	占比（%）
是	22	68.8
否	334	89.8

资料来源：根据调研数据整理。

⑤种植规模较大农户收割环节托管服务需求较弱。如表4-42所示，耕地面积在50亩以下的农户对收割环节托管服务的需求比重都达到90%以上，而耕地面积在50亩以上的农户对该环节托管服务需求比重随耕地面积增加而不断下降，甚至耕地面积为300~500亩的农户中，只有25%选择收割环节托管服务。这是因为，耕地面积越大，农户购买农机的意愿越强，拥有农机的农户降低了外界托管服务的需求程度。

而耕地面积在500亩以上的农户收割环节托管服务需求比重高于耕地面积300~500亩的农户，可能因为其耕地面积过大，农户自有收割机不能在抢收环节完全满足自家收割需要，部分农户需要收割环节托管服务。

表4-42 收割环节托管服务需求农户种植规模分布

耕地面积（亩）	样本数	占比（%）
≤5	73	90.1
(5, 10]	131	98.5
(10, 15]	47	97.9
(15, 50]	57	98.3
(50, 300]	39	68.4
(300, 500]	4	25.0
>500	5	45.5

资料来源：根据调研数据整理。

⑥自有农机种类越多，农户收割环节托管服务需求越弱。如表4-43所示，自有农机在5种以下的农户需要收割环节托管服务的比重达到90%以上，而自有农机在6种以上的农户对收割环节托管服务需求不断降低，其中，拥有8~9种自有农机的农户收割环节托管服务需求比重只有4.8%。简单来说，农户拥有较多种类的农机，意味着其拥有大型收割机的可能性较大，对托管组织提供的收割环节托管服务需求较弱。

表4-43 收割环节托管服务需求农户自有农机分布

自有农机种类	样本数	占比（%）
0~2种	260	98.1
3~5种	77	92.8
6~7种	18	51.4
8~9种	1	4.8

资料来源：根据调研数据整理。

小结：种粮主体收割环节服务需求的特点表现为：种粮决策者年龄越大、文化程度越低，以及农户兼业性越强、农户社会资源越匮乏、自有农机种类及种植规模越少的农户收割服务需求越强。

（2）玉米脱粒环节托管服务需求。在玉米脱粒环节，56.7%的种粮农户需要托管服务，在不同土地托管服务需求排序中居第四位，属于托管服务需求强烈程度中等的环节。不同种粮主体对该环节托管服务需求不同，以粮为辅普通农户对玉米脱粒环节托管服务需求最强，有62.9%的农户需要该环节托管服务，以粮为主普通农户及新型种粮主体对该环节托管服务需求较弱，两类农户只有20%左右需要脱粒托管服务，远远低于以粮为辅普通农户的需求比重。以粮为主普通农户粮食产量适中，时间充裕，农闲时可自家完成脱粒环节；以粮为辅普通农户在农业生产过程中花费的时间和精力有限，更倾向于将脱粒环节托管给相关组织；新型种粮主体家庭种植规模较大，玉米产量也较大，没有大型脱粒机的农户只能将脱粒环节托管给土地托管组织。具体来看，各类种粮主体的脱粒环节服务需求在种粮决策者年龄、文化程度，以及参与农业劳动人数、种粮收入比重、自有农机种类、种植规模等方面表现出不同的特点。

①年龄特征对农户玉米脱粒环节托管服务需求影响不明显。如表4-44所示，各年龄阶层对玉米脱粒环节托管服务需求相似，需求比重均在55%左右，总体上与全部样本需求比重相吻合，因此，种粮决策者年龄对农户玉米脱粒环节托管服务需求影响较小。

表4-44　　玉米脱粒环节托管服务需求决策者年龄分布

年龄	样本数	占比（%）
41岁以下	20	50.0
41~50岁	72	52.9
51~60岁	75	58.1
60岁以上	62	62.6

资料来源：根据调研数据整理。

②种粮决策者文化程度越高，农户玉米脱粒环节托管服务需求越强。从决策者文化程度来看，决策者文化程度为小学及以下、初中文化

程度的农户需要玉米脱粒环节托管服务的比重均在 55% 左右，而高中及中专、大专及以上文化程度农户对该环节托管服务需求比重达到 70% 左右，可以明显看出，决策者文化程度高的农户玉米脱粒服务需求强。这是因为玉米脱粒环节对农户劳动力数量要求高，而决策者文化程度高的农户家庭收入渠道广，更倾向于以机械替代劳动力，解放家庭劳动力（见表 4-45）。

表 4-45　玉米脱粒环节托管服务需求决策者文化程度分布

文化程度	样本数	占比（%）
小学及以下	112	55.4
初中	87	55.1
高中及中专	23	67.6
大专及以上	7	70.0

资料来源：根据调研数据整理。

③参与农业劳动人数越多的农户，玉米脱粒环节托管服务需求越弱。如表 4-46 所示，参与农业劳动人数在 4 人以下的农户对玉米脱粒环节托管服务需求比重均在 55% 左右，而参与人数在 5 人及以上的农户只有 23.1%需要玉米脱粒环节托管服务。这说明玉米脱粒环节是劳动需求量较大的环节，种粮农户家庭参与农业劳动人数越多，对玉米脱粒托管服务的需求越弱。

表 4-46　玉米脱粒环节托管服务需求农户参与农业劳动人数分布

参与农业劳动人数	样本数	占比（%）
2 人及以下	214	56.5
3~4 人	12	54.5
5 人及以上	3	23.1

资料来源：根据调研数据整理。

④种粮收入比重基本上不影响农户玉米脱粒环节托管服务需求。由调研数据分析可知，种粮收入比重在 30% 及以下、30% ~ 50%、50%

以上的农户对玉米脱粒环节托管服务需求比重分别为57.8%、53.8%、54.7%，三者相差不大，种粮收入比重基本不影响农户玉米脱粒环节托管服务需求程度（见表4-47）。

表4-47　玉米脱粒环节托管服务需求农户种粮收入比重分布

种粮收入比重	样本数	占比（%）
<30%	156	57.8
30%~50%	21	53.8
>50%	52	54.7

资料来源：根据调研数据整理。

⑤从种粮规模来看，种植面积比较小或是种植面积过大的农户对玉米脱粒托管服务需求较弱。如表4-48所示，种植面积在5~300亩的农户对脱粒环节托管服务需求比重在60%左右，耕地面积在5亩以下农户对对该项服务需求比重是46.9%，而拥有300亩以上耕地的农户只有30%左右需要脱粒托管服务。耕地面积较小的农户玉米产量有限，农户自家可以完成脱粒环节，耕地面积过大的农户玉米产量较大，一般农户自有农机种类较多，自家可以满足玉米脱粒需要，所以这类农户对玉米脱粒托管服务需求较弱。

表4-48　玉米脱粒环节托管服务需求农户种植规模分布

耕地面积（亩）	样本数	占比（%）
≤5	38	46.9
(5, 10]	81	60.9
(10, 15]	28	58.3
(15, 50]	36	62.1
(50, 300]	37	64.9
(300, 500]	5	31.3
>500	4	36.4

资料来源：根据调研数据整理。

⑥自有农机种类越多,农户玉米脱粒环节托管服务需求越弱。如表4-49所示,自有农机种类少的农户对该环节托管服务需求比重在60%左右,而拥有8~9种农机的农户只有4.8%需要脱粒环节托管服务,远低于自有农机种类少农户的需求比重。这与农户自有农机种类越多,越可以自己完成玉米脱粒环节有关。

表4-49　　玉米脱粒环节托管服务需求农户自有农机分布

自有农机种类	样本数	占比（%）
0~2种	172	64.9
3~5种	39	47.0
6~7种	17	48.6
8~9种	1	4.8

资料来源:根据调研数据整理。

小结:种粮主体玉米脱粒服务需求的特点表现为:种粮决策者文化程度越高、参与农业劳动人数越少、自有农机种类越少的农户玉米脱粒服务需求越强。同时,种粮决策者年龄、农户种粮收入比重对该环节服务需求程度影响较小。

(3)运输环节托管服务需求。在运输环节,38.4%的种粮农户需要托管服务,在不同土地托管服务需求排序中居第五位,属于农户需求强烈程度中等的环节。各种粮主体对该环节托管服务的需求相似,以粮为主普通农户、以粮为辅普通农户、新型种粮主体三种种粮主体各占1/3左右。在被调查地区,大部分农户拥有农用三轮车等运输工具,但是出于对时间、精力以及运输效率的考虑,部分种粮农户倾向于托管运输环节。具体来看,各类种粮主体的运输环节服务需求在种粮决策者年龄、文化程度,以及农户兼业性、自有农机种类、种植规模等方面表现出不同的特点。

①种粮决策者年龄偏大农户对运输环节托管服务需求较强。如表4-50所示,60岁以上农户对运输环节托管服务需求比重为46.5%,比41岁以下、41~50岁农户对该环节托管服务需求的比重分别高出21.5个、14.9个百分点,可以明显看出,年龄偏大农户对运输环节托管服务需求程度高于年轻农户,这与年轻农户家庭拥有农机的种类偏

多、操作熟练有关。

表4-50　　运输环节托管服务需求种粮决策者年龄分布

年龄	样本数	占比（%）
41岁以下	10	25.0
41~50岁	43	31.6
51~60岁	56	43.4
60岁以上	46	46.5

资料来源：根据调研数据整理。

②决策者文化程度不同的农户运输环节托管服务需求程度相差不大。具体来看，决策者文化程度为小学及以下、初中，高中及中专、大专及以上的农户对运输环节托管服务需求比重分别为38.6%、39.2%、38.2%、20.0%，除专科及以上文化程度农户对该环节托管服务需求偏小些（只有20%）之外，其他不同文化程度农户需求比重相近，即不同文化程度农户运输托管服务需求相差不大（见表4-51）。

表4-51　　运输环节托管服务需求决策者文化程度分布

文化程度	样本数	占比（%）
小学及以下	78	38.6
初中	62	39.2
高中及中专	13	38.2
大专及以上	2	20.0

资料来源：根据调研数据整理。

③不同兼业性农户运输环节托管服务需求程度无明显差异。如表4-52所示，兼业农户选择托管运输环节的有36.8%，而非兼业农户选择托管该环节的有41.7%，比前者高出不到5个百分点。很明显，兼业性对农户运输环节托管服务需求行为影响较小。

表 4 – 52　　　运输环节托管服务需求农户兼业性分布

是否兼业	样本数	占比（%）
是	102	36.8
否	53	41.7

资料来源：根据调研数据整理。

④不同种植规模农户运输环节托管服务需求有所不同。如表 4 – 53 所示，种植面积为 5 亩以下、5~10 亩、10~15 亩、15~50 亩、50~300 亩的农户需要运输环节托管服务的比重分别为 37.0%、47.4%、35.4%、32.8%、42.1%，彼此差别不大。而种植面积在 300 亩以上的农户对该项服务需求较弱，其中，300~500 亩耕地面积的农户不需要运输托管服务，500 亩以上耕地面积的农户需要该环节托管服务的比重只有 18.2%。这与耕地面积较大的农户粮食产量较大、自家无法满足运输环节需要有关。

表 4 – 53　　　运输环节托管服务需求农户种植规模分布

耕地面积（亩）	样本数	占比（%）
≤5	30	37.0
(5, 10]	63	47.4
(10, 15]	17	35.4
(15, 50]	19	32.8
(50, 300]	24	42.1
(300, 500]	0	0.0
>500	2	18.2

资料来源：根据调研数据整理。

⑤自有农机种类越多，农户越不倾向选择运输托管服务。如表 4 – 54 所示，家庭自有农机种类为 0~2 种、3~5 种、6~7 种的农户需要运输环节托管服务的比重分别为 47.5%、21.7%、31.4%，而自有农机种类在 8 种以上的农户不需要运输环节托管服务。这可能是因为家庭自有农机种类越多，就越可能拥有运输农机，能满足自家运输需要，不需要运

输环节托管服务，所以其在农户中所占比重较小。

表4-54　运输环节托管服务需求农户自有农机分布

自有农机种类	样本数	占比（%）
0~2种	126	47.5
3~5种	18	21.7
6~7种	11	31.4
8~9种	0	0.0

资料来源：根据调研数据整理。

小结：种粮主体运输环节服务需求的特点表现为：种粮决策者年龄越大、农户种植规模越小、自有农机种类越少的农户运输环节服务需求越强。同时，种粮决策者文化程度、兼业性对农户该环节服务需求程度影响较小。

4.3.3　产后环节托管服务需求

1. 烘干仓储服务需求

种粮农户对烘干仓储托管服务需求较弱。全部样本中，只有3.2%的农户选择烘干托管服务，在不同土地托管服务需求排序中居第十位，是农户需求强烈程度最弱的环节。其中，普通农户不需要烘干服务，只有15.5%的新型种粮主体表示需要该项托管服务。普通农户粮食产量有限，一般晾晒即可满足自家需要，而新型种粮主体耕地面积较大，粮食产量高，部分农户对烘干服务有应急需要，但因价格高等原因，除应急外服务需求也不太强烈。具体来看，各类种粮主体的烘干仓储服务需求在种粮决策者年龄、文化程度，以及农户社会资源、种植规模等方面表现出不同的特点。

（1）种粮决策者较年轻的农户对烘干服务需求程度高于决策者年龄偏大的农户。如表4-55所示，决策者年龄为41岁以下、41~50岁、51~60岁、60岁以上的农户需要烘干服务的比重分别为0.0%、5.1%、3.1%、2.0%。这说明年轻农户家庭有充足的劳动能力进行粮食晾晒，不需要额外的烘干服务；年龄较大农户对新事物接受能力低，对粮食烘干服务不太了解，不敢轻易尝试，更相信传统的粮食晾晒方法，而决策者年龄在41~60岁的农户对新事物接受能力较强，家庭耕地面积偏大，粮食产量较多，部分农户需要粮食烘干服务。

表4-55　　　　　烘干服务需求决策者年龄分布

年龄	样本数	占比（%）
41岁以下	0	0.0
41~50岁	7	5.1
51~60岁	4	3.1
60岁以上	2	2.0

资料来源：根据调研数据整理。

（2）种粮决策者文化程度越高，农户对烘干服务需求越强。如表4-56所示，决策者文化程度为小学及以下的农户只有1.5%需要烘干服务，而决策者文化程度在大专及以上的农户需要烘干服务的比重达到20%。很明显，文化程度越高，农户烘干服务需求程度越强，这与新型种粮主体文化程度普遍较高有关。

表4-56　　　　　烘干服务需求决策者文化程度分布

文化程度	样本数	占比（%）
小学及以下	3	1.5
初中	7	4.4
高中及中专	1	2.9
大专及以上	2	20.0

资料来源：根据调研数据整理。

（3）家庭成员担任村干部或合作社组织者的农户对烘干服务需求程度相对较高。如表4-57所示，家庭成员担任村干部或合作社组织者的农户选择烘干服务的比重为12.5%，比家庭成员无村干部或合作社组织者的农户需求比重高10.1个百分点。这是因为村干部或合作社组织者的眼界较广，对土地托管服务了解较多，选择托管服务的比重也较大。

表4-57　　　　　烘干服务需求农户社会资源分布

家庭成员是否担任村干部或合作社组织者	样本数	占比（%）
是	4	12.5
否	9	2.4

资料来源：根据调研数据整理。

（4）种植面积较大的农户烘干服务需求较强。种植面积在300~500亩的农户对烘干服务需求最强，种植面积在50亩以下的农户表示不需要烘干服务。如表4-58所示，种植面积在50~300亩、300~500亩、500亩以上的农户对烘干服务的需求比重分别为12.3%、25.0%、18.2%。这与农户种植面积大、粮食产量高有关。但是，种植面积在500亩以上农户需求比重稍小于300~500亩耕地的农户，是因为部分种植面积在500亩以上的农户是合作社组织者，可以自家完成烘干环节，不需要托管服务。

表4-58　　　　　烘干服务需求农户种植规模分布

耕地面积（亩）	样本数	占比（%）
≤5	0	0.0
(5, 10]	0	0.0
(10, 15]	0	0.0
(15, 50]	0	0.0
(50, 300]	7	12.3
(300, 500]	4	25.0
>500	2	18.2

资料来源：根据调研数据整理。

小结：种粮主体烘干服务需求的特点表现为：种粮决策者年龄越小、文化程度越高，以及农户社会资源越丰富、种植规模越小的农户烘干服务需求越强。

2. 销售环节托管服务需求

农户销售环节托管服务需求较弱。全部样本中,只有15.6%的农户需要销售环节托管服务,在不同土地托管服务需求排序中居第九位,是需求程度较弱的环节。不同种粮主体对销售环节托管服务需求不同,新型种粮主体需求最强,占比36.9%,以粮为辅普通农户次之,占比12.1%,而以粮为主普通农户最弱,对粮食代售环节托管服务需求的比重只有1.6%。普通农户粮食产出有限,一般的粮食经销商即可满足粮食销售需要。但新型种粮主体粮食产量较大,粮食价格的波动对农户粮食收入影响很大,部分新型种粮主体选择粮食销售环节托管服务。具体来看,各类种粮主体的粮食销售服务需求在种粮决策者年龄、文化程度,以及农户社会资源、种粮收入比重、种植规模等方面表现出不同的特点。

(1)年轻决策者对粮食销售环节托管意愿较强。从年龄来看,种粮决策者较年轻的农户对粮食销售环节托管服务需求最强,年龄偏大的农户对该环节托管服务需求稍弱些。如表4-59所示,30.0%决策者年龄在41岁以下的农户选择粮食代售托管服务,而决策者年龄在41~50岁、51~60岁的农户分别只有15.4%、17.1%需要该环节托管服务,60岁以上农户选择销售环节托管服务的比重只有8.1%,远远低于年轻农户的需求比重。其原因可能是:第一,年轻农户思想灵活,倾向于在波动的粮食市场中把握粮食销售的主动权,粮食市场信息来源有限的农户为了获得更高粮食收入,将粮食销售环节托管给农业服务公司或合作社;第二,年龄偏大的农户一般耕地面积有限,粮食产量不太高,或者说,他们满足于粮食销售现状,对粮食代售服务需求不强。

表4-59　　　　　　　销售环节服务需求决策者年龄分布

年龄	样本数	占比(%)
41岁以下	12	30.0
41~50岁	21	15.4
51~60岁	22	17.1
60岁以上	8	8.1

资料来源:根据调研数据整理。

（2）种粮决策者文化程度越高，农户粮食代售环节托管服务需求越强。如表4-60所示，决策者文化程度在大专及以上的农户需要粮食代售环节托管服务的比重是40.0%，比小学及以下、初中、高中及中专文化程度的农户需求比重分别高出33.6个、17.2个、10.6个百分点。这说明，文化程度较高的农户在粮食销售过程中具备更强的市场变化甄别能力，农户缺乏合理的粮食代售市场信息来源，更愿意选择农业服务公司或合作社的托管服务，故对此类服务的需求主要集中在文化程度较高的种粮农户。

表4-60　　　　　销售环节服务需求决策者文化程度分布

文化程度	样本数	占比（%）
小学及以下	13	6.4
初中	36	22.8
高中及中专	10	29.4
大专及以上	4	40.0

资料来源：根据调研数据整理。

（3）部分村干部或合作社组织者销售环节托管服务需求意愿较强。相对于普通农户，家庭成员担任村干部或合作社组织者的农户更愿意托管粮食销售环节。如表4-61所示，28.1%的家庭成员担任村干部或合作社组织者的农户倾向于粮食销售环节托管服务，比全部样本粮食代售服务需求比重高12.5%，而非村干部或合作社组织者农户只有14.5%选择托管销售环节。家庭成员担任村干部或合作社组织者的农户，对农业服务公司或合作社提供的销售服务更了解、更信任，故这类农户对粮食代售托管服务需求较强。

表4-61　　　　　销售环节服务需求农户社会资源分布

家庭成员是否担任村干部或合作社组织者	样本数	占比（%）
是	9	28.1
否	54	14.5

资料来源：根据调研数据整理。

（4）种粮收入比重对农户销售环节托管服务需求影响较小。总体上来看，不同种粮收入比重的农户销售环节托管服务需求相似。如表4-62所示，种粮收入比重为50%以上的农户销售环节托管服务需求最强，比种粮收入比重为30%以下、30%~50%农户的需求比重分别高3.7个、8.6个百分点。种粮收入比重大，意味着农户重视粮食生产，为获取更高的农业收入，部分农户倾向于选择粮食代售托管服务。

表4-62　　　　销售环节服务需求农户种粮收入比重分布

种粮收入比重	样本数	占比（%）
<30%	41	15.2
30%~50%	4	10.3
>50%	18	18.9

资料来源：根据调研数据整理。

（5）种植规模较大的新型种粮主体对粮食代售托管服务需求较强。总体上，种植面积在50亩以上的农户对粮食代售托管服务需求较强，且随着种植面积的增大，农户销售环节托管服务需求越强。如表4-63所示，种植面积在500亩以上的农户对销售环节托管服务需求比重达到72.7%，远远高于其他农户。这类农户粮食产量较大，部分农户没有可信任的粮食销售渠道，为获得较高的销售价格，因而对粮食代售服务需求较强。

表4-63　　　　销售环节服务需求农户种植规模分布

耕地面积（亩）	样本数	占比（%）
≤5	2	2.5
(5, 10]	25	18.8
(10, 15]	5	10.4
(15, 50]	0	0.0
(50, 300]	14	24.6
(300, 500]	9	56.3
>500	8	72.7

资料来源：根据调研数据整理。

小结：粮食销售服务需求的特点表现为：种粮决策者年龄越小、文化程度越高、种植规模越大、社会资源越丰富的农户，粮食销售服务需求越强烈。

4.4 不同种粮主体土地托管需求行为影响因素的实证研究

通过对不同种粮主体土地托管服务需求特点的分析发现，普通农户和新型种粮主体对不同土地托管服务需求存在较大差异。土地托管组织只有针对不同种粮主体提供有效供给，土地托管服务才能更好地帮助各类种粮主体解决种粮困难，因此需要进一步摸清普通农户、新型种粮主体土地托管服务需求的影响因素，以便托管组织更好提供服务，也可为政府制定政策提供一定的参考。

4.4.1 普通农户土地托管需求行为影响因素

1. 变量的选取

作为土地托管服务需求的主体，普通农户生产决策行为的发生受到多方面因素的影响。基于已有的理论与实证研究，结合农户实际托管中需要考虑的因素，本书选择种粮决策者个人特征、粮食经营特征和农户对土地托管服务的认知、可获得服务的方便性及服务评价等变量，作为影响普通农户对土地托管服务需求的待检验因素。

（1）种粮决策者个人特征。种粮决策者是粮食生产经营和决策的主体，其个人特征会显著影响农户对土地托管服务的选择行为。依据已有研究，本书用性别、文化程度、自评健康状况、农闲时打工或经商、是否担任村干部或合作社组织者5个变量来反映种粮决策者的个人特征。

①一般而言，女性体力较弱，且较男性更为保守，可能其在体力劳动要求高的环节更倾向于托管服务，对农资代买服务和粮食代售服务的需求稍弱些。

②普通农户种粮决策者的文化程度越高，其视野可能越开阔，学习能力及对新事物的接受能力较强，在农机拥有方面也较为突出，可能除劳动力要求高的环节服务需求较强烈外，总体上对土地托管服务需求较弱。

③农户健康状况越好，其参与农业生产的能力越强，即使是劳动能力要求较高的环节也能顺利完成，其对土地托管服务的需求一般较弱。

④农户在农闲时打工或经商收入越高，越愿意尝试新事物，且其参与农业生产的机会成本较高，为解放家庭劳动力，可能更倾向于托管耕种收环节。

⑤担任村干部或合作社组织者的农户，其更容易接触土地托管服务，对土地托管服务的认知水平较高，预期此类农户对农资代买、粮食代售服务需求较为强烈。

（2）粮食经营特征。农户对土地托管服务的选择行为不仅受种粮决策者个人特征影响，还受粮食经营特征的影响。通过对调研数据的初步整理，本书将影响农户土地托管服务需求的粮食经营特征设定为耕地面积、土地细碎化程度、家庭总收入和自有农机种类四个因素。

①耕地面积较小的农户农业生产过程简单，在农业生产中更依赖于自家劳动力。农户耕地面积较大，自家劳动力可能无法满足农业生产需要，对耕种收服务需求就会较强。

②土地细碎化程度越高，农业机械使用越不便利，故土地细碎化程度可能负向影响农户对各种托管服务的需求程度。

③家庭总收入越高，农户越有能力去支付土地托管服务费用，不会因农业生产成本高拒绝托管服务。

④农户家庭自有农机种类直接影响农户对机械服务的需求程度。家庭自有农机种类越多，农户越不需要外界托管服务，该类农户对土地托管服务的农机服务需求可能越弱。

（3）农户对土地托管服务的认知、可获得服务的方便性及服务评价。本书将从上述三个方面来探究这些因素对农户土地托管需求程度的影响。

①农户对可获得服务的方便性正向影响农户土地托管服务需求强烈程度。对可获得服务的方便性评价越高，则农户可能更倾向于使用土地托管组织提供的各项托管服务。

②对土地托管服务的认知程度具体表现在是否听说过土地托管、家

附近是否有土地托管以及家附近是否有服务队三个方面的认知。农户对土地托管服务越了解，信息越充分，就越倾向于选择土地托管服务。

③农户对土地托管服务的评价主要表现在农户对托管服务的及时准时性、服务满意性、服务价格、农资价格、农资质量、粮食产量、粮食价格7个方面。评价越高，农户可能越倾向于选择各项土地托管服务。

2. 模型构建

基于已有的研究基础，区别于一般研究只设定农户"是"与"否"选择土地托管服务的二分类变量，本书在研究中进一步选择的因变量为农户已选择土地托管服务环节（包括耕种收环节、田间管理环节、农资代买、粮食代售）的总数，是一个连续的变量。因此，在考察农户的土地托管行为时，将其分为两个阶段。第一阶段判断农户"是否"选择某项土地托管服务，因变量是0~1变量，采用二元logit模型回归。第二阶段是农户选择土地托管服务环节的总数，此时的因变量取值（j = 0, 1, 2, 3, 4）是多元变量，采用多元有序logit模型回归。二元logit回归模型形式如下：

$$\ln\left[\frac{p_j}{1-p_j}\right] = \alpha_j + \sum_{i=1}^{k}\beta_i x_i \qquad i = 1, 2, 3, \cdots, k \qquad (4-1)$$

其中，p_j 为农户选择第j个环节土地托管服务的概率，$x_1, x_2, \cdots, x_k$ 为k个影响农户土地托管服务行为的自变量，α_j 为模型的常数项，$\beta_1, \beta_2, \cdots, \beta_k$ 为一组回归系数。

多元有序logit模型表达式如下：

$$\ln\left[\frac{p(y \leq j)}{1-p(y \leq j)}\right] = \alpha_j + \sum_{i=1}^{k}\beta_i x_i, \quad j = 0, 1, 2, 3, 4 \qquad (4-2)$$

$$p(y \leq j \mid x_i) = \exp\left(\alpha_j + \sum_{i=1}^{k}\beta_i x_i\right) / \left[1 + \exp\left(\alpha_j + \sum_{i=1}^{k}\beta_i x_i\right)\right] \qquad (4-3)$$

其中，y为农户选择托管粮食生产环节的总数，分别用0、1、2、3、4表示，$x_1, x_2, \cdots, x_k$ 为k个影响农户土地托管服务行为的自变量，α_j 为模型的常数项，$\beta_1, \beta_2, \cdots, \beta_k$ 为一组回归系数。

3. 变量定义及描述性说明

基于前文的变量选择，本书将影响普通农户土地托管服务需求的因素分为3类12个变量,变量定义及描述性说明见表4-64。

表4-64　　　　　　　　变量定义及描述性统计

变量名称		定义及描述性说明	均值	标准差
因变量	耕种收环节服务需求	是否需要耕种收环节服务。否=0；是=1	0.83	0.38
	田间管理环节服务需求	是否需要田间管理服务。否=0；是=1	0.23	0.42
	农资代买服务需求	是否需要农资代买服务。否=0；是=1	0.17	0.37
	粮食代售服务需求	是否需要粮食代售服务。否=0；是=1	0.09	0.29
	需求服务环节总数	4个环节中农户需求服务的环节总数（0,1,2,3,4）	1.32	1.06
种粮决策者个人特征	性别	女=0；男=1	0.83	0.37
	文化程度	小学及以下=1；初中=2；高中或中专=3；大专及以上=4	1.46	0.61
	自评健康状况	很健康=1；良好=2；一般=3；较差=4	1.23	0.55
	农闲时打工或经商收入	农户农闲时打工或经商的收入（元/天）	93.06	77.37
	是否是村干部或合作社组织者	否=0；是=1	0.03	0.17
粮食经营特征	耕地面积	2017年农户种植粮食面积（亩）	11.11	9.43
	土地细碎化	耕地块数/耕地面积	0.46	0.30
	家庭总收入	2016年家庭收入：3万元以下=1；3万~5万元=2；5万~7万元=3；7万~10万元=4；10万元以上=5	3.02	1.23
	自有农机种类	农户家庭自有农机种类（种）	1.86	1.86
农户对土地托管服务的认知、可获得服务方便性、服务评价	农户可获得服务的方便性	不方便=1；差不多=2；很方便=3	1.76	0.86
	对土地托管服务的认知程度*	0~3表示农户对土地托管服务的认知程度的加总（0,1,2,3）	19.47	1.71
	对土地托管服务的评价*	7~21表示农户对土地托管服务的好评程度的加总（7,8,9,…,21）	2.09	0.38

注　*表示没有做出评价的农户选择所有单项评价的均值计入。

4. 模型估计结果及分析

（1）二元 logit 模型估计结果及分析——普通农户土地托管需求行为的影响因素。本书运用统计软件 Stata 13 对普通农户粮食种植的耕种收、田间管理、农资代买、粮食代售环节进行了二元 logit 回归，回归结果见表 4-65。从模型的检验情况看，Pseudo R^2 值为 0.5022、0.5369、0.3541、0.4986，耕种收模型、田间管理模型、粮食代售模型中自变量对因变量的解释能力较好，农资代买模型也具有一定的解释能力。

表 4-65　普通农户土地托管需求行为影响因素二元 logit 模型估计结果

变量	模型 1 耕种收环节	模型 2 田间管理环节	模型 3 农资代买环节	模型 4 粮食代售环节
性别	-1.241* (0.732)	-0.713 (0.624)	0.696 (0.603)	1.862* (0.970)
文化程度	-0.213 (0.392)	0.783*** (0.244)	0.0584 (0.318)	0.487 (0.446)
自评健康状况	-0.0595 (0.369)	0.59 (0.539)	-0.0322 (0.351)	-0.00726 (0.469)
农闲时打工或经商收入	0.0232*** (0.00443)	0.000599 (0.00260)	0.00153 (0.00255)	0.00267 (0.00314)
家庭成员是否有村干部或合作社组织者	-0.627 (1.224)	-0.945 (1.734)	-1.144 (1.086)	1.975* (1.153)
耕地面积	0.0794** (0.0335)	-0.0728** (0.0351)	-0.0648* (0.0361)	-0.154*** (0.0544)
土地细碎化	-3.139*** (0.842)	-4.013*** (1.116)	0.332 (1.131)	-3.179* (1.682)
家庭年收入	0.176 (0.233)	0.247 (0.195)	0.527*** (0.193)	0.294 (0.264)
自有农机种类	-1.120*** (0.205)	-0.246* (0.143)	0.347*** (0.125)	0.538** (0.228)

续表

变量	模型1 耕种收环节	模型2 田间管理环节	模型3 农资代买环节	模型4 粮食代售环节
农户可获得服务的方便性	0.942 *** (0.317)	2.395 *** (0.328)	1.568 *** (0.264)	3.013 *** (0.584)
对土地托管服务的认知程度	0.513 *** (0.142)	0.195 (0.152)	0.351 ** (0.149)	0.356 * (0.189)
对土地托管服务的评价	2.531 *** (0.861)	0.622 (0.752)	0.636 (0.53)	-1.959 (1.246)
常数项	-12.15 *** (3.857)	-10.88 *** (3.424)	-15.92 *** (3.291)	-14.57 *** (4.136)
Wald chi2 (12)	84.11	91.80	90.59	51.48
Prob > chi2	0.0000	0.0000	0.0000	0.0000
Pseudo R^2	0.5022	0.5369	0.3541	0.4986
Log pseudolikelihood	-73.0933	-80.6967	-92.7749	-48.768934

注：表中报告的估计结果是系数估计值，括号内为对应的标准误；*、** 和 *** 分别表示在10%、5%和1%的水平上显著。

①种粮决策者个人特征对托管服务需求的影响。种粮决策者性别在耕种收模型中负向显著，在田间管理模型中正向显著，表示女性较男性对耕种收环节托管服务的需求更加强烈，对田间管理服务的需求相对较弱。女性思想保守，不倾向于购买农机，且其体力较弱，在体力劳动要求较高或机械化程度高的环节主要依赖土地托管服务。文化程度在田间管理模型中正向显著，即决策者文化程度越高的农户对田间管理环节托管服务需求越强烈。文化程度越高，农户学习能力越强，越倾向于从事种粮以外的其他高收入行业，在田间管理等对体力劳动投入较多的环节托管服务需求较强。同时，该类农户的认知能力以及解决问题能力较强，降低了其他环节托管服务的需求迫切强度。农闲时打工或经商收入在耕种收模型中正向显著，即随着农户打工收入的增加，农户对耕种收托管服务的需求更为迫切。农户非农收入越高，意味着其参与农业劳动的机会成本越高，故此类农户耕种收环节托管服务需求较为强烈。同时，这类农户视野较为开阔，具有较强的判断力与认知能力，对农资代

买及粮食代售服务需求较弱。是否村干部或合作社组织者在粮食代售模型中正向显著，即作为村干部或合作社组织者的农户对粮食代售服务的需求较为强烈。村干部或合作社组织者在获取粮食市场信息方面具有优势，了解粮食统一销售的价格远高于自己销售的价格，所以此类农户更青睐于粮食代售服务。

②粮食经营特征对托管服务需求的影响。耕地面积在耕种收模型中正向显著，在田间管理模型、农资代买模型、粮食代售模型中负向显著。这表示：耕地面积越大，农户对耕种收托管服务需求越强烈，对田间管理托管服务、农资代买服务、粮食代售服务的需求越弱。耕地面积较大的普通农户多是以粮为主普通农户，家庭自有农机种类较少，农户无法满足耕种收机械需要，对托管服务需求较强烈。以粮为主普通农户因劳动力充足、重视农业生产且经验丰富，对田间管理环节、农资代买服务、粮食代售服务等多项服务需求较弱。土地细碎化程度在耕种收模型、田间管理模型、粮食代售模型中均呈现负向显著，即土地细碎化程度越高，农户耕种收、田间管理、粮食代售等托管服务的需求越弱。土地细碎化程度越高，越不便于使用农业机械，农户对其也越不重视，所以总体上对各项托管服务的需求越弱。家庭总收入在农资代买模型中正向显著，即农户家庭总收入越高，其对农资代买服务的需求越强烈。农户家庭总收入越高，意味着普通农户越不重视农业生产，为节省辨别农资的时间、精力，此类农户主要依赖于相关组织提供的农资代买服务。自有农机种类在耕种收等4个模型中均通过了显著性检验，自有农机种类对耕种收和田间管理托管服务需求有负向影响，这与农户满足自家农业生产机械需要有关。而自有农机种类对农资代买和粮食代售服务有正向影响，这是因为：自有农机越多，意味着农户越重视农业生产，为实现粮食的稳产高产以及高价出售，此类农户更倾向于农资代买服务以及粮食代售服务。

③农户对土地托管服务的认知、可获得服务方便性、服务评价对托管服务需求的影响。农户可获得服务的方便性在耕种收等4个模型中均正向显著。农户在需要外界提供服务时，是否能方便地获取土地托管组织提供的服务直接影响农户是否需要各类服务。因此，评价高的农户对土地托管各环节的服务需求比较强烈。对土地托管服务的认知程度在耕种收模型、农资代买模型、粮食代售模型中正向显著，即对土地托管服

务越了解，农户对耕种收、农资代买、粮食代售服务的需求越强烈。这说明农户对土地托管的了解程度直接影响农户对耕种收、农资代买、粮食代售服务的选择，而田间管理环节没有受到认知程度的显著影响，其原因可能是大多数普通农户自家劳动力可以满足生产需要。对土地托管服务的评价在耕种收模型中正向显著，这表示对土地托管服务的评价越高，农户对耕种收托管服务的需求越强烈。在耕种收环节，托管服务的质量与价格直接决定了粮食收益的高低，因此对耕种收服务评价高的农户更愿意通过托管服务来完成农业生产。

（2）多元有序 logit 模型估计结果及分析——普通农户土地托管求强度影响因素。本书运用统计软件 Stata 13 对普通农户样本进行多元有序 logit 回归，为了探究影响普通农户土地托管服务接受程度的因素，对普通农户样本模型进行处理，其结果如表 4-66 所示。

表 4-66　普通农户土地托管需求强度多元有序 logit 模型估计结果

变量	系数	标准误
性别	-1.241*	0.732
文化程度	-0.213	0.392
自评健康状况	-0.0595	0.369
农闲时打工或经商收入	0.0232***	0.00443
家庭成员是否有村干部或合作社织者	-0.626	1.224
耕地面积	0.0794**	0.0335
土地细碎化	-3.139***	0.842
家庭总收入	0.176	0.233
自有农机种类	-1.120***	0.205
农户可获得服务的方便性	0.942***	0.317
对土地托管服务的认知程度	0.513***	0.142
对土地托管服务的评价	2.531***	0.861
常数项	-12.15***	3.857
log likelihood	-73.093353	
Pseudo R^2	0.5022	
LR 卡方检验值	239.28	

注：*、** 和 *** 分别表示在 10%、5% 和 1% 的水平上显著。

①种粮决策者个人特征对普通农户托管服务需求程度的影响。种粮决策者性别在模型中负向显著，说明女性比男性对土地托管服务的需求程度更强，这是因为女性劳动能力较弱，家庭农业经营规模受限。农户农闲时打工或经商收入正向影响农户土地托管需求行为，表示农户农闲时打工或经商收入越高，农户选择托管服务环节总数越多。这主要是因为农户种粮以外其他收入越高，农户越不重视粮食生产，为获得更高的家庭总收入，农户倾向于选择托管农业生产环节。

②粮食经营特征对普通农户托管服务需求程度的影响。土地细碎化程度负向显著影响农户托管服务需求强度，表示农户土地细碎化程度越高，农户土地托管环节越少，原因是：土地细碎化程度越高，土地托管组织作业越难，作业费用越高，农户选择托管服务环节数量越少。耕地面积正向显著影响农户土地托管服务需求强度，表示农户耕地面积越大，对土地托管服务的需求越强，这可能是因为耕地面积大，农户自家劳动力无法满足农业生产需要，只能依赖于外界托管服务。自有农机种类负向影响农户土地托管需求程度，这与农户自有农机越多越可以满足自家农业生产需要、较少需要托管服务有关。

③农户对土地托管服务的认知、可获得服务方便性、服务评价对托管服务需求的影响。农户可获得服务的方便性、对土地托管服务的认知程度、对土地托管服务的评价三者均正向影响农户选择托管服务环节数量。土地托管组织提供服务的方便性评价越高，农户越愿意接受土地托管组织提供的托管服务；对土地托管服务的认知程度越高，农户越了解土地托管，综合考虑下更倾向于托管农业生产环节；而对土地托管服务的评价合计越高，则农户认为土地托管组织提供的托管服务质量好、价格低，农户愿意托管的服务环节越多。

4.4.2 种粮大户、家庭农场土地托管需求行为影响因素

1. 变量的选取

在现有研究基础上，根据调研中种粮大户、家庭农场土地托管服务需求的特点，本书选择种粮决策者个人特征、土地特征、机械特征、粮食经营特征4个方面，作为影响新型种粮主体土地托管服务需求的待检

验因素。本书所选取的影响种植大户和家庭农场托管服务需求的待检验变量共4类12个，变量定义及描述性说明如表4-67所示。

表4-67　　　　　　变量定义及描述性统计

	变量名称	定义及描述性说明	均值	标准差
因变量	耕种收环节服务需求	是否需要耕种收环节服务。否=0；是=1	0.63	0.49
	田间管理环节服务需求	是否需要田间管理服务。否=0；是=1	0.35	0.48
	农资代买服务需求	是否需要农资代买服务。否=0；是=1	0.20	0.40
	粮食代售服务需求	是否需要粮食代售服务。否=0；是=1	0.29	0.45
	需求服务环节总数	4个环节中农户需求服务的环节总数（0, 1, 2, 3, 4）	1.46	0.96
种粮决策者个人特征	年龄	种粮决策者年龄（岁）	46.73	7.76
	文化程度	小学及以下=1；初中=2；高中或中专=3；大专及以上=4	2.27	0.87
	是否参加过农业培训	否=0；是=1	0.63	0.49
	农闲时是否经商	否=0；是=1	0.39	0.49
	是否从事过与大规模种粮相关的职业	否=0；是=1	0.39	0.49
土地特征	耕地面积	2017年农户种植粮食面积（亩）	330.67	376.31
	土地租金	农户租赁土地种粮的平均租金（元/亩）	875.21	114.69
	灌溉条件	农户种粮土地灌溉条件：很好=1；一般=2；不好=3	1.35	0.63
	交通情况	农户种粮土地附近的交通情况：很好=1；一般=2；不好=3	1.21	0.52
机械特征	自有农机种类	农户家庭自有农机种类（种）	5.07	2.89
粮食经营特征	种粮年限	大规模种粮多少年了（年）	4.74	2.93
	种粮收入比重	种粮收入占家庭总收入的比重：<30%=1；30%~50%=2；50%~80%=3；>80%=4	2.26	1.03

（1）种粮决策者个人特征。种粮决策者个人特征会影响种粮大户

与家庭农场对土地托管服务的需求，本书将种粮决策者个人特征细分为年龄、文化程度、是否参加过农业培训、农闲时是否经商、是否从事过与大规模种粮相关的职业等5个变量。

①对于种粮大户或家庭农场来说，年龄决定了种粮决策者对新事物的接受能力，年纪偏大的农户局限于传统观念与经验，不太倾向于农资代买、粮食代售服务。同时，年龄偏大的决策者劳动能力不足，可能对耕种收服务需求较为强烈。

②决策者文化程度较高的大户具有较强的学习能力及认知能力，对新事物具有较强的接受能力，能够快速了解土地托管，并做出准确判断，这类农户通常对农机服务需求较强，对农资代买服务需求较弱。

③参加过农业培训的大户对科学种粮有一定了解，自家可以科学地完成农业生产中的某些环节，对田间管理环节服务需求可能较弱。

④决策者农闲时经商在一定程度上有利于农户开阔视野，积累资金，此类农户社会资源丰富，一般对粮食代售服务需求较弱。

⑤从事过与大规模种粮相关职业的种粮大户、家庭农场在种粮方面有一定的经济基础与经验，在农机或农资方面缓解了种植大户的需求压力，所以此类农户对耕种收服务、农资代买服务需求通常较弱。

（2）土地特征。对种粮大户、家庭农场来说，土地特征是影响农户种粮收入的关键因素，也是影响农户选择托管服务行为的重要因素。基于已有研究与调研所获信息，本书将土地特征细分为耕地面积、土地租金、灌溉条件、交通运输状况等4个变量。

①耕地面积越大，农业生产经营风险越大，粮食耕种收、粮食销售以及农资购买压力增大，为保障粮食高产以及农业生产顺利进行，农户通常对各项服务需求较强。

②土地租金的高低直接影响农户种粮收益，进而影响农户对托管服务的选择行为。土地租金越高，农业生产成本越高，农户可能更愿意采取一些措施来提高种粮收益，因此，农户可能对粮食代售服务需求较强，对耕种收、田间管理等服务需求较弱。

③土地灌溉条件越好，农业生产作业越简单，农户可以自己完成田间管理环节，对该环节托管服务的需求越弱。

④一般而言，交通运输状况的好坏直接影响农户对农业机械服务的选择行为，交通运输状况越好，农户对机械服务的需求可能越强。另

外，交通运输状况越好，农户购买农资越方便，对该项服务需求通常较弱。

（3）机械特征。种粮大户、家庭农场对农业机械的需求较大，包括自有农机的使用和外界农机托管服务。本书直接选择农户自有农机种类来表现农户家庭机械特征。自有农机种类越多，农户越可以满足自家农业生产需要，其选择耕种收服务的可能性就越小。

（4）粮食经营特征。

①种粮年限较长的农户因经验丰富、生产较为稳定，对不同的托管服务有不同的偏好。例如，种粮年限较长的农户自有农机可能比较齐全，对耕种收托管服务需求较小，这类农户也极可能拥有放心的农资购买渠道及粮食销售渠道，其对农资代买和粮食代售服务的需求一般较弱。

②种粮收入比重越高，农户对粮食生产越重视，更愿意购置农机来提高生产效率，或者通过购买高质量农资、提高粮食销售价格来提高种粮收入。故预期种粮收入比重负向影响耕种收、田间管理服务需求程度，正向影响农资代买、粮食代售服务的需求。

2. 模型估计结果及分析

（1）二元 logit 模型估计结果及分析——种粮大户、家庭农场土地托管服务需求行为的影响因素。本书运用统计软件 Stata 13 对种粮大户和家庭农场粮食种植的耕种收、田间管理、农资代买、粮食代售环节进行了二元 logit 回归，回归结果见表 4-68。从模型的检验情况看，Pseudo R^2 值为 0.8306、0.2373、0.3137、0.4201，耕种收模型中自变量对因变量的解释能力很好，田间管理模型、农资代买模型、粮食代售模型中也具有一定的解释能力。

表 4-68　　　种粮大户、家庭农场土地托管需求行为
影响因素二元 logit 模型估计结果

变量	模型 1 耕种收	模型 2 田间管理	模型 3 农资代买	模型 4 粮食代售
年龄	0.0436 (0.0539)	0.0850** (0.0406)	-0.0826 (0.0936)	0.0246 (0.0569)

续表

变量	模型1 耕种收	模型2 田间管理	模型3 农资代买	模型4 粮食代售
文化程度	0.456 (0.981)	0.235 (0.442)	-2.040*** (0.746)	0.524 (0.816)
是否参加过农业培训	-0.861 (1.351)	-1.229* (0.676)	1.107 (0.793)	0.569 (1.241)
农闲时是否经商	-1.083 (1.186)	0.651 (0.593)	2.134*** (0.821)	-1.693** (0.855)
是否从事过与大规模种粮相关的职业	-7.932** (3.345)	0.402 (0.748)	-0.753 (0.867)	1.348* (0.78)
耕地面积	0.000609 (0.0012)	0.000156 (0.000813)	0.00277** (0.00119)	0.00334*** (0.00119)
土地租金	-0.0414** (0.0191)	-0.00518 (0.00332)	-0.00311 (0.00273)	0.00959* (0.00574)
灌溉条件	3.283** (1.571)	0.572 (0.551)	-2.119*** (0.745)	-2.677** (1.213)
交通情况	-3.746*** (1.308)	-0.666 (0.656)	-1.913* (1.121)	1.204 (0.779)
自有农机种类	-2.005** (0.937)	-0.192 (0.149)	-0.383** (0.195)	0.273* (0.166)
种粮年限	-0.269 (0.272)	-0.0672 (0.125)	-0.177 (0.177)	-0.827*** (0.219)
种粮收入比重	-3.228*** (1.179)	0.245 (0.292)	-0.584 (0.478)	1.125** (0.483)
常数项	62.27** (27.18)	0.23 (4.141)	15.90** (6.285)	-12.09* (6.271)
Wald chi2 (12)	32.30	23.94	23.55	28.83
Prob > chi2	0.0012	0.0207	0.0234	0.0042
Pseudo R²	0.8306	0.2373	0.3137	0.4201

注：表中报告的估计结果是系数估计值，括号内为对应的标准误；*、**和***分别表示在10%、5%和1%的水平上显著。

①种粮决策者个人特征对托管服务需求的影响。年龄在田间管理模型中正向显著，即年龄越大的种粮大户或家庭农场经营者对田间管理服务的需求越强。农户年龄越大，体力越弱，在农业生产中花费的时间、精力不足，只能依赖于托管服务，故该类农户对田间管理服务需求较强。文化程度在农资代买模型中负向显著，这表示决策者文化程度越高，农户对农资代买服务的需求就越弱。文化程度高的种粮大户和家庭农场经营者具有较强的判断力与认知力，能够选择质量较高的农资产品，所以对土地托管组织提供的农资代买服务需求较弱。是否参加过农业培训在田间管理模型中负向显著，即种粮决策者参加过农业培训的农户对田间管理托管服务需求较弱。种粮大户和家庭农场经营规模较大，重视科学种粮，参加过农业培训的大户可以科学地完成田间管理环节，对托管服务需求较弱。农闲时是否经商分别在农资代买服务模型和粮食代售服务模型中通过了显著性检验，但系数相反。农闲时是否经商正向影响农资代买服务需求，这是因为决策者经商拓宽了视野，意识到农资市场的不稳定性，为获得高质量、低价格的农资，该类农户倾向于农资代买服务；而农闲时是否经商负向影响粮食代售服务需求，因为种粮大户在外打工拓宽了人脉关系，在粮食销售方面独有渠道。是否从事过与大规模种粮相关的职业在耕种收模型中负向显著，在粮食代售模型中正向显著，这表明从事过于大规模种粮相关职业的大户对耕种收托管服务需求较弱，对粮食代售托管服务需求较强。从事过农机服务的大户有一定的农机基础，一般可以满足自家农机需要，对耕种收托管服务需求通常较弱。一般而言，种粮大户粮食产量较大，为获取较高的种粮收入，对粮食代售服务需求较强。

②土地特征对托管服务需求的影响。耕地面积在农资代买服务模型和粮食代售服务模型中正向显著，表示耕地面积越大，种粮大户、家庭农场对农资代买服务和粮食代售服务的需求越强。种粮大户耕地面积越大，农资需求及粮食产量越大，为保障粮食高产稳产，大户更倾向于选择农资代买服务和粮食代售服务。土地租金在耕种收服务模型中负向显著，在粮食代售服务模型中正向显著。土地租金越高，大户对耕种收服务需求越弱，对粮食代售服务需求越强，这主要是因为租金越高，则大户种粮成本越高，农户更愿意通过其他途径来降低农业生产成本，提高种粮收益。灌溉条件在耕种收服务模型中正向显著，在农资代买服务模

型及粮食代售服务模型中负向显著，这说明灌溉条件越好，农户对耕种收服务需求越弱，对农资代买服务和粮食代售服务需求越强。交通运输状况在耕种收服务模型和农资代买服务模型中负向显著，说明交通运输状况越好，大户对农机服务需求越强，而且种粮经营状况越好，对农资代买服务需求越强。

③机械特征对托管服务需求的影响。自有农机种类在耕种收服务模型和农资代买服务模型中通过了显著性检验，系数均为负，在粮食代售服务模型中正向显著。这说明，农户自有农机种类越多，农户对耕种收托管服务、农资代买服务需求越弱，对粮食代售服务需求越强。自有农机种类越多，农户依赖外界农机服务就越少，同时自有农机多意味着粮食经营规模较大，产量较高，对粮食代售服务需求也较强。

④粮食经营特征对托管服务需求的影响。种粮年限在粮食代售服务模型中负向显著，即种粮年限越长，农户对粮食代售服务需求越弱。种粮大户、家庭农场大规模种粮年限越长，农户粮食经营经验丰富，极可能具有放心的粮食销售渠道，对粮食代售服务需求较弱。种粮收入比重在耕种收服务模型和粮食代售服务模型中通过了显著性检验。种粮收入比重负向影响耕种收服务需求，这是因为种粮收入比重越高，农户越重视粮食生产，其对农机购买意愿越强烈，对外界农机服务需求就越弱。同时，种粮收入比重越大，农户粮食产量一般越大，对粮食代售价格要求高，为获取较高的种粮收益，农户倾向于粮食代售服务。

（2）多元有序 logit 模型估计结果及分析——种粮大户、家庭农场土地托管求强度的影响因素。为了更准确地解释种粮大户、家庭农场土地托管需求程度，本书用农户托管环节数量总和表示需求程度，使用 Stata 13 进行分析，得到表 4-69。从模型的检验情况看，Pseudo R^2 值为 0.5022，模型中自变量对因变量的解释能力较好，似然比卡方统计量对应的 P 值为 0，说明模型在整体上拟合较好，拒绝所有系数估计值都为零的假设。

表 4-69　种粮大户、家庭农场土地托管需求强度多元 logit 模型估计结果

变量	系数	标准差
年龄	0.123	0.178

续表

变量	系数	标准差
文化程度	8.233***	2.723
是否参加农业培训	-7.858	7.042
农闲时是否经商	-2.242*	1.283
是否从事过与大规模种粮相关的职业	-8.163***	1.962
耕地面积	-0.0150*	0.00788
土地租金	-0.0269***	0.00756
灌溉条件	6.532**	2.751
交通运输状况	-6.017	4.382
自有农机种类	-7.550	5.303
种粮年限	-1.199*	0.618
种粮收入比重	-3.917**	1.654
常数项	94.43	69.75
Log likelihood	-73.093353	
Pseudo R^2	0.5022	
LR 卡方检验值	84.13	

注：*、**和***分别表示在10%、5%和1%的水平上显著。

①种粮决策者个人特征对托管服务需求的影响。文化程度正向影响农户土地托管服务需求程度，种粮决策者文化程度越高，土地托管服务需求越强，选择托管的生产环节越多。种粮大户或家庭农场种粮决策者文化程度越高，其眼界越广，对新事物接受能力越强，更愿意托管生产环节。农闲时是否经商在模型中通过了显著性检验，系数为负，意味着农闲时经商的农户选择托管环节数量较少，这是因为农户经商积累了一定的资本，有能力购买大型农机，部分农户可以满足自家农业生产需要，不需要外界托管服务。是否从事过与大规模种粮相关的职业负向影响农户土地托管服务需求程度，说明从事过与大规模种粮相关职业的农户对土地托管服务需求较弱，这可能与此类农户在大规模种粮方面有一定资源积累有关。

②土地特征对托管服务需求的影响。耕地面积在模型中通过了显著

性检验，系数为负，农户耕地面积越大，其选择土地托管服务环节数量越少。种粮大户、家庭农场的经营规模偏大，农户自有农机越多，其土地托管服务需求越弱。土地租金负向影响农户土地托管服务需求，租金越高，农户托管服务需求越弱。租金越高，意味着农户农业生产成本越高，为降低生产成本，获得较高种粮收益，农户选择托管服务环节越少。

③机械特征对托管服务需求的影响。自有农机种类数量负向影响农户土地托管服务需求，但在模型中不显著。自有农机越多，农户在农业生产中就越可以满足自家需要，对托管服务需求就较弱。

④粮食经营特征对托管服务需求的影响。种粮年限在模型中通过了负向显著性检验，种粮大户和家庭农场种粮年限越长，农户在粮食经营方面越有经验，自有农机种类也越多，对土地托管服务需求越弱。种粮收入比重负向影响农户土地托管服务需求程度，即种粮收入比重越大，农户土地托管服务需求强度越弱。种粮收入比重越大，意味着农户以粮食收入为主，家庭从事农业生产人数一般较多，可以自家完成部分种粮作业，故总体上农户对托管服务需求较弱。

4.4.3 农业企业土地托管需求行为影响因素

现代农业是"资金、土地、劳动者、技术、设备"等生产要素有机结合的社会化农业，作为新型种粮主体之一的农业企业在土地托管发展中扮演着重要角色。为解决农业企业的生产原料问题，提高企业生产效率，很多农业企业选择与为农服务中心、合作社或供销社进行合作，将企业自建基地托管给上述组织，坐等粮食收获。那么，是什么因素影响农业企业土地托管服务的需求程度？在此，本书以山东望乡食品有限公司（以下简称"山东望乡"）为例来探索农业企业土地托管服务需求的影响因素。

1. 企业基本情况与土地托管服务需求情况

山东望乡位于山东省高密市阚家工业园，是一家以小麦深加工为主营业务的民营企业，可生产面粉、麸皮、次粉、挂面、快熟面、麦胚等十几个系列、200多个品种的产品，公司拥有日加工1000吨面粉、350

吨面条的生产能力，年销售收入近 9 亿元，每年可消化 60 万亩耕地生产的小麦。

由于国内优质、专用小麦短缺，山东望乡多从国外进口小麦，这成为困扰该企业长远发展的难题。为解决粮食加工企业优质原料来源问题，该公司主动与高密市孚高农业服务公司联系，经过商讨，双方决定开展深度合作，联合组建了注册资本金 3000 万元的"山东望乡农业发展有限公司"，双方公司相互参股，共同投资 2 亿元建设粮食生产基地。山东望乡与供销社合作后，供销社按照其技术标准及订单要求严格托管公司土地。粮食经营过程实现种子、机播、配肥、植保、统防统治、销售"六统一"管理。

与山东望乡相类似的农业企业还有很多，像山东的西王集团、郑佰集团、众康集团、利生面业等粮食型龙头企业，倾向于一次性流转数千、上万亩耕地建立自己的生产基地，为了降低农业生产成本，提高土地利用率，上述企业也选择将自有基地托管给相关土地托管组织。此外，监利县国家级龙头企业福娃集团 2013 年流转土地 60000 亩，建立了水稻清洁生产基地。荆门市沙洋县国家级龙头企业洪森粮油集团通过农民协会流转土地，创建了 10 万亩有机稻种植核心基地、100 万亩优质稻种植拓展基地。

2. 农业企业土地托管服务需求影响因素

根据对多个农业企业的调查，以及经过多次访谈，本课题组认为，影响农业企业土地托管需求行为的因素大概分为以下几类：

（1）企业自身特点。一是农业企业规模。山东望乡规模较大，每日生产能力强，每年可消化 60 万亩耕地生产的小麦，对粮食原料需求较强。二是生产原材料质量要求。不同农业企业对生产原材料要求不同，普通小麦即可满足部分企业原材料要求，但因为国内大部分小麦品种不一，达不到山东望乡的质量要求，大规模统一托管是快速获得高质量原材料的重要途径之一。

（2）外部环境（政府政策）。目前，在我国鼓励农业制度创新、鼓励适度规模化经营发展现代农业的政策背景下，政府在资金及技术上大力支持土地托管稳步发展，企业托管基地不仅节约了农业生产成本，在一定程度上还提高了农业生产效率。在政府政策的号召下，山东望乡将基地托管给相关农业服务公司。

（3）成本因素。有关数据显示，在土地托管服务中，粮食烘干技术能够使小麦提前七天收获，玉米实现早种晚收，小麦、玉米亩均增产10%，且提高了品质；托管测土配方智能配肥，每亩可减少化肥使用量15%~20%；飞防服务减少农药用量20%，提高效率300~600倍；推平垄背增加面积15%。综合统计，通过基地托管，每亩粮食作物比公司负责耕种增产20%~30%，且提高了粮食质量，为农业企业提供了高品质的专用生产原料。总体上来说，企业土地托管降低了原材料的成本。

（4）专业性因素。农业企业的核心竞争力主要表现在粮食加工生产中，在粮食种植方面并不占据优势。如果农业企业选择自己种植粮食，还需要从外界获得技术等方面的支持，而企业将粮食基地托管给专业组织，则节省了这部分费用，提高了利润率。

4.4.4 不同种粮主体土地托管需求行为影响因素对比

总的来看，不同种粮主体土地托管需求行为影响因素存在较大差异。普通农户土地托管服务需求行为影响因素主要集中在粮食经营特征和农户对土地托管服务的认知、可获得服务的方便性、服务评价两方面，其中耕地面积、自有农机种类、农户可获得服务的方便性评价三个变量在耕种收模型、田间管理模型、农资代买模型、粮食代售模型中都通过了显著性检验。种粮大户和家庭农场土地托管服务需求行为影响因素主要体现在种粮决策者个人特征、土地特征两方面。决策者年龄、文化程度、是否参加过农业培训、农闲时是否经商、是否从事过与大规模种粮相关的职业都会影响大户土地托管服务需求行为。而农业企业土地托管服务需求行为影响因素主要是企业自身特征、外部环境、成本因素、专业性因素等。

值得注意的是，种粮决策者个人特征变量对土地托管服务需求行为的影响在普通农户及种粮大户之间存在较明显的差异。种粮决策者个人特征对种粮大户、家庭农场托管服务需求程度影响显著，年龄、文化程度、是否参加过农业培训、农闲时是否经商、是否从事过于大规模种粮相关的职业等因素对农户土地托管服务需求行为影响较大，而普通农户土地托管服务需求行为几乎不受种粮决策者个人特征变量影响，只有年龄、文化程度、农闲时打工或经商收入等因素在少数模型中通过了显著性检验。这表明，即使是种粮决策者比较年轻，普通农户中占较大比重的以粮为辅普通农户也会选择土地托管服务。这可能与以下因素有关：其一，对以农为辅普通农户而言，粮食生产的机会成本比较大；其二，以粮为辅普通农户家庭收入较高，对闲暇的消费意愿更为强烈。因此，对以农为辅的普通农户而言，土地托管服务有利于释放家庭劳动力，让农户更好地兼顾外出打工和粮食生产。

此外，三种种粮主体影响因素重点不同。对土地托管的认知、可获得服务的方便性、服务评价因素在很大程度上影响普通农户土地托管服务需求行为。对于普通农户来说，种粮决策者视野有限，对土地托管的认知和评价直接影响农户对服务的选择行为。土地特征对种粮大户、家庭农场土地托管服务需求影响很大，耕地面积正向影响农户农资代买服务和粮食代售服务的需求，土地租金也直接影响农户耕种收服务和粮食代售服务的需求，交通状况负向影响农户耕种收服务及农资代买服务，灌溉条件对农户土地托管服务需求也有一定影响，这与大户经营规模较大、流转来的土地状况直接影响农户粮食经营生产成本有关。而农业企业土地托管服务需求程度的影响因素主要表现在外部环境及生产成本方面，企业对原材料要求高，其他来源不能满足企业需要，而且企业进行粮食种植成本较高，受国家政策鼓励，更愿意接受土地托管服务。

第 5 章　土地托管发展模式与推广适用性

在对土地托管服务作物、服务内容、服务形式、服务主体及运营机制等内容进行理论分析的基础上，本书重点研究了主要地区、不同组织形式的土地托管服务发展实践，并重点探讨了不同经营主体的土地托管需求特点、不同托管环节（内容）的需求强度。在摸清土地托管发展情况和明确土地托管需求特点的基础上，本章将总结土地托管的发展模式，并进一步厘清不同模式的推广适用性。

由于目前土地托管的主要作物依然是粮食，因此本章所研究的土地托管发展模式主要是指粮食型土地托管的发展模式。

5.1　土地托管发展模式

针对不同的服务内容，土地托管服务发展的成熟度不同，故其托管模式存在差异，且半托管及全托管服务的服务组织、适用的服务对象、提供的服务内容均有所不同，因此其发展模式也有所不同。因此，有必要从不同的方面总结土地托管发展模式。本章将重点从服务内容、服务形式两个方面分别进行总结。

5.1.1　不同服务形式的土地托管发展模式

1. 半托管型发展模式

（1）半托管型发展模式的内涵。半托管又称"菜单式托管"，是指普通种粮农户或新型种粮主体针对粮食生产的农资供应、耕地、播种（含施肥）、灌溉、病虫草害防治、收割（可含运输、秸秆粉碎）、玉米脱粒、烘干、储存、销售、加工等生产内容，根据自己的需要，照单选择服务内容，并支付相应费用的土地托管服务形式。

半托管服务相对灵活、多样。服务的需求者可根据自己的需要选择不同的服务。依据选择服务内容的多少或选择方式的不同，半托管又分为单环节托管、多环节托管、关键环节综合托管，分别为仅选择一种服务、多次选择多种服务、一次团购几个关键环节的服务。根据选择的服务，普通农户或新型种粮主体照单支付费用（购入农资的费用或各项作业服务费），耕地的收益仍归其所有，土地托管组织仅收取服务费用或农资费用。

（2）半托管服务的供给者。半托管服务组织仅可以提供几个环节的服务，对托管服务组织的服务能力要求不太高，因而可以提供该服务的组织类型也比较多。如农机合作社可提供耕、种、收、浇水、病虫草害防治等可用机械替代劳动的托管服务；植保合作社或庄稼医院等组织可以提供农资供应、病虫草害防治等托管服务；种植类专业合作社可以提供产前良种等农资供应、产中技术指导及部分作业服务、产后粮食烘干和销售服务。当然，除提供部分服务内容的土地托管组织外，也有一部分提供半托管服务的托管组织是可以提供所有服务内容的（具体需要什么服务，由需求者自己选购），如粮食种植合作社或土地托管专业合作社、土地托管服务公司、供销社系统领办的为农服务中心，既可以提供半托管服务，有些也可以提供全托管服务。

半托管是当前最主要的托管形式，半托管服务面积占土地托管服务面积的80%以上，部分地区甚至在90%以上。土地托管服务发展较好的山东地区，半托管服务面积大概占托管面积的80%~90%。[①]

（3）典型案例——汶上县道立种植农民专业合作社。

①合作社基本情况。汶上县道立种植农民专业合作社是一家以小麦、玉米种植，育种，收购，仓储为一体的农民专业合作社。合作社成立于2012年7月，注册资金600万元，拥有固定办公场所和良种精加工场地各1处。到2017年上半年，合作社已投资建成现代化粮仓1200

---

① 山东省供销合作社联合社：《山东省供销合作社联合社综合改革试点工作资料汇编：经验篇》，2016年。

平方米（价值230万元）、新建车库7间、办公功能用房6间（价值85万元）、硬化晒粮场地2300平方米（价值100万元）。合作社拥有烘干塔1座（价值16万元），奇瑞烘干机3部（价值44万元），大、中、小型各类农用机械40台（套），配套农机具30台（套），总价值492.36余万元。合作社社员达800余户，流转耕地3000余亩，社员承包地10000余亩，年繁育小麦良种8000吨。

②土地托管服务基本情况。合作社在服务社员的同时，也为周边其他农户提供托管服务。服务内容包括良种直供、农药化肥统供及耕、种、管、收、烘干、销售等，主要集中在产前良种直供，产中各项作业的技术指导、收割，以及产后烘干和销售等项目；服务农户2000余户，服务面积3.1万亩，其中半托管服务2.9万亩、全托管0.2万亩。

③土地托管服务的运作流程。2016年之后，为适应国家调结构的大方针，合作社种植结构由小麦+玉米调整为小麦+大豆，主要是繁育小麦、大豆良种，其中合作社在小麦良种繁育方面已有20多年的经验。该合作社与当地种子公司签订长期合同，作为该种子公司良种繁育基地，合作社负责组织社员及周边农户种植、收购小麦，并为其提供相应的服务。因此合作社提供的土地托管服务也主要是围绕良种繁育这一主营业务展开。下面仅以小麦为例，简单介绍合作社提供托管服务的运作流程。

对于一般作物的半托管服务，农户通常可以在作物种植的任何一个环节提出托管意向。但该合作社的主营业务是繁育小麦良种，因此只有之前选择了良种直供，才可以选择之后耕、种、管、收、仓储、销售任意一个或多个环节的托管服务。当然，如果之前没有选择良种直供（即该农户没有选种合作社繁育的小麦良种），之后选择土地托管服务也仅限于耕、种、管环节，合作社一般不会再提供收割、仓储和销售服务。

合作社为周边农户提供土地托管服务的基本流程为：农户提出托管意向、双方勘查耕地、双方签订托管合同（收取20%服务费）、合作社提供托管服务、农户支付剩余服务费、领取粮食收入。

④土地托管服务的核心运行机制——粮食种植节本增效。由于可以大规模地提供各项服务，合作社的物化投入和作业服务费均比农户单独从市场上购置价格低。而小麦销售则是直接与种子公司签订订单，省去了中间环节，销售价格相对较高，由于科学化的种植，产量也相对增加

（合作社小麦亩产平均650公斤）。成本降低、销售收入增加，带来小麦种植利润的增加，农户通常比较接受这一服务形式。下面以2016年小麦种植为例，研究土地托管服务如何促进粮食种植节本增效。

一是较低的农资投入成本。由于是良种直供，合作社提供的小麦良种通常低于农资市场零售价格，如果采用合作社的技术指导或直接由合作社播种，种子的用量还会减少，每亩可减少种子投入13.2元。同样由于化肥用量和单价较低，每亩地化肥投入可减少28元；小麦种植期间除草、杀虫、施用植物调节剂需要打药3次，合作社提供的农药喷洒服务，可为农户每亩节省9元。因此，仅农资投入，合作社提供托管服务和农户自己种植相比每亩可以节省50.2元（见表5-1）。

表5-1　　合作社提供服务与农户自己种植一亩小麦的农资投入成本对比

	项目	合作社	农户自种	节本
种子投入	裸种（元/斤）	2.1	2.4	—
	用量（斤）	28	30	—
	投入合计（元）	58.8	72	13.2
化肥投入	底肥用量（斤）	100	100	—
	单价（元/斤）	1.0	1.2	—
	追肥用量（斤）	40	50	—
	单价（元/斤）	0.65	0.68	—
	投入合计（元）	126	154	28
农药投入	除草剂（元）	15	20	—
	杀虫剂（元）	7	10	—
	叶面肥（元）	4	5	—
	投入合计（元）	26	35	9

资料来源：根据调研数据整理。

二是较低的作业服务费。通过规模化服务，合作社可以有效地降低作业服务费。如在旋耕、播种、收割环节的作业费，合作社提供的托管服务价格均低于农户单独购置服务的市场价格，仅此类作业服务费就可以为农户每亩节省支出25元（见表5-2）。另外，合作社一般还为农户每两年提供一次深耕深松服务,价格为60元/亩,这有利于耕地蓄水保墒,增加小麦产量,一般小规模农户很少单独购置该类服务。

在田间管理方面,该合作社基本没有采用节水灌溉设施,没有大量购置病虫草害防治设备,基本仅针对社员服务,没有面向周边农户开展托管服务。

表5-2　　　　　合作社提供服务与农户自己种植
一亩小麦的作业服务费对比　　　　　　单位:元/亩

	深翻	旋耕	播种	收割	投入合计
合作社	30	45	15	50	140
农户自种	—	55	20	60	135

资料来源:根据调研数据整理。

三是较高的粮食收益。由于合作社统一供种,保证了粮种的质量,加上田间种植的技术指导和专业化的服务,合作社提供托管服务的农户平均产量较当地小麦平均产量高100公斤,亩均产量达到650公斤(当地小麦平均产量550公斤)。由于是直接销售给种子公司,小麦的价格比市场价格高0.15元,其中农户获得0.1元的差价。小麦产量的增加和售价的提高,使农户小麦销售收入增加362元,加上农资投入相对减少了50.2元,作业服务费增加了5元(增加了深耕深松项目),合作社提供托管服务后,农户繁育小麦良种比农户单独种植小麦可节本增效407.2元/亩(见表5-3)。

表5-3　合作社提供服务与农户自己种植一亩小麦的节本增收对比

	产量(斤)	价格(元/斤)	销售收入(元)	农资投入(元)	作业费用(元)
合作社	1300	1.26	1638	210.8	140
农户自种	1100	1.16	1276	261	135
节本增效	—	—	362	50.2	-5

资料来源:根据调研数据整理。

2. 全托管型发展模式

（1）全托管型发展模式的内涵。全托管是对农资供应、耕地、播种（含施肥）、田间管理（含浇水、施肥、病虫草害防治等内容）、收获（含收割、运输、玉米脱粒）、烘干、储存、销售、加工等生产环节提供全程服务。服务价格通常比市场价格、半托管价格优惠一定比例，在此基础上对所有生产环节"打包"收取托管费用。产量方面，正常年份确保一定的产量（保底产量），土地产出全部归农户等经营主体所有。山东多地又将这种托管方式称为"订单式托管""保姆式托管"。全托管服务形式下，农户和新型种粮主体仍拥有耕地的经营权，土地托管组织仅提供托管服务，收取托管费用，耕地收益仍归耕地经营者所有。

（2）全托管服务供给者。全托管服务需要提供服务的种类非常全，这就要求该类服务的供给者各项农机和人员配置齐全，因而投入较大。因此，这类服务供给者一般为专门的土地托管专业合作社、土地托管服务公司，以及全国供销社系统领办的土地托管组织。以山东为例，全省建立的服务半径3公里的为农服务中心是山东省提供全托管服务的主要组织。

目前，全托管业务不到土地托管服务的20%。土地托管服务开展较好的山东省供销社系统2014～2015年的全托管服务面积占托管总面积的比重也仅为12.5%～20%，从山东全省来看，全托管面积也仅占10%以上，不足20%。①

（3）典型案例——义桥镇为农服务中心。

①为农服务中心基本情况。义桥镇为农服务中心成立于2013年9月，是山东供销系统首个为农服务中心。中心占地22亩，总投资400余万元，其中，中心花费200多万元购置耕地、灌溉、统防统治、收割等一家一户买不起的大型先进农机设备，投资110万元建设了两个烘干塔，并投资15万元配置了测土配方、智能配肥设备。同时，基层供销社领办专业合作社，整合农村闲散农机，成立了30多个农机服务队，统筹开展农机服务。

---

① 山东省供销合作社联合社：《山东省供销合作社联合社综合改革试点工作资料汇编：经验篇》，2016年。

②提供土地托管服务的情况。2013年成立之初，义桥镇为农服务中心就为周边2万余亩小麦和玉米提供土地托管服务。到2016年上半年，托管面积增加至3万多亩，其中全托管服务比例为1/6，是山东全托管比例最高的地区之一（山东供销系统全托管服务比例大致为12.5%~20%）。

③服务基本流程。为农服务中心为周边农户提供土地托管服务的基本流程为：农户提出全托管意向、双方勘查耕地情况、双方签订托管合同（收取一定比例的定金）、为农服务中心提供全托管服务、农户支付剩余服务费并领取粮食收入。

④托管服务的核心运行机制——粮食生产节本增效。义桥镇为农服务中心主要为小麦、玉米两类粮食作物提供土地托管服务。半托管服务模式是以小麦为案例进行讲解的，此处以玉米为例，研究为农服务中心提供全托管服务如何促进粮食生产节本增效。

首先是较低的农资投入成本，主要表现为种子、化肥、农药的投入降低。

一是可降低种子投入成本。为农服务中心服务规模较大，可以大量购入种子，种子价格比农户自己从农资服务点购入大概低5元/亩。而且，为农服务中心使用玉米精播技术，种子使用量也有所减少。因此，仅种子一项投入，每亩玉米种植可以节省成本19元。

二是可降低化肥投入成本。为农服务中心为托管耕地免费进行测土配方，并进行智能配肥，配制控释肥，以减少化肥投入量，在施底肥（控释肥）80斤之后，一般情况下不再追肥。而农户自己种植除施用80斤底肥（复合肥）外，一般还要追肥30斤（尿素）。同时，为农服务中心提供的控释肥价格低于农户自己购买的复合肥价格（平均低0.25元/斤）。因此，为农服务中心可以节省化肥投入成本36.8元/亩。

三是减少农药投入成本。玉米农药投入一般与当季气候、病虫草害情况有关。平均来看，为农服务中心种植玉米需要打药4次，其中除草剂1次，杀虫剂2次（钻心虫和玉米螟各1次），植物调节剂1次，而农户自己种植有时更倾向于多打药。仅以4次来看，为农服务中心收取的农药成本比农户自己购买每亩可减少5元。综上所述，种子、化肥、农药等农资投入可节省成本60.8元/亩（见表5-4）。

表 5-4　为农服务中心全托管玉米与农户自己种植农资投入成本对比

项目		为农服务中心	农户自种	节本
种子投入	裸种（元/斤）	10	15	—
	用量（斤）	3.5	3.6	—
	投入合计（元）	35	54	19
化肥投入	底肥用量（斤）	80	80	
	单价（元/斤）	1.25	1.5	
	追肥用量（斤）	0	30	
	单价（元/斤）	—	0.56	
	投入合计（元）	100	136.8	36.8
农药投入	除草剂（元）	15	17	—
	杀虫剂（元）	10	10	—
	叶面肥（元）	7	10	—
	投入合计（元）	32	37	5

资料来源：根据调研数据整理。

其次是较低的作业服务费与较少的劳动投入。义桥镇及周边玉米种植基本都是采用种肥同播，玉米收割后均实现了秸秆粉碎还田。灌溉方面，为农服务中心基本采用节水灌溉技术，而农户一般还是采用大水漫灌。种肥同播环节为农服务中心服务价格为 30 元/亩，比农户自己从市场购买服务低 5 元；灌溉方面每亩可节省 15 元；收割环节，现在玉米收割机在收割的同时一般自带粉碎秸秆 1 次，为农服务中心服务的价格为 70 元/亩，农户从市场自己购买服务为 80 元/亩，由于自带粉碎效果不够好，一般还要单独进行秸秆粉碎，为农服务中心提供该服务的价格（25 元/亩）比市场价格低 5 元。综合来看，整个作业环节的服务费用可以节省 35 元/亩。

由于为农服务中心基本都是机械化种植，仅在除草、杀虫打药和玉米灌溉时需要部分人工，全季人工投入平均为 120 元。而农户自己种植时，虽然耕种收环节也购买机械服务，但都需要自家人员在场，田间管理更需要人工完成，因此平均每亩玉米种植人工投入相对较大，平均3~4个工，合计240元左右。因此，仅人工方面为农服务中心就可以节省劳动投入120元/亩（见表5-5）。

表5-5　　　　　　为农服务中心全托管与农户自己
种植作业服务费、劳动投入对比　　　单位：元/亩

	种肥同播	灌溉	收割	秸秆粉碎	劳动投入
为农服务中心	30	35	70	25	120
农户自种	35	50	80	30	240
节本	5	15	10	5	120

资料来源：根据调研数据整理。

再次是较高的粮食收益。由于统一选购农资，保证了农资质量，加上科学化、专业化的种植，玉米亩产较农户自己种植的1200斤增加了120斤。同时，为农服务中心统一将玉米销售到用粮企业，减少了中间环节，玉米价格也比农户自己销售每斤高出0.1元。产量的增加、价格的提高，带来了粮食收益的增加，为农服务中心全托管种植玉米每亩收益比农户自己种植提高了231.6元（见表5-6）。

表5-6　　为农服务中心全托管与农户自己种植玉米的亩均收益对比

	单产（斤/亩）	价格（元/斤）	粮食收益（元/亩）
为农服务中心	1320	0.93	1227.6
农户自种	1200	0.83	996
节本增效	—	—	231.6

资料来源：根据调研数据整理。

最后是粮食节本增效明显。如表5-7所示，为农服务中心全托管种植玉米，在农资投入方面节省成本60.8元/亩，作业服务费节省35元/亩，劳动投入减少120元/亩，而粮食收益增加231.6元/亩。因此，每亩玉米效益可以增加447.4元。

表 5-7 为农服务中心全托管与农户自己种植玉米的节本增效对比

单位：元/亩

	农资投入	作业服务费	劳动投入	粮食收益	合计
为农服务中心	167	160	120	1227.6	—
农户自种	227.8	195	240	996	—
节本增效	60.8	35	120	231.6	447.4

资料来源：根据调研数据整理。

5.1.2 不同服务内容的土地托管发展模式

土地托管服务的内容主要包括农资供应（包括良种推广、测土配方、智能配肥等）、耕地（如深耕深松、旋耕）、播种（如种肥同播、宽幅精播）、田间管理（如灌溉、追肥）、病虫草害防治、收割（含秸秆粉碎或回收利用、运输）、烘干仓储、初级加工、销售等。针对不同的服务内容，提供服务的组织、服务水平、农户需求程度、发展时间等不同，发展模式也不一样。如粮食作物的耕种收服务是农户最早需要也一直需要的服务；耕种收环节服务的农业机械供给也相对最齐全、高效，小到单个的农机手，大到专业的服务公司，都可以提供该服务，耕种收服务是农业生产性服务中市场化运作最成熟的服务内容。该类服务内容的土地托管发展模式和诸如节水灌溉、统防统治、烘干仓储等服务内容的托管模式存在一定差异，因此有必要对运作较成熟与运作较薄弱但关键的作业环节的托管模式分别进行研究。

1. 运作较成熟的耕种收环节的土地托管发展模式

（1）服务较成熟环节的自身特点与市场特点。

①自身特点。如上文所述，耕种收环节的服务包括深耕深松、旋耕、播种（如种肥同播、宽幅精播）、收割（含秸秆粉碎或回收利用、运输）等内容，除深耕深松和秸秆还田外，其他服务内容市场化运作均比较成熟。这些市场化运作比较成熟的服务，通常具有以下特点：需求稳定、强烈，服务组织多元，服务形式多样，服务手段丰富。如旋耕服务，不论普通农户还是新型种粮主体均需要，需求主体数量众多，需求强烈；不论是单个农机户还是注册资金数千万的服务公司，均可以提供

此项服务；全托管服务形式可以提供该项服务，半托管形式一般也包含该服务；小型收割设备可以完成该环节服务，最先进的大型设施也可以完成该环节服务。

②市场特点。由于需求者众多，单个需求者所需数量占整个市场需求的份额较小，且供给者相对较多，提供的服务质量差别不大，因此该类市场竞争相对激烈（比较接近垄断竞争市场）。如耕种收环节的机械类服务发展了30年左右，其市场已基本形成了竞争相对有序的格局。

（2）针对运作较成熟环节的托管模式。针对这类服务，应尽可能发挥市场的作用。服务组织由市场来决定，比如在耕作机械不断更新、单个新型种粮主体服务面积不断扩大的新形势下，单个农机手的服务越来越不适应市场需要，服务组织的形式也随之调整，单个农机户逐渐被吸纳到合作社，小规模的合作社逐渐联合。服务形式也应由市场来决定。如服务形式是选择针对耕种收的某一环节、几个环节的半托管服务，还是选择涵盖耕种收服务的全托管服务，完全取决于农户的需求和托管组织的服务能力。是以小型耕作机械来服务，还是采用现代化大型机械，也取决于需求者的服务面积、需求意愿和供给者的服务能力等市场因素。

因此，针对这类市场化运作已经比较成熟的服务环节，应最大限度地发挥市场配置资源的作用，减少政府对这类服务的干预。政府对这类服务的作用重点应放在行业规范的制定，如作业标准制定、合同的规范、服务质量监督、服务组织信用评价机制构建等方面，并减少对服务组织的补贴、杜绝对服务价格的干预等。

2. 运作较薄弱的关键环节的土地托管发展模式

（1）服务较薄弱环节的自身特点与市场特点。除了上述耕种收环节的部分服务内容外，还有很多服务内容的服务能力依然薄弱，但该类服务又比较关键。此类服务主要包括以下一些：作业成本高、短期效益不明显、农户需求不强烈的深耕深松及增施有机肥等内容（单个农户不愿干）；外部性较强、单个农户作业效果较差的病虫害统防统治（单个农户干不好）；前期投入大、技术要求高、单个农户做不了的烘干仓储及工厂化育秧等内容（单个农户干不了）。

这类服务内容主要是单个农户或服务组织不愿干、干不好或者干不了的项目,集中表现为或是作业成本高、短期效果不明显,或是外部性较强,或是资金、技术要求太高。但是,这类服务内容对于发展现代农业、推进绿色生产技术非常关键。

(2)针对服务薄弱但关键环节的托管模式。

①重点发挥市场作用。针对这类服务,首先要发挥市场的作用。比如,资金投入大、技术要求高的烘干仓储、工厂化育秧等服务内容,主要由有实力的为农服务中心、大型专业合作社(或联合社)、专业服务公司来提供。

②适当加大政府支持。政府的支持主要体现在内容和方式两个方面。

支持内容方面,对于农户需求不强烈、外部性较强的服务项目,在发挥市场作用的基础上,政府要予以支持。如作业成本高、短期效益不明显的深耕深松及施用有机肥等内容,以及外部性强,单个农户或小规模服务组织干起来效果差、不愿干的病虫害统防统治及农作物秸秆还田等内容。政府支持可以更好地推进此类服务项目,以促进生态友好型农业发展,促进农业防灾减灾。对于资金投入大、技术要求高、单个农户(或规模较小的服务组织)做不了的烘干仓储及工厂化育秧等现代农业技术集约利用环节,也要采用多种形式对服务组织进行支持,以促进现代农业发展。

支持方式方面,可采取以下形式:一是直接财政支持。如农业部、财政部2016年继续对农业生产全程社会化服务试点予以财政支持。2017年,在原来17个试点省(自治区、直辖市)的基础上,继续在全国范围内选取试点县进行财政支持。另外,地方政府也加大了对这些服务环节的财政支持,如高密市政府出资2900万元,在全市范围内支持29家为农服务中心建设,每个服务中心支持100万元;菏泽市则是每新建1个为农服务中心,支持150万元。支持目标均是鼓励这些为农服务中心发展小规模服务主体难以投资建设的烘干仓储、测土配方、智能配肥和统防统治等服务项目。二是政府购买。除直接财政支持外,还可以采用政府向经营性服务组织购买服务的方式予以支持,2015年、2016年这项工作已连续两年进行试点,购买的服务内容包括病虫草害统防统、一喷三防、农机深耕深松、秸秆等农业废弃物回收利用、配方施肥、增施有机肥、水稻集中育秧和机插秧、粮食烘干、小麦及大豆统一供种等,涵盖了上述土地托管服务中薄弱且关键的环节。

政府提供支持时应做到不干扰市场机制。如《农业部办公厅 财政部办公厅关于支持农业生产社会化服务工作的通知》指出：要防止"政策垒大户"，重点支持小农户接受社会化服务，合理制定对规模化新型种粮主体（种粮大户、家庭农场、农业生产企业）的补助上限；财政补助应低于市场服务价格的30%，单季作物亩均补助不应超过100元等。

5.2 土地托管发展模式推广的适用性

按照托管形式、托管内容，土地托管服务可以有多种发展模式。但是每种托管模式均有适用的地区、适用的条件。因此，要推广各类不同发展模式，必须清楚各类发展模式的适用性，才能更有效地进行推广。

5.2.1 不同土地托管模式适用于不同的服务对象

不同的托管模式适用于不同的农户类型，因此在推广土地托管服务时，首先必须尊重农户的需求。以全托管、半托管模式为例，以粮为主的普通农户可能需要半托管服务，常年务工的以粮为辅的普通农户可能需要全托管服务，家庭农场可能需要半托管服务，粮食企业种粮基地可能需要全托管服务等。因此，不同的种粮主体可能需要不同的服务模式。

1. 适用于普通种粮农户的土地托管模式

普通种粮农户是指种植规模在50亩及以下（北方一季成熟地区100亩及以下）的农户类型。根据农户粮食收入占家庭收入比重的不同，又可细分为以粮为主普通农户、以粮为辅普通农户。这两类农户粮食种植中劳动力投入情况、经营规模、农机投入等方面均存在一定差异。因此，推广土地托管服务时，应考察这两类不同的农户需要什么样的服务内容、服务形式，因人而异地推广发展。

（1）适用于以粮为主普通农户的土地托管模式。

①以粮为主普通农户的特征。课题组调研数据显示，以粮为主普通

农户通常年龄偏大，60 岁以上的劳动者占 60.3%，且文化程度通常较低，77.8% 的劳动者为初中及以下文化程度。较大的年龄、较低的文化程度，导致这类农户基本以种粮为主，仅有 36.9% 的农户农闲时选择务工，加上种植规模相对较小，① 这类农户的家庭收入一般不高。农业机械配置方面，大部分以粮为主（80% 以上）的普通农户拥有 1～3 种小型农机，如运输三轮车、打药设备、浇水设备等，几乎没有农户配有大型农机。

总体来看，这类农户年龄偏大、文化程度较低、经营规模相对较小、基本没有配置大型农机，且务工机会少，家庭劳动力主要种植粮食，总体收入水平偏低。

②以粮为主普通农户需要托管的服务内容——市场运作较成熟的服务环节。由于没有大型农机，以粮为主的普通农户耕种收环节的农机服务需求最为强烈。课题组调研数据显示，所有被调查的以粮为主普通农户均需要收割服务，对代耕代种的需求也高达 98.4%。但此类农户以粮食种植为主，非粮务工较少，有劳动力可以从事劳动强度较小的田间管理环节（如浇水、打药、追肥等），而且这类农户总体种植规模不大，家庭收入不高，因此在自己体力可以完成的田间管理环节，不愿支付费用请他人帮助（除非自己没有该作业所需的设备，如浇水设备）。同时，由于种植规模相对较小，粮食晾晒一般可以独立完成，不需要烘干服务。对于农资购买、粮食销售基本都是就近完成，需求比例不足 5%（调研数据）。

总体来看，以粮为主的普通农户最需要劳动强度较大的耕种收环节托管服务，对劳动强度相对较小的田间管理环节、农资代买、粮食代售等托管服务需求相对较小，基本不需要烘干、仓储服务。

因此，以粮为主的普通农户需要的基本都是运作比较成熟的耕种收环节的服务。这类服务已形成比较有序的市场竞争体系，应主要发挥市场配置资源的作用。其托管需求既可以由单个农机手、农机合作社完成，也可以由服务能力较强的为农服务中心或专业托管企业完成；农户既可以选择小型的农业机械服务，也可以选择大型农机。这些均可由市

---

① 这类农户经营规模呈现两种不同情况，流转耕地的以粮为主农户通常种植 10 亩以上耕地，最大 47 亩（调研数据），仅经营自家承包耕地的农户经营面积较小，有的农户仅有 2 亩多耕地。

场通过价格机制和服务质量来调节,应尽量减少政府对这类服务的干预,政府对这类服务的作用重点应放在行业规范的制定上。

③以粮为主普通农户需要的托管形式——半托管模式。如上文所述,以粮为主的普通农户主要需要耕种收环节的服务,对其他诸如农资代买、田间管理、烘干、仓储、粮食代售等服务需求不大。因此,针对以粮为主的普通农户应重点推广半托管形式。如土地托管发展较好的张营供销社,也基本上全部是半托管服务。

(2) 适用于以粮为辅普通农户的土地托管模式。

①以粮为辅普通农户的特征。以粮为辅的普通农户老龄化趋势不明显,大部分决策者(被调查者的70%)集中在40~60岁,文化程度相对较高(45%为初中以上文化程度),非粮就业机会较多,家庭收入一半以上来自非粮收入。此类农户主要经营自家承包耕地,经营规模最小(户均7.5亩以下),除人工打药设备、浇水龙带外,基本没有配备其他农业机械,或者很少使用,家庭中参与粮食种植的劳动力基本为妇女或老人。

②以粮为辅普通农户需要托管的服务内容——市场化运作较成熟的耕种收环节+绿色生产技术田间管理。这类农户青壮年劳动力种粮机会成本较高,从事粮食种植的主要是妇女或老人,该类农户(95%的被调查者)非常需要耕种收环节的机械类服务。同时,由于非粮收入较高,部分家庭愿意购买田间管理服务,以为年轻妇女腾出更多时间来务工或照顾家庭,因此大概有30%的被调查者需要统一灌溉、病虫草害统防统治等服务。而且,农资代买服务在农资价格略有降低的同时,更能腾出购置的时间,因此也有30%的被调查者需要该类服务。而对于粮食烘干、仓储、代售服务,该类农户的需求一般较弱。

总体来看,以粮为辅普通农户最需要市场化运作比较成熟的耕种收服务,其次需要节水灌溉、病虫草害防治等绿色生产技术①的田间管理服务和农资代购服务。对于耕种收环节的服务,应主要发挥市场作用。但其中的深耕深松、秸秆还田和节水灌溉、病虫草害统防统治等服务,由于具有短期效用不明显、外部性强等特点,政府也应予以支持,比如

---

① 农户需要的是灌溉和打药服务,但土地托管组织提供该类服务时,多采用节水灌溉和统防统治的形式。因此如果需要土地托管田间管理服务,也只能选择这两种服务方式。农户对于这类绿色生产技术的需求并非完全为主观愿望。

采用政府向经营性服务主体购买服务的方式。

③以粮为辅普通农户需要的土地托管服务形式——半托管模式为主、全托管模式为辅。如上文所述，几乎所有农户都需要耕种收等机械类服务，少部分农户（大概30%）需要田间管理和农资代买服务，更少的农户需要粮食烘干、仓储和代售服务。因此，针对以粮为辅的普通农户应重点推广以耕种收为主，兼顾田间管理的半托管服务，各地根据农户需求适当开展全托管服务。具体到开展什么内容的半托管服务，一定要根据当地农户实际需要进行推广，如小麦、玉米种植区良种供应、深耕深松、秸秆还田、统防统治、订单销售可能是薄弱环节，水稻种植区集中育秧、机插秧、机械收割或脱粒可能是需求迫切的环节，所以要依据当地的实际需求进行推广。

2. 适用于新型种粮主体的土地托管模式

新型种粮主体是指种植面积在50亩（北方一季成熟地区100亩）以上的种粮者，包括种粮大户、家庭农场、专业合作社和农业企业。由于专业合作社粮食种植主要由各个社员来完成，合作社主要提供各类服务，因此不再研究专业合作社的种植行为。种粮大户和家庭农场种植行为比较相似，对土地托管服务的需求也比较相似；农业企业对土地托管服务的需求主要体现在自建粮食生产基地对该服务的需求。农业企业需要的服务内容和服务形式与种粮大户、家庭农场有较大差异，因此有必要分别研究不同新型种粮主体对土地托管模式的需求，以期更好地推广土地托管服务。

（1）适用于种粮大户、家庭农场的土地托管模式。

①种粮大户、家庭农场的特征。课题组调研数据显示，种粮大户、家庭农场的经营者相对年轻，75%的经营者为50岁以下的中青年（且多为男性），且文化程度较高，其中，85%以上为初中以上文化程度，35%左右为高中以上文化程度。这些新型种粮主体的种植规模通常较大，农业部监测数据显示，粮食型家庭农场的平均规模达400亩左右，家庭平均收入较高，通常在10万元以上。大规模的粮食种植主要靠农业机械，因此42%的大户拥有7种以上的农业机械，但也有1/3的大户仅拥有3种以下农业机械，这些大户的生产主要靠他人提供服务。同时，由于种植规模大，家庭成员中通常由2人以上参与粮食种植，一般

以经营农业为主要职业。

②种粮大户、家庭农场需要托管的服务内容——市场化运作较成熟的环节＋现代生产技术、绿色生产技术服务。由于大型农机配置不全，加之种植规模较大，调研中发现大概有50%的种粮大户或家庭农场需要耕、种、收服务，尤其是收割服务的需求较为迫切。同时，约30%以上种粮大户和家庭农场希望托管组织可以通过与粮食企业签订订单的方式解决粮食销售问题，以实现优质优价。调研发现，大部分种粮大户和家庭农场希望提供更多的机械打药服务，以代替人工，缓解人工打药难监督、成本过高的问题，因此大概30%的种粮大户和家庭农场希望托管组织提供病虫草害防治服务。各地灌溉条件不同，因而对统一灌溉服务的需求也不同，灌溉条件好的地区仅有10%左右的种粮大户和家庭农场需要灌溉服务，而灌溉条件较差的地区则更需要该类服务。由于种植规模较大，种粮大户和家庭农场对农资需求量也较大，通常与大型农资经销商存在联系，农资质量有保障，价格也比较合适，因此调研中发现只有15%的大户需要农资代买服务。烘干服务的需求主要集中在粮食作物——玉米上，大概20%的大户需要该服务。

总体来看，种粮大户、家庭农场需求强烈的耕种收托管服务，市场化运作比较成熟，多种类型的托管组织均提供该服务，且托管形式多样、付费方式灵活，这类服务应继续发挥市场机制的作用，减少政府干预。但对于作业成本高、投资大、短期效果不明显、外部性较强的深耕深松、病虫害统防统治、节水灌溉、秸秆还田、烘干等服务内容政府应予以支持，以促进现代农业和绿色环境友好型农业的发展。

③种粮大户、家庭农场需要的土地托管形式——半托管。种粮大户、家庭农场的粮食种植规模较大，参与粮食种植的家庭劳动力通常在2人以上，大部分农户以种粮为主要职业和主要家庭收入来源，家庭粮食收入平均在10万元以上。因此，几乎所有的种粮大户和粮食类家庭农场均会自己完成部分作业，仅需要某一个或几个环节的托管服务，很少有种粮大户和家庭农场将生产完全托管给服务组织。

目前，全国80%以上的托管服务为半托管服务，半托管服务组织多样、服务方式灵活，竞争较充分，应根据种粮大户和家庭农场的实际需求重点推广半托管服务。当然，在推广的过程中要考虑不同地区的特点，如小麦、玉米种植区可能更需要以耕种收及秸秆还田、统防统治为主要内容的半托管服务；水稻种植区可能需要集中育秧、机插秧、统防统治、烘干等为主要内容的半托管服务。

（2）适用于农业企业的土地托管模式。

①部分农业企业选择自建生产基地。农业企业（如利生面业、金沙河面业、西王集团等企业）对土地托管服务的需求来源于对粮食原材料的需求。大部分用粮企业要求粮食的专用性、优质性，而我国优质粮、专用粮供应不足，很多企业的原粮需要进口，尤其是小麦。进口原粮成本相对较高，而且货源稳定性较低。因此，很多用粮企业选择建设自己的粮食生产基地，一来可以直接供应原粮，二来可以为其他类型（如龙头企业+专业合作社+农户）的基地建设提供示范，更好地解决原料供应问题。

②农业企业自建粮食生产基地机会成本较高。虽然粮食是这些农业企业的原材料，但大部分农业企业的专长并不是粮食生产，而是粮食加工与销售，从这一点来看，从事粮食种植在农业企业所有的业务中并不具备比较优势。而且从事粮食种植，不仅要流转大量的耕地、支付大量的租金，还要购置大量的农业机械、雇用大量的人员从事生产，资金占有量大。投入大量的资金从事没有比较优势的业务，机会成本势必较高。因此，大部分自建生产基地的农业企业需要他人提供种粮服务。

③自建生产基地的农业企业通常需要全托管服务模式。为了保障原材料的供应，部分农业企业选择建设自己的粮食生产基地，如汶上县利生面业流转5000亩耕地建设小麦生产基地、望乡食品有限公司投资2亿元建设粮食生产基地、西王集团投资数千万建设玉米生产基地等。但投入大量的资金和劳动从事粮食生产（而不是更具优势的粮食加工、销售）机会成本较高，因此自建基地的农业企业需要专业化的粮食种植服务。大部分自建基地的农业企业通常不再投入资金购置农业机械、雇用专业人员，而是向专业的土地托管组织购买服务，其需要的服务通常包括从种到收的全程服务。因此，自建粮食生产基地的农业企业如果选择请他人种植，基本都需要全托管服务，自己不再参与粮食种植的任何环节。

5.2.2 不同土地托管发展模式适用于不同地区

不同地区粮食经营的特点不同。如有些地区劳动力转移程度较高，从事粮食种植的劳动力老龄化、兼业化情况严重,甚至出现一定的劳动力短缺,有些地区劳动力转移程度不高,从事粮食种植的劳动力兼业化、短缺性并不明显,因此这些地区需要的土地托管服务模式便存在差异。再如,适合大规模机械化种植的平原地区,与半丘陵、半山区需要的土地托管模式也不同。因此,有必要研究不同土地托管模式如何适用于不同劳动力转移程度的地区和不同土地资源的地区。由于本书仅研究粮食型土地托管发展模式,因此此处不再研究不同土地托管模式如何适用于不同的种植结构。

1. 不同土地托管发展模式适用于劳动力转移程度不同的地区

农业劳动力转移程度的高低,影响着留在农村从事粮食种植的劳动力的数量、质量,从而影响着粮食种植者对土地托管服务的需求情况。因此,要根据劳动力转移程度不同的地区粮食种植者的需求,推广不同的发展模式。

以汶上县为例,汶上县为山东省土地托管服务开展较早的县,经过几年的发展,汶上县土地托管组织逐渐摸索出一条路子。土地托管服务着重面向劳动力转移程度较高的镇、村开展,如半托管服务着重面向劳动力转移70%以上的村开展,全托管服务着重面向劳动力转移80%以上的村开展。劳动力转移程度相对较低的地区将作为未来发展的重点。

(1) 适用于劳动力转移程度较高地区的土地托管发展模式。农业劳动力转移程度高,可能因为劳动力外出务工的比例高,也可能因为当地非农就业机会比较多,如云南、贵州、湖南等劳动力输出大省和江苏、上海等劳动力就近转移的省市。前者可能导致留在农村从事粮食种植的多为无法外出务工的人员——老人和部分妇女;后者可能会为土地流转带来更大的空间,有助于培育职业农民。例如,2016年,上海市175.9万亩农户承包地已流转出130万亩,流转比例为74%(全国最高)。其中,98万亩(占已流转承包土地的75%)流转给家庭农场、农民专业合作社、农业企业等新型农业经营主体,[①] 也就是说上海市55.7%的承包地由农业新型种粮主体经营。这两类劳动力转移程度较高

[①] 詹顺婉:《上海农村土地流转率全国最高 市人大常委会审议新型农业经营体系建设情况》,2016年9月13日,http://shzw.eastday.com/shzw/G/20160913/u1ai9732085.html. 2016-09-13。

的地区从事粮食种植的经营主体不同，对土地托管服务的需求也存在差异。

①适用于外出务工比例较高地区的土地托管发展模式——耕种收服务为主的半托管型发展模式。外出务工比例较高的地区通常为贵州、四川、云南、湖南、江西、河南等劳动力输出大省，或者中东部地区的个别县市，如山东省菏泽市及其他距离省会或地级市较远的鲁西、鲁南的部分县。这类地区从事粮食种植的多为老人和妇女，多是经营自家承包耕地，经营规模较小，粮食收入不高（家庭总收入往往也不高）。这类农户在粮食种植中通常对耕种收等劳动力强度较大的环节需要机械类的托管服务，而浇水、打药等劳动强度较小的田间管理环节大部分自己完成（因体力允许、不愿多支付费用），不太需要托管服务。但若是那些体力不足的老人或有外出务工机会的妇女从事粮食生产，则可能需要田间管理服务。由于经营规模小，农资代买、烘干仓储等服务需求的强度也不大。因此，针对这类地区，应重点推广以耕种收为主、田间管理为辅的半托管服务模式，在一些新型种粮主体聚集的个别县市，可适当推广深耕深松、统防统治、烘干仓储、粮食代售等服务。

②适用于就近劳动力转移程度较高地区的土地托管发展模式——耕种收为主，兼顾现代农业技术、绿色生产技术的半托管服务及适度的全托管服务。就近劳动力转移较高的地区，通常是当地第二、第三产业较为发达的地区，如长三角、珠三角地区。第二、第三产业可以吸纳大量的农村劳动力，伴随着农业劳动力的转移，农村土地流转的程度也较高，会形成新型农业经营主体与普通农户并存的格局。

一是适用于新型种粮主体的土地托管模式。如上文所述，上海市74%的农户承包地已流转，其中3/4流转给种粮大户、家庭农场、农业企业等新型农业经营主体。这些主体经营着当地55.7%的承包地，其中大部分仍种植粮食。那么，这些地区土地托管服务的发展就要考虑这些新型种粮主体的需求。新型种粮主体需要的土地托管服务类型已在前面进行了详细阐述，即种粮大户和家庭农场主要需要以耕种收环节服务为主，田间管理、烘干仓储、粮食代售等服务为辅的半托管服务，农业企业自建的生产基地多数需要全托管服务，当然在第二、第三产业较为发达的地区，农业企业自建粮食生产基地的情况相对较少。

二是适用于普通种粮农户的土地托管模式。除了流转出去的耕地，还有近45%的承包地（以上海为例）仍由农户自己经营。由于当地第二、第三产业较为发达，农户家庭收入主要来自非粮收入，他们更愿意选择种口粮田、休闲田。种休闲田的农户更倾向于选择自己完成粮食种植过程中劳动强度不大的田间管理环节，而对于劳动强度较大的耕种收环节则需要土地托管服务。同时，这类农户种植规模通常不大，且不以农业收入为主（不强调粮食产量），对于农资代买、烘干仓储、粮食代售等服务也不太需要。对于种口粮田的农户，特别希望保障粮食的质量和营养安全，因此比较偏爱绿色生产技术，如病虫草害统防统治、秸秆还田等，同时也需要劳动强度较大的耕种收环节的服务，及部分田间管理服务，农资代买、烘干仓储、粮食代售等服务有时也需要。

总体来看，种休闲田的农户侧重于参与劳动强度不大的田间管理环节，种口粮田农户则侧重于粮食营养（品质）安全，二者均不追求粮食产量，均需要耕种收环节的服务；其他服务内容，种口粮田的农户比种休闲田的农户需求程度更强烈些。就托管形式而言，种休闲田的农户需要半托管服务，而种口粮田的农户，大部分需要半托管服务，部分可能需要全托管服务。

(2) 适用于劳动力转移程度不高地区的土地托管发展模式。劳动力转移程度不高的地区，多数是城镇周边的区域或者是户均耕地面积较大的地区。前者农业劳动力一般就近转移，农业兼业化情况明显，通常是以非农为主的兼业；后者粮食种植面积一般较大，如黑龙江地区，农闲时也有务工，通常是以农业为主的兼业。这两类兼业农户对土地托管服务的需求存在一定差异，土地托管模式推广要重点考察不同类型农户的需求。

①适用于就近劳动力转移程度不高的土地托管模式——半托管为主。这类地区通常土地流转水平低于全国平均水平，农户通常以粮为辅，一般是青壮年劳动力实现就近劳动力转移，粮食种植的田间管理工作通常由老人或妇女完成，男性青壮年劳动力可能有时间参与农忙，粮食种植规模一般不大。部分有农机的家庭可能会自己完成耕种作业，大部分没有耕种农机的家庭都需要代耕代种服务；一般田间管理工作通常由自己来完成；几乎所有的家庭都需要收割服务；农资代买、粮食代售服务有需要，但需求程度不强；由于种植规模小，几乎不需要烘干仓储。综上所述，这类农户最需要收割服务，其次为代耕代种服务。农资

代买、田间管理、粮食代售服务有需求，但不强烈，基本不需要烘干仓储服务，其服务需求与一般兼业农户的需求类似。推广土地托管服务时，应重点开展以收割、代耕代种为主，田间管理、农资代买、粮食代售为辅的土地半托管服务。

②适用于户均种植面积较大、劳动力转移程度不高地区的土地托管模式——半托管为主。这类地区一般第二、第三产业不够发达，吸纳农业劳动力的能力不足，户均耕地面积较大，农户通常以粮食收入为主。由于农户参与粮食种植的环节相对较多、参与度相对较高，对土地托管服务的需求程度相对不太强烈。其需求一般集中在收割环节，由于种植面积相对较大，部分农户可能会有简单的耕种机械，代耕代种服务需求不太强烈。但对于没有该类机械的农户仍需要代耕代种服务。对于田间管理环节，由于农户对粮食种植的参与度较高，灌溉、打药一般由家庭成员完成，但对于由政府财政支持的病虫草害统防统治环节则存在需求。户均面积虽然较大，但由于没有达到新型种粮主体的规模，所以这类农户多数不需要粮食烘干仓储服务。由于种植规模相对较大，农户又是以粮为主，因此对农资的质量要求较高，也希望粮食可以卖出一个更高的价格，因此对农资代买和粮食代售服务也有一定需求。

总体来看，户均种植面积较大、劳动力转移程度不高的地区，农户主要需要收割服务，其次是代耕代种、农资代买、粮食代售、统防统治等服务。土地托管应针对当地农户的实际需要，重点发展以耕种收服务为主，统防统治、农资代买、粮食代售为辅的土地托管发展模式。对于深耕深松、集中育秧、节水灌溉、秸秆还田等现代农业及绿色生产技术，政府部门应予以支持，以更好地促进现代农业、绿色生态农业的发展。

2. 不同土地托管发展模式适用于不同土地资源的地区

土地托管服务发展的前提就是集中连片耕作，通过集中连片实现大规模机械化操作，降低作业成本，且服务规模扩大后，统一供应农资、统一销售农产品，实现节本增效。但不同地区的地形特点、资源条件不同，土地集中连片耕作的难度不同，大规模机械化操作的程度也不同，土地托管服务推广的程度与方式便也不同。

（1）适用于平原地区的土地托管发展模式。平原地区耕地通常比较集中连片，适合大田粮食作物种植，如我国三大平原——东北平原、华北平原、长江中下游平原，均为粮食主产区。这些地区粮食生产规模大、地势平坦，适合大型机械操作。对于这类地区的粮食种植，比较适宜推广土地托管服务。

①适合推广的服务内容和服务形式。在推广中，要根据当地的种植结构、农户的实际需求选择托管内容、托管形式。如以小麦+玉米种植结构为主的华北平原地区，应重点推广深耕深松、种肥同播、宽幅精播、测土配方、智能配肥、节水灌溉、一喷三防、病虫害统防统治、收割、秸秆还田、烘干仓储、粮食代售等服务内容。托管方式应针对不同地区、不同农户的实际需求。对于劳动力转移率在80%以上、农业企业自建基地较多的地区，在重点推广半托管服务的同时，可以考虑多提供些全托管服务；在劳动力转移率低于80%的地区，应重点推广半托管服务，同时也可以针对农业企业的自建粮食基地（如山东利生面业、西王集团、郑佰集团的自建生产基地以及全国最大的挂面生产企业河北金沙河面业集团的自建生产基地）提供全托管服务。

②土地托管服务的推广离不开村级部门的组织工作。平原地区虽然耕地连片，但承包耕地的经营权为不同农户所有。如某村劳动力转移率为80%，大部分青壮年劳动力外出务工，这些农户不愿种地或种不好地的现象比较突出，对农业生产性服务的需求相对强烈。但需要服务的农户耕地可能是分散的，不利于农业机械使用效率的提高（难以降低作业成本），也不适合大型机械操作。这就需要村两委通过互换、转包等多种形式协调，将有托管意愿的农户耕地尽可能集中连片，为土地托管服务的开展创造条件。

（2）适用于半丘陵、半山区的土地托管发展模式。20世纪90年代末开展的退耕还林工作，让大部分水土流失严重、不适合耕种的坡耕地逐渐退耕还林、还草、还乔。因此，目前还在继续种植粮食的坡耕地多分布在水土条件较好的半丘陵、半山区。这些地区土地分布相对分散，大面积集中连片相对困难，大型机器操作存在一定难度，机械使用效率没有平原地区高。在这些地区推广土地托管服务与在平原地区推广差异较大。

推广中，要根据当地的种植结构、农户的实际需求选择托管内容、托管形式。如四川、浙西等水稻种植区，要重点推广耕地、集中育秧、机械插秧、病虫草害防治、机械收割、大型机械脱粒、烘干仓储等服务。服务形式也以半托管为主，针对劳动力转移率较高的地区和农业企业自建基地较多的地区可以适当推广全托管服务。针对分散农户开展的土地托管工作，也要依靠村两委、合作社等基层组织的协调工作，使耕地尽可能集中连片，为土地托管推广创造条件。

第6章 推进土地托管发展的政策建议

在摸清土地托管发展实践、厘清土地托管需求特点的基础上，本书总结了不同的土地托管发展模式及各类发展模式的适用性。为更好地推广土地托管模式，本章将提出推进土地托管发展的政策建议，包括开展土地托管服务应坚持的发展原则、应明确的发展重点、应加强的保障措施。

6.1 开展土地托管的基本原则

6.1.1 坚持服务农户

家庭经营是世界上多数国家农业经营的基本方式，长期来看，在家庭农场等新型种粮主体不断涌现的同时，以分散经营为特点的承包农户仍将是我国农业经营的主要形式。但普通农户的农业经营不断出现农业劳动力老龄化、兼业化问题；以家庭农场为主的新型种粮主体也面临着租金上涨、机械成本高、融资难、季节性用工短缺等难题。目前，在粮食种植过程中，一家一户办不了、办不好、办起来不合算等问题越发突出。发展土地托管服务，帮助普通农户、新型种粮主体解决新机具、新技术、劳动力不足等方面的困难，有助于提升种粮主体选择种粮、种好粮。因此，土地托管发展必须坚持服务农户的原则。

一要坚持重点服务普通农户。发展土地托管服务应重点解决小规模、分散农户难以融入现代农业发展的问题，应将服务普通小农户作为土地托管服务发展的基本原则。要始终坚持用现代化、规模化的服务带动普通小农户发展，着力解决普通农户与现代农业所需的新机具、新技术、新型农资对接难的问题。

二要坚持引领新型种粮主体。土地托管服务还要坚持用规模化、现代化的农业生产性服务引领新型种粮主体发展现代农业，着力解决新型种粮主体一家一户办不好或者办起来不合算的诸如大型农机具投入、新型技术采用、建设场地不足等难题。

6.1.2 坚持服务规模化

通过土地流转完成土地集中，是实现农业规模经营的一条重要途径——土地集中型规模经营。但分散经营的小规模农户依然是我国粮食种植的主体，让这部分农户在独立经营的基础上，根据自身特点及需求选择专业化、规模化服务组织提供的服务，与众多农户联合购买大规模服务，实现农业规模化，即可实现服务带动型规模经营。

发展土地托管服务一定要坚持规模化原则。只有坚持规模化，服务组织才可以装备更先进、更大型、更高效的农机具和实现更低平均成本的作业服务。通过单个服务供给主体提供规模化、专业化的农业生产服务，使普通农户和新型种粮主体在享受新机具、新技术、新农资带来的耕作方便和益处的同时，也能共享规模经济带来的服务成本的下降。

6.1.3 坚持服务重要粮食作物

保障粮食安全尤其是口粮安全是我国农业发展的重中之重。土地托管服务一定要坚持服务粮食作物，尤其是大宗粮食作物，如小麦、水稻、玉米、大豆。通过为粮食种植者提供专业化的服务，达到粮食种植节本、增效的目的，解决普通农户粗放种粮、少种粮和抛荒不种粮的问题；缓解新型种粮主体因农机具等投入过大、粮食收益较低引起的非粮化甚至非农化问题。坚持服务重要粮食作物，更好地保障粮食安全，增强我国主要农产品的供给及竞争能力。

6.1.4 坚持以市场为主导

土地托管服务为经营性服务，一定要坚持以市场为主导。充分发挥市场配置资源的决定性作用，由市场主导服务内容、服务方式、服务价格。同时，政府要做到合理补位，财政资金重在用于引导市场，而不能干扰市场。补助领域应集中在那些关键且薄弱的环节，如作业成本高、短期效果不明显、农户需求不强烈的服务内容，以及资金投入较大、单个服务主体难以完成的服务领域和服务外部性较强的绿色生产技术推广领域。财政补助的标准不能影响市场价格的形成。

同时，土地托管服务一定要坚持服务质量先行，由市场发挥主导力量淘汰那些服务质量不达标的服务组织。政府也要根据农户需求和服务组织要求，严格服务标准、加强质量监督、规范市场行为，引导土地托管服务长期健康发展。

6.2 明确土地托管的发展重点

6.2.1 重点服务的粮食作物与托管环节

一要明确土地托管重点服务的粮食作物，尤其是大宗粮食作物。粮食生产关系到我国口粮安全和其他重要产业的安全（如养殖业、轻工业等产业），且粮食种植比较收益低。发展土地托管服务，要把粮食作物尤其是小麦、水稻、玉米、大豆等大宗粮食作物作为重点服务与支持的对象。通过规模化、专业化的服务实现粮食生产的节本、增效，提高普通农户和新型种粮主体种植粮食的积极性，确保我国口粮安全和其他重要产业的安全。

二要明确土地托管重点服务环节。不同的地区，自然资源、种植结构、劳动力转移、农业机械配置等方面可能存在差异，导致农户的需求、托管组织的服务能力也有所不同。各地一定要因地制宜，根据当地生产条件、农户需求、托管组织的服务能力，按照建设现代农业的要求，补齐短板，确定本地区重点支持的土地托管环节和服务内容，并形成优先支持顺序。例如，有些小麦、玉米轮作地区深耕深松、秸秆还田、烘干仓储是短板，按照现代农业发展需要和农户需求，可将其作为优先发展环节；有些水稻种植区，工厂化育秧、统防统治、烘干仓储可能是关键且薄弱环节，该类地区则可将这些环节作为优先发展的作业环节。

6.2.2 重点支持的托管方式与经营形式

一要明确重点支持的托管方式。目前，土地托管服务逐渐形成了以单环节托管、多环节托管和关键环节综合托管为主的半托管模式和以订单式为主的全托管模式。不同的托管模式适应不同地区、不同类型的农户。各地要因地制宜，依据当地劳动力转移状况、农户需求、托管组织服务能力等因素，科学确定本地区重点支持的托管方式。例如，对于那些农村劳动力转移不到70%、农户家庭种植意愿较强的区域，可从单个耕、种、收环节的托管入手，逐渐向耕+种+收多环节托管转变，逐步扩大托管服务面积；对于劳动力转移70%~80%的地区，可重点推广多环节托管、关键环节综合托管等模式；而对于劳动力转移在80%以上的地区，农户家庭经营的意愿不强，则可以重点推广关键环节综合托管和全托管模式。

二要明确重点支持的经营形式。规模化的服务是土地托管实现农业规模经营的关键，耕地集中连片是规模化服务的前提。各地地形、地貌不同，劳动力转移程度不同，种植结构也有差异，因此耕地集中连片的难度和程度不同，规模化服务的程度也不同。应重点支持耕地集中连片相对容易的区域，支持规模化效益相对突出、带动农户较多的规模化服务经营。在难以实现耕地大规模集中连片的区域（如半山区、半丘陵地区），重点支持相对较大规模的土地托管服务。

6.2.3 重点培育的经营性服务组织与政府扶持方式

一要重点培育经营性服务组织，并推进组织联合、融合发展。首先，要培育各类经营性服务组织。按照主体多元、形式多样、竞争充分的原则加快培育各类经营性服务主体，使不同经营服务主体的优势充分发挥。支持供销社系统领办为农服务中心，开展各种形式的土地托管服务，充分发挥其组织优势和与相关部门的对接优势；鼓励专业合作社向社员和其他农户提供各环节托管服务，尤其是产中作业服务及产后粮食销售服务，发挥其服务周边农户、引领农户对接市场的带动作用；支持各类专业托管公司开展托管服务，发挥其服务模式成熟、运作灵活、服务高效、服务能力较强的优势；鼓励家庭农场在服务自身的同时，向周边农户开展托管服务，发挥地邻优势，提高机械使用效率。其次，要推进服务组织联合发展。一是鼓励各类经营性服务组织合作，推动服务链条横向拓展。如供销系统成立的为农服务中心，就是农业服务公司与农民专业合作社（联合社）较好的联合合作；还应支持各类专业合作社与土地托管专业服务公司联合合作，既可发挥服务公司的资金、市场优势，又可发挥专业合作社的组织与具体作业服务优势；同时，应鼓励提供土地托管服务的家庭农场与专业合作社、供销社、专业服务公司联合，以更好地整合资源，提高服务能力。二是加大各类经营性服务组织与其他涉农主体的合作，纵向延伸服务链条。可围绕同一粮食作物的生产，上至科研院所、农资供应公司，下联各类用粮企业，打造一体化的服务组织体系，延伸服务链条，促进农村三次产业融合发展。

二要创新政府扶持方式。学习"政府购买公益性服务"试点县的经验，围绕小麦、大豆、常规水稻等作物统一供种，针对病虫害统防统治、小麦"一喷三防"、农机深耕深松、水稻工厂化育秧、秸秆回收或处理、配方施肥和增施有机肥等关键的、薄弱的、带有公益性的服务，政府要创新扶持方法。改变直接补贴、事前补贴的方式，引入市场机制，通过政府购买、以奖代补、定向委托、招投标等方式，鼓励具备一定资质和服务能力的经营性服务组织从事上述具有公益性质的服务，创新政府提供公益性服务的方式。同时，积极探索对经营性服务组织建设受益面大、收益较低的诸如粮食烘干、农机场库棚等基础设施的支持方式，提高政府支持的针对性和效率。

6.2.4 重点加强的行业管理项目

加强行业管理是促进土地托管规范发展的重要举措。各级农业经营管理部门要针对服务标准、服务质量、服务价格、服务组织信用等方面，加强制度建设，强化规范引导。

一要推进服务标准建设。鼓励各级农业经营管理部门和各级供销社组织有关部门、单位和土地托管组织研究制定符合当地实际的服务标准和服务规范。学习作为全国供销系统开展土地托管服务的唯一试点单位（山东供销社）在制定土地托管服务章程、规范方面的经验，并将相关的服务标准、规范及时编成简明手册、明白卡，加强宣传推广，通知服务组织和广大种粮农户，确保服务组织提供规范服务、高质量服务。

二要加强服务价格指导。土地托管服务的价格应依据当地的市场环境，由服务组织和需求农户按市场机制协商而定。但各级农口行政部门要加强对服务价格的监督管理，防止少数组织在一定区域内形成价格垄断，侵害农户权益。

三要加强对服务组织的动态监测。各级农口行政部门及供销社系统要对土地托管供给主体的服务质量进行跟踪监测，逐步探索服务组织信用机制建设。对服务质量不达标、评价不好的托管组织，监管部门要及时予以通报批评，并督促其改正。与此同时，鼓励各地建立托管组织名录管理机制，将那些服务能力强、服务效果好的组织纳入管理名录，对纳入管理名录的托管组织，监管部门应予以大力宣传，予以重点扶持。

四要加强对服务合同的监管。各级农口行政部门及各级供销社要加强对土地托管服务合同的引导和管理，充分发挥合同在规范托管组织服务行为、确保托管组织服务质量、维护托管需求主体权益等方面的作用。各地应学习山东供销社指导制定"土地托管服务合同示范文本"的做法，根据自身的实际情况制定适合本地的土地托管服务规范合同，明确服务目标、服务期限、服务形式、服务价格、服务付款方式、服务效果评价及违约责任等内容，并监督合同的执行情况，将托管组织执行合同的行为作为信用评价的指标。

6.3 完善土地托管发展的保障措施

6.3.1 加强组织领导与实施指导

一是加强组织领导。各级农业部门及其他相关部门要重视发展土地托管服务的重要性及紧迫性，将土地托管服务作为带动普通农户及新型种粮主体发展现代农业的有效手段。要充分学习、领会相关文件精神，抓紧制定符合本地实际的实施意见和具体措施。建立相应的工作机制，各试点县要积极争取当地政府的高度重视,成立由分管领导任组长,农业部门牵头,财政、发改、国土、税务、金融等相关部门共同参与的试点工作领导小组,保质保量按时完成试点任务。

二是加强政府部门指导。各级农口等行政部门要积极指导土地托管服务工作,推进服务管理规范建设。制定土地托管服务标准,探索建立土地托管组织信用评价机制,引导制定土地托管服务合同范本、监督托管组织服务开展情况。同时要监管市场服务价格,防止某一地区一家土地托管组织独大造成价格垄断。

6.3.2 加大政策落实与项目实施力度

近年来,农业生产性服务业发展得到中央政府和各部委的高度重视,2014年以来,中央一号文件多次提到农业生产性服务业、土地托管服务形式。为落实政策,农业部于2015年、2016年连续下发了《政府向经营性服务组织购买公益性服务试点工作的通知》,并于2016年开展了农业生产全程社会化服务试点工作,2017年更是会同其他部委相继下发了支持农业生产社会化服务、农业生产性服务业、农业生产托管发展的三项指导意见。

一是加大政策落实力度。政府支持土地托管服务的力度非常大,要求加大力度落实各项政策。可通过政府购买、以奖代补、先服务后补助、信贷支持、降低税费等举措,支持各类经营性服务组织发展。同时进一步加大对基础设施建设的扶持力度,鼓励各地建设粮食烘干、育秧培苗、农机库棚、冷藏贮藏等配套设施,加快解决农业建设用地难等问题。要在信贷方面给予支持,着力解决托管组织融资难、融资贵问题。

二是加大项目落实力度。2017年,中央财政已将土地托管服务作为政策支持重点,要求加强各类项目的落实。各级农口行政部门要切实领会政策精神,认真履行部门职能,强化与相关部门的沟通协调,建立良好的工作运行机制。省级农口行政部门须充分考虑本省土地托管服务发展情况及各地农户需求情况,科学制定各地土地托管服务目标及任务,并指导项目县的农口行政部门配合其他相关机构制定具体的托管方案,推进项目县土地托管服务的考核机制建设。县级经管部门要进行项目实施指导,规范行业服务标准、制定合同范本、监督服务质量、监管服务价格、监督合同执行情况，建立完善服务台账和档案。

6.3.3　加强宣传引导与经验总结

一要加强宣传引导。各级农业部要高度重视相关政策的宣传解释工作，尤其是试点县市更要做好宣传工作，要充分尊重托管供给及需求主体两方的意愿，切实调动广大农户和托管组织两方面的积极性，营造推进土地托管服务的良好氛围，鼓励普通农户、新型种粮主体和各类服务组织积极加入土地托管服务行列。同时，要注重引导各类服务组织创新服务机制、服务方式，加强对土地托管服务行业的指导与规范，尽快制定适合各地实际的服务标准，加强对服务质量、服务价格、合同履行情况的监管。

二要加强经验总结。2015~2017年，农业部会同其他部委，连续开展了"政府向经营性服务组织购买农业公益性服务""农业生产全程社会化服务""农业生产社会化服务"等试点工作，并将土地托管服务作为主要的服务方式重点推广发展。各级农业部门要及时跟踪了解试点工作进展情况，采用多种方式加强试点工作经验交流（如工作简报、会议交流、现场观摩等方式）。认真总结试点县开展各项农业社会化服务的经验，总结各地推广土地托管的做法，利用广播、电视、网络、报刊等各种媒体，宣传试点县开展土地托管服务的典型经验。

6.3.4　强化绩效考核与退出机制构建

目前，国家高度重视农业生产社会化服务工作，2016~2017年连续两年开展试点工作，并将土地托管服务作为重要的服务方式加以试点推广。因此，针对试点工作，各省农口部门要联合其他部委，依据政策规定，科学制定试点工作绩效考核体系，将任务完成情况、资金使用情况等作为评价重点，围绕工作成效、资金分配、制度建设等方面进行考核。依据绩效考核结果，对组织不当、未按要求开展工作的试点县，政府坚决予以惩治，对工作推进有力的试点县适当增加补助资金；对耕种收等市场化运作比较成熟的环节或实施区域，探索机制措施使试点内容逐渐退出这些环节或领域，以便腾挪出更多资金用在薄弱且关键环节的试点和更大的区域范围。

附录

普通农户土地托管需求调查问卷

1. 2016年您家种了_____亩地的粮食？共有_____块地。
2. 2-1 主要种什么？
   A. 小麦　　　　B. 玉米　　　　　　C. 水稻
   D. 大豆　　　　E. 其他（请注明）

   2-2 2016年您家小麦亩产平均_____斤/亩，玉米_____斤/亩，水稻_____斤/亩。
3. 平时由谁负责田间管理？_____

农田管理者及决策者特征

	性别	年龄	文化程度 (1=小学及以下； 2=初中； 3=高中及中专； 4=大专及以上)	自评健康状况 (1=很健康； 2=良好； 3=一般； 4=较差)	农闲时打工或经商吗（1=是；0=否）	打工或经商工资（元/天）	是否是村干部或合作社组织者
田间管理者1							
田间管理者2							
决策者							

4. 4-1 田间管理者以外的其他家庭成员在外打工或经商吗？
   A. 是　　　　　B. 否

   4-2 农忙时家里打工或经商者回来帮忙吗？
   A. 回来　　　　B. 不回来

   4-3 回来帮忙的人，在哪里打工或者经商？
   A. 本乡镇　　　B. 县内乡镇外　　　C. 市内县外
   D. 省内市外　　E. 省外

   4-4 他一天能挣____钱？麦季要回来____天？秋收要回来____天？

5. 您家种粮主要是用来？

　　A. 卖钱　　　　　B. 满足自家及亲戚消费　C. 其他

6. 2016 年，您家年收入大概_____元？粮食收入占家庭总收入的比例？

　　A. 10% 以下　　　B. 10% ~ 20%　　　　C. 20% ~ 30%

　　D. 30% ~ 50%　　E. 50% 以上

7. 7-1 种粮食都是自己家的地，还是租（又称包）的或者种的别人家的地？

　　A. 自家　　　　　B. 自家 + 别人家　　　C. 别人家

7-2 包了别人家_____亩？

7-3 租金每年一亩地____元？最高____元/亩，最低____元/亩。

7-4 到 2016 年，您包地或租地种粮几年了？_____

7-5 租赁的地租期最短_____年，最长_____年。

7-6 流转土地是否顺畅？

　　A. 很顺畅　　　　B. 比较顺畅　　　　　C. 不顺畅

7-7 雇用劳动力是否容易？

　　A. 很容易　　　　B. 比较容易　　　　　C. 不好找人

7-8 长期雇工人数___人，月工资___元/月，农忙时补贴___元/天；农忙时临时雇工_____元/天。

7-9 粮食晾晒、储存是否困难？

　　A. 不困难　　　　B. 困难

8. 您家有没有农机？

　　A. 有　　　　　　B. 无

9. 若有，有什么农机？

　　A. 耕地农机　　　　　　　　　　　B. 播种机/播种施肥一体机

　　C. 施肥农机　　　　　　　　　　　D. 机动防虫设施

　　E. 浇地设施（如水泵、机井等）　　F. 收割农机

　　G. 农业运输工具　　　　　　　　　H. 脱谷机

10. 这些农机还在使用吗？

　　A. 全部使用　　　B. 部分使用　　　　　C. 都不用了

11. 除了自己用，还有偿地为其他农户服务吗？

　　A. 仅自家用　　　B. 自家及无偿为熟人使用　C. 有偿为他人服务

12. 打算再购买新农机具吗？

A. 不打算　　　　　B. 打算

13. 您听说过土地托管吗？

A. 听说过　　　　　B. 没听说过

14. 14-1 您家附近（几公里范围）有土地托管组织吗？

A. 有　　　　　　　B. 没有

14-2 您家附近（几公里范围）有机耕服务队、机播服务队、统防统治服务队、收割服务队、晾晒（烘干）、运输等服务队吗？

A. 有　　　　　　　B. 没有

15. 您参加土地托管组织了吗？

A. 没有　　　　B. 参加半托管　　　　C. 参加全托管

16. 如果您参加了土地托管，托管了_____亩地？从哪一年开始托管的？_____年

17. 17-1 小麦种植过程中，您家在哪些方面花钱请别人做的？（多选）

A. 耕地环节　　　B. 播种/育秧、插秧　　　C. 施肥
D. 浇水　　　　　E. 除草/植保　　　　　F. 病虫害防治
G. 收割　　　　　H. 脱粒　　　　　　　I. 运输
J. 晾晒　　　　　K. 储存　　　　　　　L. 农资代买
M. 粮食代售　　　N. 信贷等

17-2 玉米种植过程中，您家在哪些方面花钱请别人做的？（多选）

A. 耕地环节　　　B. 播种/育秧、插秧　　　C. 施肥
D. 浇水　　　　　E. 除草/植保　　　　　F. 病虫害防治
G. 收割　　　　　H. 脱粒　　　　　　　I. 运输
J. 晾晒　　　　　K. 储存　　　　　　　L. 农资代买
M. 粮食代售　　　N. 信贷等

17-3 水稻种植过程中，您家在哪些方面花钱请别人做的？（多选）

A. 耕地环节　　　B. 播种/育秧、插秧　　　C. 施肥
D. 浇水　　　　　E. 除草/植保　　　　　F. 病虫害防治
G. 收割　　　　　H. 脱粒　　　　　　　I. 运输
J. 晾晒　　　　　K. 储存　　　　　　　L. 农资代买
M. 粮食代售　　　N. 信贷等

18. 都是请的哪些人或组织？

A. 普通农机户　　B. 托管合作社　　　C. 供销社

D. 托管公司　　　E. 普通农户　　　　F. 其他

19. 您认为土地托管组织提供服务比非土地托管组织更方便吗？

A. 不方便　　　　B. 差不多　　　　　C. 很方便

20. 20-1 您认为他们服务及时、准时吗？

A. 及时、准时　　B. 偶尔会晚些　　　C. 不及时、不准时

20-2 把地里的活交给别人干，您放心吗？

A. 很放心　　　　B. 比较放心　　　　C. 不放心

21. 您认为他们收取的农机具服务费或人工费与社会上的价格相比

A. 便宜一些　　　B. 基本一样　　　　C. 更贵些

22. 22-1 土地托管组织销售农药、化肥的价格与您自己在别的地方购买相比

A. 便宜一些　　　B. 基本一样　　　　C. 更贵些

22-2 农药、化肥的质量与自己购买相比

A. 更放心　　　　B. 基本一样　　　　C. 更担心质量

23. 粮食单产与不托管相比是否提高？

A. 提高了　　　　B. 基本一样　　　　C. 降低了

24. 粮价与自己卖相比是否提高？

A. 提高了　　　　B. 基本一样　　　　C. 降低了

25. 你参加的土地托管，各项费用是如何支付的？（可多选）

A. 提前预付　　　B. 一项服务结束后就付费　C. 季末统一结算

26. 您对土地托管提供的服务总体上满意吗？

A. 很满意　　　　B. 基本满意　　　　C. 不满意

27. 27-1 哪些方面还想请别人做？

A. 耕地环节　　　B. 播种/育秧、插秧　C. 施肥

D. 浇水　　　　　E. 除草/植保　　　　F. 病虫害防治

G. 收割　　　　　H. 脱粒　　　　　　I. 运输

J. 晾晒　　　　　K. 储存　　　　　　L. 农资代买

M. 粮食代售　　　N. 信贷等

27-2 原来为什么没有请人做？

A. 附近没有提供这种服务的

B. 不知道服务效果，在观望

C. 之前不需要

28. 28-1 有没有您请他们来提供服务，但他们不愿来的情况？

A. 有　　　　　　B. 没有

28-2 若有，可能的原因有？

A. 他们嫌地块小、不连片　　　　　B. 距离远

C. 其他原因

新型种粮主体土地托管需求调查问卷

一、作物情况

1-1 到 2017 年您家大规模种粮（　　）年了；2017 年您家种了（　　）亩地的粮食；共分为（　　）块地。

主要种什么？	小麦 2017年	玉米 2017年	大豆 2017年	玉米 2016年	大豆 2016年	其他（　） 2016年
播种面积						
亩产/总产量（斤）						

1-2 种植粮食主要出于什么原因？
A. 生产简单　　　　B. 资源投入少　　　C. 收益稳定
D. 本地区传统　　　E. 企业订单　　　　F. 其他（需注明）＿＿＿

1-3 农场或生产基地与镇中心的距离？
A. 1 公里以内　　　B. 2~3 公里　　　　C. 3 公里以上

二、土地情况

2-1 自家土地（　　）亩，开荒土地面积（　　）亩，流转土地（　　）亩。在流转土地中租赁（　　）亩，作价入股（　　）亩，采取其他形式的（　　）亩。在租赁土地中有书面合同的（　　）亩，口头协商的（　　）亩。

租金（元）	<400	401~600	601~800	801~1000	1001~1200
亩数					
租期（年）	<3	3~5	>5		
亩数					

2-2 流转土地是否顺利？

A. 很顺利　　　　B. 比较顺利　　　　C. 不顺利

2-3 在土地流转过程中是否得到相关组织的帮助？

A. 无　　　　　　B. 村委会或生产队　C. 当地农业主管部门

D. 合作社　　　　E. 其他（需注明）_____

2-4 今后您在土地租赁规模上有怎样的打算？

A. 缩减规模　　　B. 保持规模　　　　C. 扩大规模

2-5 若缩减规模，主要原因是什么？

A. 租金、雇工等成本太高

B. 种粮收益太低

C. 个人或家庭原因

D. 无人愿意或不知道有人愿意转出

2-6 耕地质量总体情况怎么样？耕地灌溉条件总体怎么样？耕地交通运输情况总体怎么样？

A. 较好　　　　　B. 一般　　　　　　C. 较差

三、劳动力情况

3-1 您家总共有____人；劳动力有____人；全程参与种粮____人；偶尔参与种粮的有____人；家庭成员（是/否）担任了村干部或合作社组织者？

3-2 您家在大规模种粮之前（或现在），家庭成员中（是/否）有从事和种粮相关的职业？

3-3 从事什么职业？

A. 从事农机服务

B. 经营农资

C. 其他相关产业（请注明）

3-4 决策者特征

性别	年龄	文化程度（1=小学及以下；2=初中；3=高中及中专；4=大专及以上）	户籍是否在本村（1=是；0=否）	是否有非农就业经历（1=是；0=否）	是否参加过农业技术培训（1=是；0=否）	农闲时打工或经商吗（1=是；0=否）	打工或经商工资（元/天）

偶尔参与种粮的人打工或经商每天大约挣多少钱？____

3-5 雇用劳动力是否容易？

A. 很容易　　　　B. 比较容易　　　C. 不好找人

3-6 2017年春季雇用劳动力（　）人，2016年秋季大概雇用（　）人。

3-7 您通常从哪里雇人？

A. 当地劳动力市场　　　　B. 同村或邻村乡亲

C. 熟人介绍　　　　　　　D. 亲戚

E. 劳务合作社　　　　　　F. 政府推荐

G. 其他

3-8 雇工环节及价格

		耕地	播种	施肥	浇水	除草/植保	病虫害防治	收割	脱粒	运输	晾晒	储存
在哪些环节雇工												
人工服务费（元/亩）	小麦											
	玉米											

3-9 雇工的年龄一般为（　）。

A. 40岁以下　　　　　　　B. 40~50岁

C. 50~60岁　　　　　　　D. 60岁以上

3-10 长期雇工人数（　）人，月工资（　）元/月，农忙时补贴（　）元/天。

3-11 （是/否）与雇用工人签订劳动合同？

3-12 您觉着劳动力雇用成本高吗？

A. 非常高且承受困难　　　B. 较高但能承受

C. 适中

3-13 您认为雇工干的活怎么样？

A. 非常满意　　B. 较满意　　　C. 满意

D. 较不满意　　E. 非常不满意

四、土地托管认知及参与情况

4-1 您听说过土地托管吗?

A. 听说过　　　　B. 没听说过

4-2 您家附近(几公里范围内)有土地托管组织吗?

A. 有　　　　B. 没有

4-3 您家附近(几公里范围)有机耕服务队、机播服务队、统防统治服务队、收割服务队、晾晒(烘干)、运输等服务队吗?

A. 有　　　　B. 没有

4-4 您参加土地托管组织了吗?

A. 没有　　　　B. 参加半托管　　　　C. 参加全托管

4-5 如果您参加了土地托管,托管了____亩地。从哪一年开始托管的?____年

五、农资代买需求

5-1 您平时主要在哪里购买种子、化肥、农药?(可多选)

A. 农资专卖店　　B. 厂家统一订购　　C. 合作社

D. 村里统一购买　　E. 供销社　　F. 网上购置

G. 当地政府推荐购买

5-2 您选择现用农药、化肥的原因是什么?(可多选)

A. 效果好　　B. 环保低毒　　C. 周围人都在用

D. 经销商推荐　　E. 当地农技部门指导　F. 电视广告

G. 书刊报纸

5-3 您在选种时的最看重哪两项?

A. 产量高　　B. 品牌知名度高　　C. 粮食卖价高

D. 抗病抗倒伏　　E. 其他

5-4 化肥和农药的使用量依据是什么?

A. 销售人员指导　　　　　　　　B. 经验

C. 使用说明书　　　　　　　　　D. 农技人员指导

E. 国家标准

每亩施用量（元/亩）	种子	化肥	农药
小麦			
玉米			

5-5 您家（是/否）需要农资代买服务，或团购服务？您认为农资代买或团购可以降低农资的价格吗？

  A. 降低不少 B. 降低一点 C. 差不多

5-6 您认为农资代买或团购可以保障农资的质量吗？

  A. 有保障 B. 差不多 C. 不如自己买得放心

六、农业机械服务需求

6-1 您家哪些生产环节用到农机？（可多选）

  A. 耕地 B. 播种 C. 施肥
  D. 打药 E. 灌溉 F. 收割
  G. 运输 H. 脱粒 I. 晾晒

6-2 您家哪些生产环节需要农机服务？（可多选）

  A. 耕地 B. 播种 C. 施肥
  D. 打药 E. 灌溉 F. 收割
  G. 运输 H. 脱粒 I. 晾晒

6-3 您家农机使用情况

农机类型	旋耕机	施肥农机	播种机	打药机	灌溉设备	收割机	脱粒机	运输农机	烘干农机
您家购置了哪些农机									
购置时是否获得补贴									
买价多少									
每亩使用成本									
预计共使用几年									
还需要哪些农机服务									
机械服务费（元/亩） 小麦									
机械服务费（元/亩） 玉米									

6-4 您认为农机服务收费怎么样?
　　A. 太高了　　　　B. 有点高　　　　C. 收费合理
6-5 您认为农机作业质量怎样?
　　A. 很好　　　　　B. 一般　　　　　C. 不太好但能勉强接受
6-6 总体上,您对农机服务满意吗?
　　A. 很满意　　　　B. 比较满意　　　C. 基本满意
　　D. 不太满意　　　E. 非常不满意
6-7 您(是/否)需要农机配套服务,需要哪些?
　　A. 农机维修　　　B. 农机保养　　　C. 农机停驻
6-8 您家是否有因为机械故障而耽误生产的情况?
　　A. 经常有　　　　B. 偶尔有　　　　C. 基本没有
6-9 您家几公里内(是/否)有农机维修点吗?
6-10 您认为农机维修、保养服务的价格怎么样?
　　A. 太高了　　　　B. 有点高　　　　C. 基本合理
6-11 对农机维修保养服务质量满意吗?
　　A. 很满意　　　　B. 比较满意　　　C. 基本满意
　　D. 不太满意　　　E. 非常不满意

七、晾晒、烘干、仓储与销售服务需求

7-1 您家粮食晾晒场地(是/否)充足?(是/否)有专门的烘干设备?
　　　您家仓储条件好吗?(是/否)　还需要仓储服务吗?(是/否)
7-2 主要以什么方式晾干粮食?
　　A. 场地　　　　　B. 马路
　　C. 机械烘干　　　D. 其他
7-3 您(是/否)还需要专门的烘干服务?
7-4 您认为现有的烘干价格合理吗?
　　A. 价格过高　　　B. 可以接受
7-5 烘干效果怎么样?
　　A. 效果很好　　　B. 效果还行　　　C. 效果不好
7-6 您家的仓储条件好吗?
　　A. 很好　　　　　B. 一般　　　　　C. 不好
7-7 (是/否)还需要仓储服务?

7-8 您家粮食销售方式是（   ）。

A. 自己卖到粮库或用粮企业　　　　B. 上门收购

C. 合作组织统一销售　　　　　　　D. 由村集体统一销售

E. 出售给订单企业　　　　　　　　F. 网络销售

7-9 您认为合作社代销能比自己买的高吗？

A. 提高很多　　　B. 提高一点　　　C. 基本一样

7-10 你需要这种代售的销售形式吗？

A. 很需要　　　　B. 一般需要　　　C. 不需要

7-11 通过企业订单销售粮食能够提高售价吗？

A. 提高很多　　　B. 提高一点　　　C. 基本一样

7-12 您需要这种销售形式吗？

A. 很需要　　　　B. 一般需要　　　C. 不需要

7-13 部分粮食不出售的原因是什么？

A. 价格不满意　　B. 自己作为口粮

C. 做饲料用　　　D. 其他

7-14 2017年，小麦（   ）元/斤。2016年玉米（   ）元/斤，2016年大豆（   ）元/斤。

7-15 您家粮食纯收入（   ），占总收入（   ），年收入大概（   ）元。

A. 30%以下　　　　B. 30%~50%

C. 50%~80%　　　　D. 80%以上

参考文献

[1] 安琪、李天浩、李梦：《河北省鹿泉市土地托管现状调查与分析》，载于《中共石家庄市委党校学报》2009年第12期。

[2] 白璐、金娟：《全泉合作社的秋粮丰收季》，载于《中国农机化导报》2014年10月13日。

[3] 暴丽艳：《供销社在农业社会化服务体系中的作用及实现路径》，载于《经济问题》2009年第2期。

[4] 蔡慧敏：《土地托管：新型农业经营方式的探索与启示——以亲耕田种植合作社为例》，载于《经济研究导刊》2014年第7期。

[5] 蔡维：《农机深松整地作业40问》，载于《湖北农机化》2016年第5期。

[6] 蔡艺艺、林婧影、叶炎金等：《泉州市山垄田季节性撂荒调查分析》，载于《福建农业科技》2015年第2期。

[7] 曾福生：《建立农地流转保障粮食安全的激励与约束机制》，载于《农业经济问题》2015年第36期。

[8] 曾靖、常春华、王雅鹏：《基于粮食安全的我国化肥投入研究》，载于《农业经济问题》2010年第1卷第5期。

[9] 曾靖：《湖北省"粮食龙头企业+农户"经营模式的改革创新研究》，载于《农村经济与科技》2016年第27卷第23期。

[10] 查定全：《长丰企业土地托管模式思考》，载于《农村经营管理》2014年第131期。

[11] 常慕城：《全市农机专业合作社总数达到733个》，载于《菏泽日报》2015年7月20日。

[12] 陈春生：《中国农户的演化逻辑与分类》，载于《农业经济问题》2007年第11期。

[13] 陈恩明、吴莉丽、孙丽燕：《滨州全泉示范农场的创建与实

践》，载于《山东农机化》2013 年第 5 期。

[14] 陈怀远、王瑞雪、李志忠：《以发展现代农业引领滁州"百亿粮仓"建设》，载于《经济与社会发展》2012 年第 10 卷第 6 期。

[15] 陈纪平：《组织视角的中国农业规模化问题分析》，载于《中国经济问题》2012 年第 6 期。

[16] 陈建发、黄慧珍：《九龙江北溪干流甲藻爆发的污染成因分析及防治对策》，载于《漳州职业技术学院学报》2010 年第 12 卷第 4 期。

[17] 陈建华：《农业规模经营的新模式——土地托管合作社》，载于《农村金融研究》2012 年第 10 期。

[18] 陈胜祥：《分化与变迁：转型期农民土地意识研究》，经济管理出版社 2010 年版。

[19] 陈诗波、谭鑫、余志刚等：《粮食主产区耕地隐性撂荒的形式、成因及应对策略》，载于《农业经济与管理》2016 年第 4 期。

[20] 陈锡文：《构建新型农业经营体系　加快发展现代农业步伐》，载于《经济研究》2013 年第 48 卷第 2 期。

[21] 陈曦：《山东省新型农业社会化服务体系现状、问题与对策研究》，山东大学硕士学位论文，2015 年。

[22] 陈颐：《"美来众联"挖掘土地托管双赢价值的探索》，载于《中国县域经济报》2017 年 10 月 19 日。

[23] 陈义媛：《土地托管的实践与组织困境：对农业社会化服务体系构建的思考》，载于《南京农业大学学报（社会科学版）》2017 年第 17 卷第 6 期。

[24] 陈颖：《海南农业综合开发企业：土地托管合作经营带动万亩香蕉增收》，载于《中华合作时报》2017 年 6 月 27 日。

[25] 程郁、陈春良、王宾等：《农村产权制度改革与经营方式创新——多案例比较的视角》2017 年 7 月 1 日。

[26] 戴佽峥：《农村耕地抛荒的多层治理》，载于《南昌大学学报（人文社会科学版）》2017 年第 48 卷第 4 期。

[27] 党银侠：《我国绿色农业制约因素分析与发展对策研究》，西北农林科技大学硕士学位论文，2008 年。

[28] 丁文恩：《基于公共财政视角的财政农业投入研究》，北京林业大学博士学位论文，2009 年。

[29] 董欢、郭晓鸣：《生产性服务与传统农业：改造抑或延续——基于四川省501份农户家庭问卷的实证分析》，载于《经济学家》2014年第6期。

[30] 董欢：《农业经营主体分化视角下农机作业服务的发展研究》，中国农业大学博士学位论文，2016年。

[31] 杜志雄、王新志：《加快家庭农场发展的思考与建议》，载于《中国合作经济》2013年第8期。

[32] 段玉杰：《中国农业面源污染现状及改善对策》，载于《环境研究与监测》2010年第23卷第2期。

[33] 范亚旭、张培奇：《"双创"助推焦作现代农业提质增效》，载于《农民日报》2016年8月9日。

[34] 高强、孔祥智：《我国农业社会化服务体系演进轨迹与政策匹配：1978~2013年》，载于《改革》2013年第4期。

[35] 郜亮亮、杜志雄：《教育水准、代际关系与家庭农场演进的多重因素》，载于《改革》2016年第9期。

[36] 耿红山：《基于农民增收视角的河南土地托管经营模式探索》，载于《产业与科技论坛》2015年第14卷第4期。

[37] 龚道广：《农业社会化服务的一般理论及其对农户选择的应用分析》，载于《中国农村观察》2000年第6期。

[38] 关锐捷：《共同破解农业社会化服务体系建设难题》，载于《农业经营管理》2012年第11期。

[39] 关锐捷：《构建新型农业社会化服务体系初探》，载于《农业经济问题》2012年第33卷第4期。

[40] 郭梅枝：《新型城镇化背景下家庭农场运行机制探讨》，载于《合作经济与科技》2016年第15期。

[41] 郭晓鸣：《推进土地流转与适度规模经营需要高度关注四个问题》，载于《农村经营管理》2014年第11期。

[42] 国研中心课题组：《创新农业经营方式的有益探索——安徽省凤台县农村土地托管调查》，2013年。

[43] 韩瀚、王安然、徐华等：《土地托管解决外出农民种地难题》，载于《河北日报》2014年7月17日。

[44] 韩立民、李大海：《"蓝色粮仓"：国家粮食安全的战略保

障》，载于《农业经济问题》2015年第36卷第1期。

[45] 河南省供销合作社：《主动作为　大胆实践　不断提升农业社会化服务水平》，载于《中华合作时报》2016年1月5日。

[46] 衡霞、程世云：《农地流转中的农民权益保障研究——以土地托管组织为例》，载于《农村经济》2014年第2期。

[47] 侯方安：《农业机械化推进机制的影响因素分析及政策启示——兼论耕地细碎化经营方式对农业机械化的影响》，载于《中国农村观察》2008年第5期。

[48] 胡方燕：《比较优势、规模化经营与中国粮食优势产区建设研究》，西南财经大学博士学位论文，2010年。

[49] 胡岳岷、刘元胜：《中国粮食安全：价值维度与战略选择》，载于《经济学家》2013年第5期。

[50] 花宇：《农村土地托管全解读——基于王蔚教授的调研》，载于《农村大众》2016年12月13日。

[51] 黄季焜、杨军、仇焕广：《新时期国家粮食安全战略和政策的思考》，载于《农业经济问题》2012年第33卷第3期。

[52] 贾广东、张伟民：《鸿运富民土地托管专业合作社运作情况分析》，载于《中国农民合作社》2013年第12期。

[53] 江丽：《农业服务规模化推动农业现代化的理论与实践研究——以山东省供销社系统为例》，载于《改革与战略》2015年第31卷第12期。

[54] 姜松、曹峥林、刘晗：《农业社会化服务对土地适度规模经营影响及比较研究——基于CHIP微观数据的实证》，载于《农业技术经济》2016年第11期。

[55] 姜长云：《发展农业生产性服务业的模式、启示与政策建议——对山东省平度市发展高端特色品牌农业的调查与思考》，载于《宏观经济研究》2011年第3期。

[56] 姜长云：《关于发展农业生产性服务业的思考》，载于《农业经济问题》2016年第37卷第5期。

[57] 姜长云：《农户分化对粮食生产和种植行为选择的影响及政策思考》，载于《理论探讨》2015年第1期。

[58] 姜长云：《农业产中服务需要重视的两个问题》，载于《宏观

经济管理》2014年第10期。

　　[59] 焦新颖、许玉兰：《现代农业发展视角下的土地制度创新——以鹿泉市联民土地托管专业合作社为例》，载于《农村经济》2010年第7期。

　　[60] 金书秦、沈贵银：《中国农业面源污染的困境摆脱与绿色转型》，载于《改革》2013年第5期。

　　[61] 康亚军、周建勃、刘亚妮：《"土地托管第一人"——记"全国十佳农民"薛拓》，载于《农机科技推广》2017年第5期。

　　[62] 黎东升、曾靖：《经济新常态下我国粮食安全面临的挑战》，载于《农业经济问题》2015年第36卷第5期。

　　[63] 李炳坤：《发展现代农业与龙头企业的历史责任》，载于《农业经济问题》2006年第9期。

　　[64] 李春海：《新型农业社会化服务体系：运行机理、现实约束与建设路径》，载于《经济问题探索》2011年第12期。

　　[65] 李春海：《新型农业社会化服务体系框架及其运行机理》，载于《改革》2011年第10期。

　　[66] 李登旺、王颖：《土地托管：农民专业合作社的经营方式创新及动因分析——以山东省嘉祥县为例》，载于《农村经济》2013年第8期。

　　[67] 李凤南：《农村耕地抛荒的法律对策研究》，西南大学硕士学位论文，2015年。

　　[68] 李贵银：《借鉴农村经验　推进农垦土地规模化经营》，载于《中国农垦》2016年第4期。

　　[69] 李宏、李钢：《机械化深耕深松的重要作用》，载于《吉林农业》2014年第23期。

　　[70] 李金超：《创新为农服务方式　开展土地托管服务　河南濮阳市供销合作社探索破解"谁来种地、地怎么种"难题》，载于《中国合作经济》2015年第7期。

　　[71] 李俊高、李萍：《我国农地撂荒及其分类治理：基于马克思地租理论的拓展分析》，载于《财经科学》2016年第12期。

　　[72] 李梦龙、张怀良：《土地托管激发"钱"力》，载于《洛阳日报》2017年8月17日。

[73] 李强：《农业面源污染综合防治》，载于《农业科技通讯》2011年第6期。

[74] 李俏、王建华：《现代农业社会化服务体系发展路径探析》，载于《宏观经济管理》2012年第9期。

[75] 李俏、张波：《农业社会化服务需求的影响因素分析——基于陕西省74个村214户农户的抽样调查》，载于《农村经济》2011年第6期。

[76] 李清明、杨茹莎、焦雪梅：《农机合作社农场：一种农机经营模式的创新——山东省邹平县全泉农机合作社农场扫描》，载于《中国农民合作社》2013年第10期。

[77] 李容容、罗小锋、薛龙飞：《种植大户对农业社会化服务组织的选择：营利性组织还是非营利性组织？》，载于《中国农村观察》2015年第5期。

[78] 栗云端：《我国农业生产中粮食质量安全问题分析》，载于《中国农业资源与区划》2014年第35卷第2期。

[79] 梁波：《中原经济区现代农业社会化服务体系研究》，载于《农场经济管理》2014年第1期。

[80] 刘强、杨万江：《农户行为视角下农业生产性服务对土地规模经营的影响》，载于《中国农业大学学报》2016年第21卷第9期。

[81] 刘青、马怀礼：《新型农业经营主体的现状与展望——以亳州市蒙城县为例》，载于《安徽农业科学》2015年第43卷第2期。

[82] 刘天华：《土地托管促规模 稳粮增产出效益》，载于《中国农民合作社》2017年第1期。

[83] 楼栋、孔祥智：《合作社提供农业社会化服务的SWOT分析》，载于《中国农民合作社》2013年第9期。

[84] 陆文聪、李元龙、祁慧博：《全球化背景下中国粮食供求区域均衡：对国家粮食安全的启示》，载于《农业经济问题》2011年第32卷第4期。

[85] 罗青：《"国家农民合作社示范社"系列报道二十七 土地托管背后的期待》，载于《中国农民合作社》2014年第12期。

[86] 罗小锋、向潇潇、李容容：《种植大户最迫切需求的农业社会化服务是什么》，载于《农业技术经济》2016年第5期。

[87] 吕芙蓉：《以信息化工程为契机发展农业生产性服务业》，载于《宏观经济管理》2015年第5期。

[88] 吕晶：《榆林农民：百万亩土地交企业种植》，载于《榆林日报》2017年9月28日。

[89] 吕新业、冀县卿：《关于中国粮食安全问题的再思考》，载于《农业经济问题》2013年第34卷第9期。

[90] 吕亚荣、李登旺：《土地托管专业合作社：运作模式、成效、问题及对策建议——以嘉祥县鸿运富民合作社为例》，载于《农业经济与管理》2013年第15期。

[91] 马博虎：《我国粮食贸易中农业资源要素流研究》，西北农林科技大学博士学位论文，2010年。

[92] 马铭蔚：《中国粮食国际竞争力研究》，天津财经大学，2012年。

[93] 毛学峰、刘靖、朱信凯：《中国粮食结构与粮食安全：基于粮食流通贸易的视角》，载于《管理世界》2015年第3期。

[94] 孟莉：《天津地区新农村建设中宅基地流转、方式、规划研究》，天津大学硕士学位论文，2013年。

[95] 倪国华、郑风田：《粮食安全背景下的生态安全与食品安全》，载于《中国农村观察》2012年第4期。

[96] 聂英：《中国粮食安全的耕地贡献分析》，载于《经济学家》2015年第1期。

[97]《农业部　国家发展改革委　财政部关于加快发展农业生产性服务业的指导意见》，载于《农村经营管理》2017年第9期。

[98]《农业部　财政部印发关于支持农业生产社会化服务工作的通知》，载于《中国农技推广》2017年第33卷第7期。

[99]《农业部办公厅关于大力推进农业生产托管的指导意见》，载于《吉林农业》2017年第20期。

[100] 潘宏宇、白云峰：《依兰"一减四增"全力调结构》，载于《黑龙江日报》2016年6月8日。

[101] 潘俊强：《山东汶上县：农民土地托管供销社　种地打工两不误》，载于《决策探索（上半月）》2013年第9期。

[102] 潘旭东、马晓平：《世界粮食危机背景下我国粮食安全问题

探析》，载于《价格月刊》2010年第12期。

[103] 钱克明、彭廷军：《关于现代农业经营主体的调研报告》，载于《农业经济问题》2013年第34卷第6期。

[104] 乔金友、洪魁、郝雨萱等：《黑龙江省农机合作社存在问题及发展对策》，载于《农机化研究》2017年第11期。

[105] 秦守勤：《我国粮食安全的忧思及其法律对策》，载于《农业经济》2012年第8期。

[106] 饶静、许翔宇、纪晓婷：《我国农业面源污染现状、发生机制和对策研究》，载于《农业经济问题》2011年第32卷第8期。

[107] 任晓娜：《种粮大户经营状况与困境摆脱：五省155户证据》，载于《改革》2015年第5期。

[108] 山东省供销合作社联合社：《关于供销合作社推进农村一二三产业融合发展报告》，2016年。

[109] 山东省供销合作社联合社：《山东省供销合作社综合改革试点工作资料汇编：农业服务规模化创新工程篇》，2015年。

[110] 山东省供销合作社联合社：《山东省供销合作社综合改革试点工作资料汇编：综合篇》，2015年。

[111] 潘俊强：《山东汶上县：农民土地托管供销社 种地打工两不误》，载于《人民日报》2013年4月18日版。

[112] 尚旭东、朱守银：《粮食安全保障背景的适度规模经营突破与回归》，载于《改革》2017年第2期。

[113] 沈茹、王树进：《家庭农场社会化服务需求及其影响因素分析——基于安徽省水稻种植户的调查数据》，载于《湖南农业大学学报（社会科学版）》2014年第15卷第6期。

[114] 束放：《2015年我国农药生产与使用概况分析》，载于《农药市场信息》2016年第21期。

[115] 宋洪远：《新型农业社会化服务体系建设的探索之路》，载于《中国乡村发现》2010年第1期。

[116] 宋洪远：《实现粮食供求平衡？保障国家粮食安全》，载于《南京农业大学学报（社会科学版）》2016年第16卷第4期。

[117] 孙顶强、卢宇桐、田旭：《生产性服务对中国水稻生产技术效率的影响——基于吉、浙、湘、川4省微观调查数据的实证分析》，

载于《中国农村经济》2016年第8期。

[118] 孙晓燕、苏昕：《土地托管、总收益与种粮意愿——兼业农户粮食增效与务工增收视角》，载于《农业经济问题》2012年第33卷第8期。

[119] 孙新华：《村社主导、农民组织化与农业服务规模化——基于土地托管和联耕联种实践的分析》，载于《南京农业大学学报（社会科学版）》2017年第17卷第6期。

[120] 孙亚兵：《发展土地托管　保障粮食生产——河南南阳土地托管的调查与思考》，载于《决策探索（下半月）》2016年第24期。

[121] 仝志辉、侯宏伟：《农业社会化服务体系：对象选择与构建策略》，载于《改革》2015年第1期。

[122] 王存兴、张猛、王玉清等：《土地托管拓宽农民增收路》，载于《农村经营管理》2014年第32期。

[123] 王大为、蒋和平：《基于农业供给侧结构改革下对我国粮食安全的若干思考》，载于《经济学家》2017年第6期。

[124] 王道金：《贫困农户变社员　撂荒土地变良田》，载于《中华合作时报》2016年12月2日。

[125] 王国安：《农业面源污染的成因及其治理》，载于《世界农业》2010年第11期。

[126] 王建增：《新农村建设背景下我国新型农业社会化服务体系建设研究》，载于《安徽农业科学》2011年第39卷第33期。

[127] 王毛毛：《农民打工种地两不误》，载于《西安日报》2013年5月2日。

[128] 王涛：《五征企社共建趟出土地托管新模式》，载于《当代农机》2017年第6期。

[129] 王蔚、徐勤航、周雪：《土地托管与农业服务规模化经营研究——以山东省供销社实践为例》，载于《山东财经大学学报》2017年第29卷第5期。

[130] 王禹：《新形势下我国粮食安全保障研究》，中国农业科学院博士学位论文，2016年。

[131] 王玉茹：《"十三五"时期我国粮食安全保障策略研究》，载于《经济纵横》2016年第1期。

[132] 王钊、刘晗、曹峥林：《农业社会化服务需求分析——基于重庆市191户农户的样本调查》，载于《农业技术经济》2015年第9期。

[133] 韦彩玲：《土地流转"龙头企业+合作社+农民"模式的潜在问题及对策研究》，载于《甘肃社会科学》2012年第6期。

[134] 卫龙宝、张艳虹、高叙文：《我国农业劳动力转移对粮食安全的影响——基于面板数据的实证分析》，载于《经济问题探索》2017年第2期。

[135] 魏海刚：《农产品中农药残留机制分析与治理路径》，载于《农产品质量与安全》2011年第5期。

[136] 吴宏伟、侯为波、卓翔芝：《传统农业区农业生产性服务业现状、问题和发展思路——以安徽省为例的实证分析》，载于《农村经济》2011年第9期。

[137] 吴林海、侯博、高申荣：《基于结构方程模型的分散农户农药残留认知与主要影响因素分析》，载于《中国农村经济》2011年第3期。

[138] 夏蓓、蒋乃华：《种粮大户需要农业社会化服务吗——基于江苏省扬州地区264个样本农户的调查》，载于《农业技术经济》2016年第8期。

[139] 夏莉艳：《"民工荒"背景下农业劳动力老龄化的思考》，载于《南方农村》2012年第28卷第8期。

[140] 夏益国、宫春生：《粮食安全视阈下农业适度规模经营与新型职业农民——耦合机制、国际经验与启示》，载于《农业经济问题》2015年第36卷第5期。

[141] 熊主武：《高度重视耕地抛荒问题》，载于《中国发展观察》2013年第6期。

[142] 徐春光：《"土地托管"拓宽农民增收路》，载于《山东农机化》2017年第1期。

[143] 徐锦庚、潘俊强：《山东供销社变身"三农管家"》，载于《人民日报》2015年4月12日。

[144] 徐莉：《我国农地抛荒的经济学分析》，载于《经济问题探索》2010年第8期。

[145] 徐莉：《城市化进程中如何解决农地抛荒问题》，载于《农

村经济》2010年第3期。

[146] 徐润邑、马自清、刘春光等:《推广冬牧70黑麦复种两熟制模式 促进宁夏引黄灌区耕作制度改革》,载于《中国农技推广》2017年第33卷第7期。

[147] 徐雪高、沈贵银、何在中:《农户兼业化发展及未来研究展望》,载于《农业展望》2017年第13卷第2期。

[148] 徐颖:《兴盛专业合作社探索"土地托管"新模式》,载于《农机科技推广》2013年第1期。

[149] 许保疆、程红建、王强等:《农村土地托管模式的探索与研究》,载于《农学学报》2017年第3期。

[150] 闫小欢、霍学喜:《农民就业、农村社会保障和土地流转——基于河南省479个农户调查的分析》,载于《农业技术经济》2013年第7期。

[151] 杨凤书、高玉兰、卢小磊等:《中国农业社会化服务体系发展中存在的问题及对策分析》,载于《经济研究导刊》2011年第21期。

[152] 杨建利:《完善我国粮食直补政策研究》,西南财经大学博士学位论文,2016年。

[153] 杨洁、王兆亮、尹骞等:《基于SWOT分析的土地托管服务研究》,载于《山东农业科学》2014年第10期。

[154] 杨静、陈亮、冯卓:《国际农业垄断资本对发展中国家粮食安全影响的分析——兼对保障中国粮食安全的思考》,载于《中国农村经济》2017年第4期。

[155] 杨仕智、杨琴冬子:《喜耕田创出土地流转新模式》,载于《焦作日报》2009年6月10日。

[156] 杨视:《黑龙江土地托管打破行政壁垒》,载于《黑龙江经济报》2006年9月1日。

[157] 佚名:《〈大众日报〉调查:山东省土地托管释放红利》,载于《领导决策信息》2013年第42期。

[158] 佚名:《山东省全泉农机合作社:勇当粮食生产全程机械化排头兵》,载于《中国农机化导报》2015年11月30日。

[159] 殷秋霞:《农业补贴政策对不同资源禀赋农户种粮决策行为影响机理及政策优化研究》,江西农业大学硕士学位论文,2014年。

[160] 余艳锋、彭柳林：《江西省耕地集中连片规模经营难题破解的对策思考》，载于《农业经济与管理》2017年第3期。

[161] 余正言、何报文：《调优结构：聚焦提质增效的现代农业》，载于《河南日报》2017年8月21日。

[162] 虞洪：《种粮主体行为变化对粮食安全的影响及对策研究》，西南财经大学博士学位论文，2016年。

[163] 张红宇、李伟毅：《新型农业经营主体：现状与发展》，载于《中国农民合作社》2014年第10期。

[164] 张红宇、张涛、孙秀艳等：《农业大县如何发展农业生产性服务业——四川省的调研与思考》，载于《农业经济问题》2015年第36卷第12期。

[165] 张红宇：《新型农业经营主体发展趋势研究》，载于《经济与管理评论》2015年第31卷第1期。

[166] 张军：《农业发展的第三次浪潮》，载于《中国农村经济》2015年第5期。

[167] 张克俊、黄可心：《土地托管模式：农业经营方式的重要创新——基于宜宾长宁县的调查》，载于《农村经济》2013年第4期。

[168] 张兰：《我国农村环境问题的成因及对策》，引自中国法学会环境资源法学研究会、昆明理工大学主编：《生态文明与环境资源法——2009年全国环境资源法学研讨会（年会）论文集》，中国法学会环境资源法学研究会、昆明理工大学2009年版。

[169] 张茜、屈鑫涛、魏晨：《粮食安全背景下的家庭农场"非粮化"研究——以河南省舞钢市21个家庭农场为个案》，载于《东南学术》2014年第3期。

[170] 张庆娥、杨军：《我国粮食质量安全现状与监管体系对策分析》，载于《粮油食品科技》2014年第22卷第4期。

[171] 张雯丽：《土地托管模式是规模化经营的新途径》，载于《农民日报》2012年6月9日。

[172] 张霄鹏、闫顺安、张丹：《宝丰县金牛种植专业合作社实施"土地托管"成效及前景综述》，载于《安徽农学通报》2011年第24期。

[173] 张颖熙、夏杰长：《农业社会化服务体系创新的动力机制与路径选择》，载于《宏观经济研究》2010年第8期。

[174] 张元红、刘长全、国鲁来：《中国粮食安全状况评价与战略思考》，载于《中国农村观察》2015年第1期。

[175] 张忠军、易中懿：《农业生产性服务外包对水稻生产率的影响研究——基于358个农户的实证分析》，载于《农业经济问题》2015年第36卷第10期。

[176] 张忠明、钱文荣：《不同兼业程度下的农户土地流转意愿研究——基于浙江的调查与实证》，载于《农业经济问题》2014年第35卷第3期。

[177] 赵洪杰：《党报与农业改革如何良性互动——以山东土地托管报道为例》，载于《青年记者》2016年第13期。

[178] 赵佳、姜长云：《兼业小农抑或家庭农场——中国农业家庭经营组织变迁的路径选择》，载于《农业经济问题》2015年第36卷第3期。

[179] 赵佳：《改革开放以来中国农业微观经济组织的变迁与创新研究》，中国农业大学博士学位论文，2015年。

[180] 赵鲲：《共享土地经营权：农业规模经营的有效实现形式》，载于《农业经济问题》2016年第37卷第8期。

[181] 赵青、许皞、郭年冬：《粮食安全视角下的环京津地区耕地生态补偿量化研究》，载于《中国生态农业学报》2017年第25卷第7期。

[182] 赵真、詹长根、周玮：《河北省鹿泉市土地托管模式的探讨》，载于《国土资源科技管理》2010年第5期。

[183] 《支持构建我省新型农业社会化服务体系对策研究》，引自《湖南财政与"三农"问题研究课题结题报告》，2013年结题。

[184] 钟甫宁：《正确认识粮食安全和农业劳动力成本问题》，载于《农业经济问题》2016年第37卷第1期。

[185] 周娟：《基于生产力分化的农村社会阶层重塑及其影响——农业社会化服务的视角》，载于《中国农村观察》2017年第5期。

[186] 朱瑞华、范翠兰、曲常迅：《创新服务模式 做托管"田保姆"——青岛蒲家植保专业合作社积极探讨专业化社会服务》，载于《中国农技推广》2014年第12期。

[187] 朱兆良、金继运：《保障我国粮食安全的肥料问题》，载于《植物营养与肥料学报》2013年第19卷第2期。

[188] 庄丽娟、贺梅英、张杰:《农业生产性服务需求意愿及影响因素分析——以广东省 450 户荔枝生产者的调查为例》,载于《中国农村经济》2011 年第 3 期。

[189] Antonio Alvarez and Carlos Arias, Technical efficiency and farm size: a conditional analysis. *Agricultural Economics*, Vol. 30, No. 3, 2003, pp. 241 - 250.

[190] Brian C. Briggeman, Allan W. Gray, Mitchell J. Morehart et al., A new U. S. farm household typology: Implications for agricultural policy. *Review of Agricultural Economics*, Vol. 29, No. 4, 2007, pp. 765 - 782.

[191] Christopher B. Barrett, On price risk and the inverse farm size-productivity relationship. *Journal of Development Economics*, Vol. 51, No. 2, 1996, pp. 193 - 215.

[192] Colin Brown, Scott Waldron, John Longworth, Specialty products, rural livelihoods and agricultural marketing reforms in China. *China Agricultural Economic Review*, Vol. 3, No. 2, 2011.

[193] Donkor Emmanuel, Enoch Owusu-Sekyere, Victor Owusu et al., Impact of agricultural extension service on adoption of chemical fertilizer: Implications for rice productivity and development in Ghana. *NJAS-Wageningen Journal of Life Sciences*, 2016, pp. 41 - 49.

[194] Dragan Miljkovic, Optimal timing in the problem of family farm transfer from parent to child: an option value approach. *Journal of Development Economics*, Vol. 61, No. 2, 2000, pp. 543 - 552.

[195] Efthalia Dimara, Dimitris Skuras, Kostas Tsekouras et al., Productive efficiency and firm exit in the food sector. *Food Policy*, Vol. 33, No. 2, 2007, pp. 185 - 196.

[196] Helen Macnaughtan, The Role of Tradition in Japan's Industrialization: Another Path to Industrialization (Japanese Studies in Economic and Social History, Volume 2), Edited by Masayuki Tanimoto. *Australian Economic History Review*, Vol. 48, No. 3, 2008, pp. 307 - 308.

[197] J. Edward Taylor, Irma Adelman, Agricultural household models: Genesis, evolution, and extensions. *Review of Economics of the Household*, Vol. 1 (1 - 2), 2003, pp. 33 - 58.

［198］Jie Chen, Rapid urbanization in China: A real challenge to soil protection and food security. *Catena*, 2006.

［199］Jin Yang, Zuhui Huang, Xiaobo Zhang et al. , The rapid rise of cross-regional agricultural mechanization services in China ［J］. *American Journal of Agricultural Economics*, Vol. 95, No. 5, 2013, pp. 1245 – 1251.

［200］Katarzyna Marzęda-Młynarska, Food security: from national to global goverment. *Annales UMCS, Sectio K (Politologia)*, Vol. 20, No. 1, 2013, pp. 33 – 50.

［201］Keijiro Otsuka, Food insecurity, income inequality, and the changing comparative advantage in world agriculture. *Agricultural Economics*, Vol. 44 (s1). 2013.

［202］Lihua Li, Chenggang Wang, Eduardo Segarra et al. , Migration, remittances, and agricultural productivity in small farming systems in Northwest China. *China Agricultural Economic Review*, Vol. 5, No. 1, 2013.

［203］Margaret Alston, Kerri Whittenbury, Does climatic crisis in Australia's food bowl create a basis for change in agricultural gender relations? *Agriculture and Human Values*, Vol. 30, No. 1, 2013, pp. 115 – 128.

［204］Michael R. Carter, Yang Yao, Local versus global separability in agricultural household models: The factor price equalization effect of land transfer rights. *American Journal of Agricultural Economics*, Vol. 84, No. 3, 2002, pp. 702 – 715.

［205］Nelson Mango, Byron Zamasiya, Clifton Makate et al. , Factors influencing household food security among smallholder farmers in the Mudzi district of Zimbabwe. *Development Southern Africa*, Vol. 31, No. 4, 2014.

［206］Nelson Mango, Kefasi Nyikahadzoi, Clifton Makate et al. , The impact of integrated agricultural research for development on food security among smallholder farmers of southern Africa. *Agrekon*, Vol. 54, No. 3, 2015, pp. 107 – 125.

［207］Nico Heerink, Marijke Kuiper, Xiaoping Shi, China's new rural income support policy: Impacts on grain production and rural income inequality. *China & World Economy*, Vol. 14, No. 6, 2006, pp. 58 – 69.

[208] Oscar Vergara, Keith H. Coble, George F. Patrick et al., Farm income variability and the supply of off-farm labor by limited-resource farmers. *Journal of Agricultural and Applied Economics*, Vol. 36, No. 2, 2004.

[209] Paul Winters, Alain De Janvry, Elisabeth Sadoulet et al., The role of agriculture in economic development: Visible and invisible surplus transfers. *Journal of Development Studies*, Vol. 34, No. 5, 1998, pp. 71 – 97.

[210] R. F. Townsend, J. Kirsten, N. Vink, Farm size, productivity and returns to scale in agriculture revisited: a case study of wine producers in South Africa. *Agricultural Economics*, Vol. 19, No. 1, 1998, pp. 175 – 180.

[211] Sangho Kim, Gwangho Han. A decomposition of total factor productivity growth in korean manufacturing industries: A stochastic frontier approach. *Journal of Productivity Analysis*, Vol. 16, No. 3, 2001, pp. 269 – 281.

[212] Shenggan Fan, Philip G. Pardey, Research, productivity, and output growth in Chinese agriculture. *Journal of Development Economics*, Vol. 53, No. 1, 1997, pp. 115 – 137.

[213] Shujie Yao, Genfu Feng, Aying Liu, Guohua Fu, On China's rural and agricultural development after WTO accession. *Journal of Chinese Economic and Business Studies*, Vol. 3, No. 1, 2005, pp. 55 – 74.

[214] Stefano Corsi, Laura Viviana Marchisio, Luigi Orsi, Connecting smallholder farmers to local markets: Drivers of collective action, land tenure and food security in East Chad. *Land Use Policy*, Vol. 68, 2017, pp. 39 – 47.

[215] Wusheng Yu, Hans G. Jensen, China's agricultural policy transition: impacts of recent reforms and future scenarios. *Journal of Agricultural Economics*, Vol. 61, No. 2, 2010, pp. 343 – 368.

[216] Xiaobing Wang, Thomas Herzfelu, Thomas Glauben, Labor allocation in transition: Evidence from Chinese rural households. *China Economic Review*, Vol. 18, No. 3, 2007, pp. 287 – 308.

[217] Yang Yao, Rural industry and labor market integration in eastern China. *Journal of Development Economics*, Vol. 59, No. 2, 1999, pp. 463 – 496.

[218] Yang – Ming Chang, Biing – Wen Huang, Yun – Ju Chen, Labor supply, income, and welfare of the farm household. *Labour Economics*, Vol. 19, No. 3, 2012, pp. 427 – 437.